HENRY CÉARD
IDÉALISTE DÉTROMPÉ

Here for the first time is an authoritative account of the life and literary activity of a long-neglected writer of the French naturalist school. Its appearance now is especially timely in view of the recent revival of interest in Zola, Maupassant and Huysmans, and the publication of the complete Goncourt *Journals*.

Céard's written works were virtually neglected by his contemporaries as well as by most historians of the naturalist movement. However, his novels, short stories, and plays had good critical receptions, and in providing this study of the author, as well as a comprehensive bibliography of all his works, Mr. Frazee is performing a valuable service for students of literature.

As an artist Céard was perhaps less powerful than Zola or Goncourt, but one appreciates, as Mr. Frazee has noted, "la predominance de l'esprit d'analyse sur l'esprit d'imagination." An important contribution was his early experimental novel *Une belle journèe*; this explored in depth a single day in a character's life, and was the first of a number of such novels, which culminated in Joyce's *Ulysses*.

While attempting to give Céard his due as an artist Mr. Frazee, in seeking to discover the relations between this paradoxical personality and his work, has not hesitated to point out Céard's personal failings. Céard was an intriguing blend of deceptive simplicity and surprising complexity, and he showed a pessimism and resignation, typical of the *fin de siècle*, which were evidence of the influence of Schopenhauer.

Because secondary writers often give a better picture of their times than their better-known contemporaries, this biography, too, is able to shed new light on the last thirty years of the nineteenth century while providing an important guide for today's scholars and the future investigators of an important area of French literature.

RONALD FRAZEE was educated at the University of Chicago, the Sorbonne, and Johns Hopkins University, where he studied English Language and Literature as well as comparative literature. He has taught at New Mexico Highlands University, and is at present in Paris, where he is Director of the Fondation des Etats-Unis at the Université de Paris.

UNIVERSITY OF TORONTO ROMANCE SERIES

Ronald FRAZEE

Henry Céard
idéaliste détrompé

UNIVERSITY OF TORONTO PRESS
1963

A

Elizabeth Langford Green

AVERTISSEMENT

Pourquoi une étude sur Céard ? C'est une question qu'on nous a faite bien souvent au cours de notre recherche. Écrivain pratiquement inconnu du grand public, de son vivant tout comme aujourd'hui, Henry Céard est pourtant bien loin de laisser indifférents ceux qui s'intéressent au mouvement littéraire des trente dernières années du XIXᵉ siècle. Les écrivains secondaires donnent souvent une plus juste idée de leur temps que ne peuvent faire leurs maîtres. Ainsi Céard révèle remarquablement deux des tendances littéraires de son époque : l'orientation scientifique et l'attitude pessimiste. Ses contemporains, Zola, Edmond de Goncourt, Alphonse Daudet, Maupassant, Huysmans, ont pu nous ouvrir des horizons sur l'état d'esprit de la société où ils vivaient, mais ils nous retiennent surtout par leur apport sur le plan de l'imagination, chacun selon sa personnalité pour ainsi dire exceptionnelle : ils échappent tous, par quelque côté, à l'époque qui les a vus naître, et c'est ce qui rend si souvent difficile de distinguer entre les créations de leur esprit et le simple réfléchissement de la réalité. Céard est un artiste moins puissant, et de ce fait la difficulté est moins grande; ce que nous apprécions chez lui, c'est la prédominance de l'esprit d'analyse sur l'esprit d'imagination — encore que l'imagination soit bien loin de lui avoir fait défaut. En ce sens, les idées ont chez lui quelque chose de plus rigoureux dans la mise en ordre, et l'image de l'époque est rendue dans un éclairage plus scrupuleusement étudié : on ne saurait le dire d'autres œuvres par ailleurs plus importantes. Méconnaître Céard, c'est se priver de tout un chapitre particulièrement révélateur.

L'étude d'un personnage secondaire, participant à un mouvement important, pose certains problèmes. Y trouveront un intérêt majeur ceux qui connaissent déjà l'ensemble de la question, et qui voudront en approfondir un aspect. Plusieurs excellents travaux ont été consacrés au mouvement réaliste-naturaliste en général; des études sur des écrivains de premier plan ont apporté des détails précieux; de nouvelles investigations ont été aussi, il faut le dire, l'occasion de répéter *ad infinitum* les généralités désormais connues. Nous nous sommes efforcé ici de ne point quitter les faits nouveaux ou peu répandus, tant que le discours a pu demeurer intelligible — espérant nous mettre à l'abri de certaine critique, celle par exemple qu'une petite fille (selon James Thurber, du *New Yorker*) élève amèrement contre un autre ouvrage : « Il m'en apprend plus sur les pingouins que je ne voulais en savoir. »

Si l'on excepte tels chapitres des œuvres de Léon Deffoux et de M. René Dumesnil, il n'existe presque rien de substantiel sur la vie et les œuvres de Henry Céard. La plupart des articles se répètent, et souvent l'information en est inexacte, voire erronée. Toutefois, l'auteur des *Résignés* a fait l'objet de recherches, demeurées inédites. Ce travail était fait plus qu'à moitié, quand nous avons découvert l'existence d'une autre étude ; et quelque temps après, nous en avons trouvé une plus ancienne encore. Toutes deux, comme le premier état de ce travail, étaient des thèses de doctorat. La première en date, due à M. Robert Franklin Brand, fut soutenue à l'Université Cornell en 1932; la seconde, par M. C. A. Burns, à l'Université de Londres en 1951. Il s'est heureusement trouvé que la méthode de nos devanciers différait quelque peu de la nôtre. Nous avions commencé par dégager la ligne maîtresse de l'œuvre de Céard, espérant cerner en même temps le problème fondamental de sa vie. Nous nous étions mis en devoir de dresser une bibliographie aussi complète qu'il nous paraissait possible — bien des œuvres demeurant à ce jour entièrement inconnues. Cette recherche nous a fait explorer non seulement les bibliothèques de Paris, mais aussi quelques établissements de Belgique, de Finlande, d'Argentine et des États-Unis. Nous voulons espérer que cette liste sera de quelque utilité aux historiens du mouvement naturaliste, et peut-être, un jour, à quelque Français désireux de se pencher à nouveau sur Céard, et à qui une longue habitude de l'atmosphère littéraire française permettrait sans doute de mieux apprécier les jugements qu'il porta sur tant d'auteurs de son pays, de mieux faire saisir ce que cet esprit eut de subtil et de délié. Nous souhaitons qu'une telle étude vienne un jour compléter celles des trois chercheurs étrangers.

La personnalité de Céard est d'une simplicité trompeuse, et d'une complexité qui surprend bientôt. Celui qui l'étudie gardera des impressions mitigées. Flaubert dit quelque part d'Alphonse Daudet : « Celui-là, on l'aime comme une maîtresse. » De temps à autre, notre attitude envers Céard peut paraître un peu moins enthousiaste : ce n'est pas que nous fassions peu de cas de ses capacités intellectuelles ou de son intégrité. Simplement, nous nous sommes attaché à des aspects contrastants de cette personnalité. Là même, nous ne sommes pas sans hésitations. Au cours de nos recherches, il nous a semblé que le portrait de Céard avait été souvent ramené à quelques attitudes. Sa *persona* — pour parler le latin du psychologue C. G. Jung — a été décrite, et sans doute convenablement. Toutefois un masque n'est point tout un homme, et il faut se demander ce qui, en lui, est l'essentiel. Quelle relation pourrions-nous trouver entre l'homme et son œuvre ? Tel était notre problème. Nous pensons avoir aidé à fournir une solution grâce à l'exploration soigneuse du matériel accessible — d'ailleurs bien trop insuffisant pour que notre jugement soit autre que provisoire.

Il nous est agréable de dire ici notre reconnaissance à mainte personne, pour une aide apportée en cours de recherche ou de rédaction. Nous devons beaucoup à M. Pierre Moreau, professeur à la Sorbonne, qui a su nous guider avec autant de patience que de sûreté, avec cordialité surtout, dans une entreprise aussi délicate : outre qu'il s'agissait là de notre première longue étude, le français n'est pas notre langue maternelle. M. André Mazon, professeur au Collège de France, a bien voulu nous indiquer les sources relatives à la fortune du mouvement naturaliste en Russie, et nous servir d'intermédiaire dans notre recherche de renseignements sur la collaboration de Céard au *Slovo* de Saint-Pétersbourg. Notre frère Charles H. Frazee, grâce à sa connaissance de la langue russe, a pu retrouver les collaborations de divers écrivains naturalistes au *Slovo* et à l'*Ogoniok*; M. Louis-Noël Moulton s'est livré à la comparaison de textes russes et français, et nous a fait aimablement profiter de son jugement sur certains aspects de notre travail; M. Alvaro Pérez, attaché de presse de l'Ambassade des États-Unis en Argentine, a fait remettre au jour pour nous les collaborations de Céard à *Sud América*. Enfin notre ami M. Louis Évrard, en nous aidant à revoir le dernier manuscrit de notre ouvrage, nous a donné plus d'une fois l'occasion de méditer sur l'exactitude et la finesse de la langue française.

PREMIÈRE PARTIE

Chapitre Premier

VIE ET PERSONNALITÉ

MILIEU ET JEUNESSE

On a coutume de voir dans le milieu d'un siècle, tout comme dans sa fin, le moment venu d'évaluer ce qui s'est fait dans le passé, et de supputer ce qui se fera dans l'avenir. L'esprit aime à considérer ces dates comme des points de repère, comme des tournants : ainsi de 1850. Mais cette année fut de plus un moment intermédiaire et une période de confusion, où régnèrent l'incertitude, l'indistinction et l'hypothèse.

Pour la France, le XIXe siècle a commencé en 1789; la tête de Louis XVI va bientôt tomber, et avec elle toute une société; l'ascension de Napoléon a porté une nation tout entière à des sommets de puissance jamais atteints depuis Alexandre et César. Dans le vertige euphorique de la victoire, un peuple proclame que tout est pour le mieux dans le meilleur des mondes possibles. Puis c'est l'heure de l'expiation et de la défaite. « Après le plein ciel des journées légendaires, l'hypocrisie grise de la vie provinciale ou la misère noire du faubourg honteux... ne pouvant plus agir, la France chanta pour bercer son ennui. A la période *héroïque* succède la période *lyrique* (1). »

Waterloo perdu, la Révolution morte, une Europe prostrée se redressa péniblement, et se mit à nettoyer ses blessures, à faire face à la pauvreté, tâches ordinaires des après-guerre.

Et ces soins représentaient autre chose, pour des millions d'êtres, que de l'ennui et de l'impatience trompés par de la sublimation lyrique. Le passé était bien mort, et pour chaque Julien Sorel, l'avenir se trouvait du côté des Bourbons, qui n'avaient pas appris grand-chose et qui n'avaient rien oublié. « Je remercie Dieu, écrivait Gœthe, de n'être point jeune dans un monde aussi irrévocablement fini. »

La Religion n'était d'aucun secours à bien des enfants du siècle de la

---

(1) Ces mots sont de Gabriel Hanotaux. Cité par A. Baillot, *Influence de la philosophie de Schopenhauer en France, 1860-1900* (Paris, Vrin, 1927), p. 2.

Raison : le chaos de la civilisation n'était pour eux qu'un aspect de la perdition universelle. Pour un Chateaubriand ou un Wordsworth, c'était la vengeance qu'un Dieu juste tirait d'une humanité orgueilleuse et perverse.

Mais l'esprit humain est capable de changer, et ce ne sont pas les chaînes portées par une génération qui peuvent l'entraver à jamais. La Révolution de Juillet brisa les fers imposés par la Restauration, offrant à l'homme un renouveau de liberté, où il retrouva le culte de l'individualité et de l'expression de soi; en art la beauté devint la fin suprême; le « génie » remplaça « l'esprit »; et l'étude de l'histoire se conçut d'une façon plus générale et philosophique. La spéculation se proposait comme fin le bien social, et les mystères inaccessibles encore à la science semblaient devoir être la panacée de tous les maux de l'univers. L'avenir promettait à tous la paix et le bonheur.

Pareille naïveté dans l'optimisme — nous parlons, bien entendu, de l'attitude moyenne, sachant bien de quel œil sans tendresse le Stendhal de *Lucien Leuwen* et le Balzac des *Illusions perdues* ont dévisagé leur époque — pareille naïveté dans l'optimisme devait naturellement finir dans l'amertume et la désillusion. Auguste Comte parlait sans doute de la prévision des phénomènes et de l'action que nous avons sur eux; mais il affirmait aussi que le caractère des lois physiques est relatif, et que l'observation ne pourrait jamais dépasser l'expérience et atteindre à l'universel. La science avait cessé d'être un catalogue de faits, et la philosophie une mise en ordre encyclopédique. On remontait à la genèse des faits pour tâcher de les rapporter à des lois établies. Mais la spéculation pure allait tomber en discrédit : du Positivisme au Déterminisme il n'y avait qu'un pas, et du Déterminisme au Pessimisme, un autre, et plus petit encore.

Mais le grand désenchantement venait de l'horizon politique. Il s'abattait sur ceux qui avaient espéré l'abolition des privilèges et l'amélioration de la vie de tous. Malgré la Révolution de Juillet, une monarchie restait debout — monarchie constitutionnelle à la vérité, mais où les riches, jugés sur leurs impôts, étaient seuls admis à l'exercice des droits politiques; une monarchie sous laquelle le commerce et l'industrie prospéraient, sans doute, mais où s'avivait aussi le mécontentement politique et social. L'explosion de 1848 n'apporta rien de mieux : la Seconde République à peine proclamée, l'Assemblée à peine élue, les socialistes et les radicaux se lancèrent dans une insurrection sanglante. Orléanistes et légitimistes d'hier, qui contrôlaient pratiquement l'Assemblée, se mirent bientôt en devoir d'éliminer mainte réforme; les libertés conquises au printemps étaient toutes reperdues à l'automne. Les troupes françaises levées pour soutenir la République romaine furent employées à la détruire. Les franchises politiques, accordées à des millions d'hommes, leur étaient retirées aussitôt par l'obligation de résidence. L'atmosphère était chargée de défiance, de mécontentement et d'amertume : seul le scepticisme accueillait, et froidement, la nouvelle autorité. Le gouvernement se préparait pour le coup de grâce.

La Seconde République vivait là des années de confusion et de malaise, des années de transition.

C'était à quinze jours du coup d'État : Henry Céard naquit le 19 novembre 1851 (1) au 32 de la rue Gallois, petite rue aujourd'hui incluse dans les entrepôts de Bercy. Le hasard n'avait pas décidé du lieu, si curieusement choisi qu'il paraisse. Grégoire Céard travaillait à quelques pas de là, comme sous-chef à la gare des marchandises.

Mais il ne faut pas chercher dans la région parisienne des attaches de la famille Céard; Grégoire et Françoise étaient originaires de Dienville, dans l'Aube, où le nom de la famille était connu depuis de nombreuses générations. Il y a dans la région un vieil adage selon lequel « nul ne voudrait être roi qui serait prévôt de Bar-sur-Aube »; et cette position enviable était occupée par un Céard en 1694 (2). Une plus grande renommée encore devait échoir à un autre Céard : Nicolas, grand-oncle d'Henry, ingénieur des ponts et chaussées, entreprit d'ouvrir le Simplon : Napoléon le récompensa d'une croix de la Légion d'Honneur, d'une donation, et du titre de chevalier de Chalivoy (3).

Il n'est donc guère surprenant que Céard, se remémorant son enfance, évoque certaines vacances passées aux environs de Brienne-le-Château, dans une ferme où la bibliothèque était emplie de vies de Napoléon : « Tous les volumes dithyrambiques que mes parents, grands libéraux, avaient achetés, non sans danger parfois, pour honorer l'Homme de Sainte-Hélène, leur idole, protester contre Louis XVIII, le gouvernement de la Restauration et même la monarchie de Louis-Philippe (4). » Naturellement, chaque page de cette littérature exaltait en vers, en prose ou par l'image l'Empereur, présenté « comme le maître, le vainqueur, la victime de Dieu et des hommes ». Quel frisson d'enthousiasme ressentit le jeune garçon quand, ouvrant les *Chansons* de Béranger, il lut dans une des strophes du *Grenier* ce vers résonnant comme un coup de clairon :

A Marengo, Bonaparte est vainqueur !

Il me sembla (ajoute-t-il), ce jour-là, sentir autour de moi l'acclamation de la France, le rayonnement de la Victoire.

(1) Presque tous les historiens du mouvement naturaliste font naître Céard le 18 novembre 1851; les actes de naissance, de mariage et de décès donnent la date de naissance de Céard : 19 novembre 1851.

(2) *L'Événement*, 16 août 1891.

(3) A ne point confondre avec Alexandre-Nicolas Céard, mort à Dienville le 10 juillet 1821. Le chevalier Céard mourut à Chalivoy (Cher), le 11 octobre 1821, et fut enterré dans le cimetière d'Héry (Cher). Cf. *l'Événement*, 9 janvier 1897, et Robert CÉARD, *Souvenirs des travaux du Simplon* (Paris, Cherbulioz, 1837).

(4) *Le Petit Marseillais*, 12 mai 1921.

Lorsque, quittant la ferme proche de Brienne-le-Château, j'allais à Piney-Luxembourg, chez mon grand-père maternel, chez lui encore l'obsession recommençait. Dans l'immense chambre où je logeais, deux vastes alcôves, trois larges fenêtres étaient tendues de larges rideaux en toile de Jouy représentant l'expédition d'Égypte. Que je me couche ou que je me lève, j'avais implacablement sous les yeux un trophée d'armes, un palmier, un chameau, une pyramide, un obélisque, Bonaparte. Bonaparte en grand costume de général en chef, Bonaparte empanaché de plumes et portant au côté un terrifiant yatagan, Bonaparte d'un bout à l'autre de la pièce, multiplié à l'infini (1).

Rue Gallois, bien qu'on y fût républicain, le même esprit lui faisait relever la tête :

Dans le salon, sur la cheminée, chez mon père, éparse entre la pendule et les deux lampes Carcel, s'étalait une collection de médailles au grand modèle. Là, se voyaient les effigies de tous les grands représentants de l'esprit libéral ou républicain depuis la Restauration : Manuel, Rouget de L'Isle ressuscité en 1830, avec *la Marseillaise,* Audry de Puyraveau, avocat défendeur des accusés du procès d'avril 1834, Béranger, d'autres encore, étaient là figurés, en bronze. Et quand une de ces médailles échappait à mes mains maladroites, en tombant sur le marbre, devant le foyer, elle faisait un grand bruit d'acclamation et de gloire (2)...

Mais cette atmosphère familiale, protectrice, où les aînés gardaient pieusement les souvenirs du passé, devait bientôt faire place à une autre atmosphère, immédiatement réelle celle-là, et toute de dépendance et de responsabilité personnelle. Un soir de 1861 — c'était le lundi de Pâques — Mme Céard conduisit son fils à l'Institution Savouré, 7, rue de la Clef. Céard s'en souvient encore des années après :

A côté de moi, ma mère, qui jusque-là ne m'avait jamais quitté, pleurait. C'était la première fois que je lui voyais des larmes; et pour qu'elle s'affligeât à ce point, je compris que la vie où j'allais entrer manquerait de charme. Je travaillai à me rendre acceptable.
Sans doute, je me flatte aujourd'hui, mais il me semble que, déjà enfant, j'eus cette notion que toute la qualité du devoir venait de l'effort dépensé pour essayer de le remplir. Donc je devins studieux, moins par tempérament, que pour échapper aux remontrances et à l'ennui (3).

L'année suivante, il commençait ses études au lycée Louis-le-Grand, comme externe; et malgré la sévérité du professeur Pressard, qu'il se rappelle avec tant d'amertume (4), le jeune Henry obtenait les accessits de version latine et d'orthographe. Il se distingue en 1863, en septième : orthographe, 1er prix; version latine, 2e prix; calcul, 2e accessit; histoire et géographie, 3e accessit (5). Rien d'étonnant à ce que le soir, durant la longue

(1) *Ibid.*
(2) *Ibid.,* 15 février 1920.
(3) *L'Événement,* 23 janvier 1904.
(4) *Ibid.,* 5 août 1890.
(5) *Lycée impérial Louis-le-Grand, distribution des prix* (Paris, Donnaud, 1861-1864), pp. 166-167.

prière janséniste, la petite tête s'inclinât, impatiente de retrouver un oreiller bien mérité. Henry se fit bientôt à cette prière et finit par l'aimer, pour son style haut et fort, et pour l'élévation de ses idées de foi et d'humanité. La prière était suivie d'une lecture faite par le « Pater », ainsi qu'on appelait J.-H. Savouré : c'était toujours une page de Pascal ou de Bossuet pleine de mots énergiques et de phrases musicales. Ces lectures lui furent un véritable réconfort au milieu des misères de sa vie d'écolier (1).

Mais après 1863, ces exceptionnelles promesses ne se maintinrent pas. La raison en est simple : dès ce jeune âge, cet esprit pénétrant cherchait à savoir le pourquoi de toute chose. Si l'on s'en rapporte à Céard, il n'était pas question d'examiner, mais d'accepter et d'apprendre par cœur. Avec quelle amertume il se rappelle, des années après, son professeur d'histoire : « On croyait qu'il tâchait de nous faire démêler les causes de l'élévation des empires et des motifs qui déterminaient leurs chutes, pas du tout : il essayait de placer des livres (2). » Et d'autres encore qui, entêtés de leurs vieux systèmes, hostiles à toute espèce de nouveauté, envoyaient chez le proviseur l'élève assez raisonneur pour oser relever l'incohérence de leurs aperçus, l'accusant de manquer d'éducation ou de mépriser leur autorité.

Et ce proviseur, raconte Céard, très considéré dans l'Université pour avoir pris je ne sais quelle grammaire et en avoir donné une version plus compliquée, décoré pour la peine, voyait dans la moindre incartade une offense personnelle. Il mettait une véritable fureur à réclamer que l'élève lui fît ses explications, et répondait au plaidoyer par des gifles vigoureuses (3). « Geôles universitaires » (4) — et il n'est point de geôle qui ne laisse à un être sensible amertume et désillusions.

En octobre 1867, Henry passe au lycée Charlemagne (5) où l'enseignement ne lui donnera pas plus de satisfaction qu'à Louis-le-Grand. Depuis 1865, l'Institution Savouré était dirigée par A. Savouré; celui-ci la transféra à l'automne de 1868 au 81 de la rue Ménilmontant. Toujours est-il qu'Henry termina ses études dans la même institution où il les avait commencées. Il est hors de doute qu'il y trouva, ainsi que dans les deux lycées, un enseignement très approfondi, car en août 1869, il reçut le 2e accessit pour « le discours français » au Concours général du Baccalauréat ès Lettres (6).

Il est aisé de mesurer quelle a été l'importance de ces années de formation, où les milieux fréquentés n'offrirent guère qu'insatisfaction. Ses

(1) *L'Événement*, 23 janvier 1904.
(2) *Le Grand Journal*, 17 avril 1880.
(3) *Ibid.*
(4) Henry CÉARD et Jean de CALDAIN, J.-K. Huysmans intime, l'artiste et le chrétien, *la Revue hebdomadaire*, 25 avril 1908, p. 489.
(5) D'après les registres du lycée Charlemagne.
(6) *Lycée impérial Charlemagne, distribution des prix* (Paris, Donnaud, 1869), p. 37.

proches à la campagne, aussi bien que ses parents à la maison, étaient en constant désaccord avec la politique de leur pays. L'école lui avait donné le ressentiment du manque de liberté intellectuelle, contrariait son désir d'arriver à des façons de voir personnelles. A la vérité, la jeunesse ne manquait point d'idéal, mais entre la discipline sévère du professeur du Second Empire et l'esprit sceptique de son père, le futur pessimiste, sceptique, et résigné, était en train de naître.

Un incident illustrera assez ce qu'il héritait de la psychologie de son père. Quand Napoléon III rentra de la campagne d'Italie, Céard avait huit ans. Le centre de Paris, en ce jour d'août, était le théâtre de réjouissances et de parades; mais l'enfant avait vu, quelques jours plus tôt, une scène bien différente. Son père l'avait pris par la main, lui disant : « Viens avec moi, je vais te montrer ce que c'est que la gloire. » Ils allèrent jusqu'à la gare des marchandises, où débarquaient les Cent-Gardes et leurs chevaux. Après six semaines de victoires, les hommes étaient en loques, les chevaux fourbus. Un peu plus tard, les citoyens virent un plus beau spectacle : les uniformes étaient neufs et les montures fraîches; mais Henry devait se rappeler cet éclair sur la réalité (1).

C'est sensiblement de la même manière que devaient s'opposer, onze ans plus tard, l'enthousiasme aveugle de la foule, encore ignorante des « effets », et la consternation de ceux qui voyaient clairement les « causes » à l'œuvre. Céard nous raconte comment il vécut le premier beau dimanche de septembre 1870. La veille au soir, des rumeurs de désastre avaient couru, et tous les esprits étaient dans l'attente d'une confirmation. On posa des affiches dans la matinée; Henry descendit voir et put lire la nouvelle de la défaite de Sedan, et l'établissement de la Régence.

Vers onze heures, un léger grondement emplit les airs. Pendant les hors-d'œuvre, le bruit se rapproche; on entend crier : « Vive la République ! » Un bataillon de la garde nationale passe, et Mme Céard, fermant la fenêtre d'un air inquiet, prononce : « C'est la révolution. » Immédiatement le jeune Henry se sent pris du désir de voir cette révolution, de suivre la foule, de prendre part aux discussions; mais Grégoire Céard a vécu 1830 et 1848, et il donne à son fils l'ordre de finir son repas et de ne point quitter la maison.

Mais comment calmer l'excitation d'un fils, fût-il un modèle d'obéissance, un jour de révolution ? Après le café, le père consent à faire une promenade mais choisit la direction du Bois de Vincennes, opposée à celle du Palais-Bourbon. Leur lente déambulation les amène aux bords du lac Daumesnil, endroit ordinairement très fréquenté le dimanche. Le parc est presque désert. Seuls quelques hommes s'affairent sur la rive : ce sont

(1) *L'Événement*, 14 juin 1902; et *le Petit Marseillais*, 18 mai 1919.

visiblement des patriotes, puisqu'ils cherchent à couper les vivres à l'armée prussienne en pêchant les carpes du lac, intouchables et quasi sacrées, pour leur propre dîner. De l'autre côté du lac, le génie militaire est en plein travail. On coupe la cime des arbres, dont le bois sert à tendre des barbelés. Une détonation : un petit pont, construit plutôt pour des voitures d'enfant que pour des caissons, s'effondre dans le lac.

Pourtant, c'est devant ces inutiles et enfantines tentatives de fortifications que mon père et moi avons la notion exacte du désastre d'hier et du danger de demain. Tout Sedan, avec son carnage, nous est rendu sensible par ce bois que l'on saccage, et les ponts tombés là-bas et trempant, un bout dans l'eau, évoquent, pour nous, d'autres ponts plus sérieux, où rouleront les artilleries et où passera l'invasion.

Nous ne nous parlons pas. La promenade, peu à peu, nous devient insupportable. Et puis à nous aussi, l'envie de connaître ce qui se passe, dans le lointain, par-delà les cheminées et la brume, nous est insensiblement venue; nous rentrons. Le long du chemin, nous rencontrons des gens dont la gaîté nous étonne. Ils sont heureux. La foule a envahi le corps législatif, la déchéance a été prononcée, la République proclamée. Un gouvernement provisoire s'installe, et cette idée leur inspire de la sécurité (1)...

Le 24 septembre, Henry entre dans la garde nationale, deuxième compagnie, 126e bataillon (2). En peu de temps, il est fait caporal parmi ces « escargots de rempart » et ces « pantouflards », comme l'ironie du temps les désigne (3). Pour la plupart, ils remplissent les devoirs des sergents de ville, versés dans les troupes régulières; les hommes de la compagnie d'Henry passent le plus clair de leur temps en faction sur le quai des Célestins, ou encore à épier de mystérieuses lucarnes éclairées tard dans la nuit, ce dont viennent les prévenir des citoyens énervés : la raison en est ordinairement quelque maladie chez les locataires mis en cause (4).

Les mois terribles se passent, mais ce qui chagrine les Céard, tout autant que les privations, c'est l'état des affaires civiles. Un soir, apprenons-nous, Grégoire confie sa pensée à son fils, alors que tous deux sont de garde ensemble : « Maintenant la guerre, et puis demain peut-être la révolution encore, c'est toujours la même chose, mais ça commence à m'ennuyer (5) ! » Puis, c'est la « sortie » du 19 janvier 1871. Le bataillon marche sur Joinville. Henry pénètre dans la gare avec quelques compagnons; il se trouvent pris sous le feu de l'artillerie ennemie, et ont à peine quitté cette position inte-

---

(1) *L'Événement*, 9 septembre 1899.
(2) M. Burns fait erreur quand il écrit que Céard servit dans le 96e bataillon; c'est Alphonse Daudet qui servit là. Cf. C.-A. BURNS, Henry Céard and his relations with Flaubert and Zola, *French Studies*, octobre 1952, p. 309; préface d'Henry CÉARD dans Léon DEFFOUX, *Un communard* (Paris, Figuière, 1913), p. 12; et *l'Événement*, 5 septembre 1903.
(3) *L'Événement*, 13 juin 1904.
(4) *Le National*, 25 novembre 1897.
(5) BURNS, *French Studies*, octobre 1952, p. 309.

nable qu'un projectile vient abattre le toit du bâtiment. Cette nuit-là ils rentrent à Paris épuisés et sans courage. Les nouvelles, affichées sur les murs, leur ôtent tout espoir. La fin approche (1).

Céard fut libéré le 9 mars 1871 (2). Mais sa famille semble être restée à Paris pendant la Commune. Chaque jour, dit-il, il avait pris des notes sur ce qu'il a vu des hommes et des événements. Après la Commune, un officier fit une perquisition à leur domicile et confisqua le cahier, plein de notes illisibles, pour cette raison qu'il voisinait sur la table avec un dictionnaire allemand : preuve évidente de sabotage. Puis la famille quitte Paris pendant une courte période, mais Henry y rentra, au risque de se compromettre, pour réclamer le précieux cahier. Ce fut en vain, il avait disparu (3).

La guerre était finie, « l'année terrible » avait duré six mois, la Commune deux seulement, mais ces mois-là avaient laissé leur marque dans les cœurs et les esprits des jeunes gens de l'âge de Céard. Cet effet, il l'explique, mais ce qu'il en dit se rapporte surtout à lui-même :

De cette expérience ils ont pu sortir sceptiques, mais d'un scepticisme réfléchi et avisé qui fait du pessimisme la caractéristique de la vie, mais qui donne enfin à la vie cette éphémère dignité de combattre et de vaincre les mauvaises conditions initiales de son existence. Malgré leurs haut-le-cœur devant la médiocrité des hommes et l'avortement des entreprises toujours disproportionnées de résultats avec l'ambition exagérée des rêves, ils ont compris que la violence du dégoût même pouvait pousser à d'aussi graves erreurs que la violence de l'enthousiasme. Désabusés et sans faiblesse, dénués d'exaltation peut-être, mais aussi dénués de découragement, ils sont accoutumés à accomplir ce que le jour qui passe leur demande strictement de devoir.

« Quand il faut », c'est leur devise. « Pas plus qu'il ne faut », c'est leur réserve. Et conscients de la nécessité, ils sauront la subir et la suivre partout où elle les mènera (4).

Quand la paix fut faite, en 1872, Léon Lefort, chirurgien à l'hôpital Lariboisière, le prit avec lui comme externe provisoire (5); mais le jeune étudiant aimait mieux faire des vers que prendre des notes à ses cours. La même année, il décida d'abandonner ses études et de devenir fonctionnaire. La première phase de sa vie était terminée.

Le jeune homme, qui avait été enfant sous le Second Empire, étudiait sous la direction de professeurs conformistes et tendancieux; mais dans le même temps, d'autres hommes brisaient avec la convention, et partaient en quête d'un savoir plus cohérent. Dans le domaine des lettres, puisque

---

(1) CÉARD, préface pour *Un communard*, p. 12.
(2) Les dates de l'enrôlement et de la libération se trouvent dans le dossier Céard, aux Archives de la Seine.
(3) *L'Événement*, 13 juin 1904.
(4) *Paris*, 6 novembre 1896.
(5) Voir sa lettre au Dr Cabanès, *l'Éclair*, 29 août 1924.

c'est celui-là qui devait prendre plus tard une si grande importance pour Céard, Renan et Taine allaient étendre les théories scientifiques de Comte à la critique de l'histoire religieuse et littéraire. La clarté de l'enquête positiviste allait rejeter la logique et la spéculation pure dans une zone d'ombre et de discrédit.

Auguste Comte, qui croyait ardemment au progrès, avait avancé que chacune des branches du savoir connaissait trois états théoriques successifs : l'état théologique ou fictif, l'état métaphysique ou abstrait, l'état scientifique ou positif. Il avait développé ce principe d'une hiérarchie des sciences, et une thèse selon laquelle l'esprit scientifique demeurait inefficace là où l'on ne reconnaissait pas l'importance suprême de la science sociale. C'est lui qui créa la science des mœurs de la société; à son exemple, la littérature et la philosophie allaient se fonder sur la foi en la réalité; libérées enfin des imprécisions et de l'imaginaire, elles allaient envisager ce qui existe réellement.

Ernest Renan, poursuivant une réalité absolument positive, et ne rencontrant que le relatif, connut une crise religieuse. Mais son amitié avec Berthelot lui fit trouver une voie intellectuelle, par la découverte des possibilités magiques de la science. Il reconnut la supériorité définitive du positivisme, salua en lui la fin de tout assujettissement à une croyance métaphysique et la preuve irrésistible de la puissance de l'intellect. Fort de cette attitude, il aborda l'histoire religieuse avec les instruments de la philosophie. Et bien que ses essais l'amenassent à croire au néant de toute tradition, il contribua à l'amélioration de la méthode scientifique en établissant la valeur d'une documentation systématique.

A ce souci documentaire, Hippolyte Taine devait ajouter sa théorie de l'expérience. Il existe trois facteurs positifs, qui tout ensemble limitent et motivent les actions et les pensées humaines : la race, le milieu, le moment. Il fit sienne la théorie des lois de l'hérédité; il présenta comme inflexible le déterminisme du milieu physique, comme décisive l'influence du tempérament sur le caractère; le psychologique s'étudiait comme un effet du physiologique.

Sa méthode critique comportait la recherche de ce qui est dépendance et conditionnement, afin d'atteindre au caractère commun sous-jacent aux phénomènes variables. Le tout n'est connaissable que par la compréhension des éléments qui le composent; et quand on a trouvé ce que ces éléments peuvent avoir de commun, il y a lieu de déduire certaines lois générales. Cette méthode, qui était celle des sciences naturelles, demandait à être appliquée de même aux sciences sociales, et même à la critique littéraire ou historique. C'est ainsi que Taine, orientant la philosophie et la science vers l'expérience, était appelé malgré lui à être le parrain du mouvement naturaliste.

Il convient d'ajouter à tout cela la division de la médecine en trois parties, ainsi que le réclamait Claude Bernard : la physiologie, la pathologie et la thérapeutique — toutes trois dépendantes de la méthode expérimentale. Quand nous aurons mentionné le déterminisme de Darwin (*De l'origine des espèces* fut traduit en 1862), ce coup d'œil sur la méthode scientifique aura embrassé les principales étapes de son développement. Le naturalisme devait transporter cette méthode dans la littérature.

LES AMITIÉS LITTÉRAIRES

Dans son poème « Cœur à Cœur » (publié dans les *Sonnets de Guerre*), Céard nous dit qu'il est né le même jour que le dédicataire, Edmond Forgemol de Bostquénard. Un général du même nom, probablement le père d'Edmond, devait plus tard recommander Céard au ministère de la Guerre. Le 19 janvier 1873, Céard entrait en fonctions comme employé auxiliaire. Il devait y rester jusqu'en automne 1882 (1), sauf deux interruptions, l'une, de juin 1874 à janvier 1875 (probablement pour écrire *Pierrot spadassin*) (2) et l'autre, de juin 1881 à juillet 1882, époque où Céard espérait travailler de façon permanente pour *le Figaro* (3). Du point de vue littéraire, ce furent là des années de formation.

Céard s'intéressa à la littérature dès ses années de lycée; mais nous ne savons si c'est à cette époque ou après son baccalauréat qu'il fit partie d'une société de tout jeunes gens appelée « Utile dulci ». Il y rencontrait, rue Berthollet, des camarades de collège animés comme lui de l'amour de la littérature. L'un des membres du groupe, nommé Delangre, apporta un jour une œuvre des Goncourt et en lut quelques passages à un auditoire subjugué (4). Durant les années 1870, un autre groupe d'enthousiastes devait se réunir chez un jeune homme pourtant bien réservé et distant, au 114, rue de Vaugirard. On retrouvera aussi quelques-uns d'entre eux chez Flaubert, chez Zola, chez Edmond de Goncourt et chez Alphonse Daudet.

Au ministère de la Guerre, Céard se trouva assis dans un petit bureau, en face d'un autre fonctionnaire, Jean-Jules-Athanase Bobin, son « chargé de détail » le jour, et le soir son ami, très apprécié pour sa « science scep-

(1) Dossier Céard.
(2) Zola, dans une lettre à Céard en date du 16 juillet 1877, fait allusion à d' « anciennes pièces », mais comme c'est la seule pièce de Céard qui ait été représentée à cette date, nous pouvons supposer qu'elle fut écrite un peu plus tôt; mais ce ne put être avant 1873, car son collaborateur Charles Grandmougin était, lui aussi, jeune employé au ministère de la Guerre. Pour la lettre de Zola, voir *Correspondance : les lettres et les arts* (Paris, Fasquelle, 1908), p. 129.
(3) « Aussitôt libéré, je vais entamer l'affaire du *Figaro*, et risquer ma guerre d'indépendance.» Voir la lettre du 20 mai 1881, dans sa correspondance avec Zola, conservée à la Bibliothèque Nationale. Ces lettres manuscrites ont été récemment publiées par C. A. BURNS, Henry Céard, *Lettres inédites à Émile Zola* (Paris, Nizet, 1958).
(4) *L'Événement*, 12 décembre 1903.

tique ». Le nouveau venu fut présenté à Ludovic de Francmesnil, ami de Huysmans; puis à Alexis Orsat, ami de François Coppée, et à Gabriel Thyébaut (1). Céard écrivait des vers depuis ses années de lycée; et « Ludo », comme les camarades de Francmesnil l'appelaient, lut le recueil *Traînée d'asphalte* avec enthousiasme, et le fit lire à Huysmans, qui l'aima moins, mais y distingua un poème, où l'on voyait une charrette levant les bras au ciel à la vue d'une humanité misérable. Certain mercredi soir de 1874, Céard fut invité rue de Vaugirard, où il trouva que le petit logement avait déjà quelque chose de conventuel. Quelques autres invitations suivirent; puis un petit groupe prit l'habitude de se réunir le vendredi soir pour boire du thé, lire et discuter littérature (2).

Ludo, homme d'une fantaisie débridée, était un merveilleux inter-locuteur, abondant en vues nouvelles et indépendantes sur toutes les questions de littérature et d'art. Gabriel Thyébaut démêlait à livre ouvert les intentions secrètement entrelacées dans les vers de Stéphane Mallarmé. Mais c'est encore Bobin qui avait l'esprit le plus original. Tantôt il détaillait la toute charnelle éloquence des poètes du *Parnasse satyrique*; tantôt il discourait sur Molière, terriblement jaloux de tout talent qui eût fait mine de se comparer au sien; tantôt il allait découvrir, jusque derrière la forme pompeuse et solennelle des sermons de Bossuet, un sens particulièrement aigu des infirmités pathologiques qui réagissent sur les conduites des hommes dans la société : c'est ainsi que pour le prêtre, dans le *Sermon sur les obligations de l'état religieux*, l'homme et la femme étaient de toute évidence incapables de s'entendre, même s'il n'y avait pas de leur faute particulière (3). Bobin, dit Céard, « excellait à nous montrer la puissance de l'esprit français en dehors de la littérature officielle, et, livres en main, nous apprenait à ne point rester dupes des opinions couramment émises sur les maîtres appelés classiques » (4).

Céard, tout comme ses compagnons, double bientôt son enthousiasme pour les Goncourt d'un autre enthousiasme qui, égal au premier dans les commencements, allait bientôt prendre le pas et dominer sa vie. Cinq ans plus tard, écrivant à Zola à propos de *l'Éducation sentimentale*, il avouait : « Je me rappelle le grand coup qu'il m'a porté alors que je le découvris en décembre 1874 : je l'ai depuis enseigné à bien du monde, faisant de bien rares conversions. Certaines amitiés sont venues uniquement de là, les

---

(1) Dans une lettre à Céard, du 11 juin 1921, Thyébaut se plaint de ce que le chapitre qui lui est consacré dans le *Groupe de Médan*, excepté en ce qui concerne *Le vin en bouteilles*, est absolu-ment faux. Voir notre bibliographie, n° 54 (1 et 6).

(2) Pour l'histoire de ces relations de jeunesse, voir CÉARD et CALDAIN, *la Revue hebdoma-daire*, 9 mai 1908.

(3) Céard n'hésita point à profiter des enseignements de Bobin : sur ses opinions concernant Bossuet, voir *l'Express*, 21 février 1881; sur le mariage, voir *les Droits de l'Homme*, 4 octobre 1876; sur Molière, voir *le Figaro*, 3 mars 1922.

(4) CÉARD et CALDAIN, 9 mai 1908, p. 230.

plus littéraires et les plus solides (1). » Parmi celles-ci peuvent s'être trouvées celles de Gabriel Thyébaut et de Huysmans, tous deux grands admirateurs de Flaubert.

Quant à l'œuvre de Zola, c'est Huysmans qui la fit connaître au groupe. Ayant touché, certain jour de 1876, quatre-vingt-quinze francs sur la vente du *Drageoir à épices*, il acheta la série des *Rougon-Macquart*, qui en était alors à *la Faute de l'abbé Mouret*. Céard et ses amis — à l'exception de Bobin — furent stupéfaits de voir quelle rigueur de science le romancier avait apportée à l'exploitation d'un thème littéraire. En vain, Bobin émit-il des doutes sur le bien-fondé d'une telle doctrine, qui prétendait entrer dans le fonctionnement de l'esprit en partant des données de l'investigation matérielle et corporelle (2). Après la lecture de l'ensemble, Céard décida de témoigner son enthousiasme à l'auteur lui-même. Les employés de la maison Charpentier ne voulurent point lui donner l'adresse de Zola, mais il l'obtint de Paul Bescher, un de ses amis de la Préfecture de la Seine. L'histoire est assez connue, tout au moins de ceux qui s'intéressent au mouvement naturaliste, de cet après-midi d'un dimanche d'avril où Céard rendit visite à Zola — qui avait cru, d'après une carte avec l'adresse de Bercy, avoir affaire à quelque représentant en vins (3). Zola, vraiment touché des éloges balbutiés par le jeune homme, l'invite à revenir le voir, et en compagnie de son ami Huysmans. Peu de temps après celui-ci offrait à Zola un exemplaire du *Drageoir à épices*, lui promettant un autre roman à paraître : *Marthe, histoire d'une fille*.

D'autres rencontres devaient avoir lieu. Paul Alexis, natif d'Aix-en-Provence, connaissait depuis 1869 Émile Zola, qui le mena chez Flaubert, où il fit la connaissance de Maupassant. D'autre part, Alexis connut Hennique puis Huysmans à *la République des Lettres* (alors dirigée par Catulle Mendès) et par eux, Céard (4). Le groupe des cinq allait naître : Maupassant, Huysmans, Céard, Hennique, Alexis.

Avant de se réunir chaque mardi soir chez Zola (d'abord 21, rue Saint-Georges, ensuite 23, rue de Boulogne), les cinq dînaient souvent ensemble dans quelque restaurant accessible à leurs moyens. C'est Hennique qui trouva la Mère Machini : dans une petite salle, derrière la boutique d'un marchand de vins, au coin des rues Coustou et Puget; l'exubérance des cinq convives leur faisait oublier la médiocrité de la chère et de la boisson. Sur quelques fâcheux rognons, dont force poivre ne pouvait déguiser la

(1) Lettre à Zola, le 10 décembre 1879.
(2) CÉARD et CALDAIN, 9 mai 1908, p. 234.
(3) Léon DEFFOUX et Émile ZAVIE, *le Groupe de Médan* (Paris, Payot, 1920), p. 9; et René DUMESNIL, *la Publication des « Soirées de Médan »* (Paris, Malfère, 1933), pp. 94-95.
(4) Dans le *Slovo* de Saint-Pétersbourg, janvier 1879, HUYSMANS donne son témoignage : au comité de rédaction de *la République des Lettres*, il rencontra Hennique et le présenta à Céard, Alexis et Maupassant.

qualité, le groupe émigre chez Joseph, 51, rue Condorcet, crémerie où fréquentaient surtout des bookmakers et des filles. Zola, qui avait voulu voir en quel lieu ses amis se réunissaient, se trouva mal à l'aise dans cette atmosphère alourdie. C'est pourquoi Maupassant proposa qu'on lui fît une invitation plus convenable. Le repas et son menu historique sont restés dans les mémoires : le 16 avril 1877 (1), les cinq se réunirent au restaurant Trapp avec Octave Mirbeau, Flaubert, Goncourt, Zola et Charpentier. Ce qui est moins connu, c'est que ce même soir, d'où l'on a coutume de dater la fondation de la nouvelle école littéraire, Flaubert se déclara, quant à lui, ennemi de tous les systèmes, et condamna au nom de la liberté toutes les théories en « isme », naturalisme compris (2).

Alexis ne voulut pas laisser passer une si belle occasion de faire quelque réclame pour le groupe : le 4 juin, il commença de publier dans *les Cloches de Paris*, sous le pseudonyme de Tilsitt, une série d'articles où il demandait instamment aux critiques de diriger leurs foudres sur un groupe de jeunes gens présomptueux, dont les doctrines n'avaient d'autre objet que la destruction de l'art. La ruse réussit, les critiques répondirent et les cinq en retirèrent une certaine notoriété. C'est peut-être une incartade de ce genre qui aggrava aussi l'inimitié des disciples de Hugo, dont Huysmans fait état dans le *Slovo* : les cinq furent exclus des dîners mensuels présidés par le libraire Dentu (3).

Heureusement, le groupe ne fréquenta pas toujours des gargotes comme celles de la Mère Machini ou de Joseph. Céard nous entretient d'un restaurant de l'avenue d'Italie, qui paraissait quasi luxueux : bonne cave, bonne chère, bon service — ce qui s'expliquait par la pratique des tanneurs du quartier, « gens de richesse et de gourmandise » (4). Selon M. Dumesnil, ce serait au « Procope » que les cinq, accompagnés souvent de Zola, Cézanne, Paul Bourget, Coppée, Mirbeau, Thyébaut, Orsat, Francmesnil ou d'autres encore, se réunissaient pour leurs « Dîners de Bœuf Nature » (5) — connus aussi comme « Dîners de l'Homme Décoré », parce que c'est ainsi que le patron désignait Coppée, seul alors, de toute la compagnie, à porter le ruban rouge (6). Mais comme Céard parle de l'avenue d'Italie — bien éloignée du café Procope — et par la même occasion, des « Dîners de l'Homme Décoré », il est probable que ces réunions se tinrent dans plusieurs endroits.

(1) Ce menu fantaisiste avait été donné trois jours plus tôt dans *la République des Lettres*. DUMESNIL, *Publication*, p. 105.
(2) CÉARD et CALDAIN, 21 novembre 1908, p. 368.
(3) Le *Slovo*, janvier 1879, p. 159.
(4) *L'Événement*, 3 décembre 1898.
(5) ZOLA fait allusion au Bœuf Nature dès janvier 1878. *Correspondance*, 1872-1902 (Paris, Bernouard, 1929), p. 502.
(6) DUMESNIL, *Publication*, p. 104.

Mais en quelque lieu qu'on eût dîné, quelle qu'eût été la chère, il y avait toujours après cela l'accueil chaleureux de Mme Zola et de son mari. Dans la salle à manger, autour d'un samovar, les conversations s'élevaient, et non point comme un entretien du maître avec ses élèves, mais bien comme la mise en commun des enthousiasmes et des spéculations littéraires. « Elles se terminaient tard, écrit Céard, après minuit, tous les omnibus rentrés au dépôt; et que de fois Huysmans rue de Sèvres, Céard à Bercy, réchauffés en chemin par le souvenir de la bonne grâce de leurs hôtes, rentrèrent à pied des lointains de l'avenue de Clichy, l'espérance au cœur, la pluie sur le dos (1). »

Un soir, après le dîner, comme on évoquait les souvenirs de la guerre de 1870, Hennique suggéra que chacun écrivît une histoire sur cette période : quelques-uns l'avaient déjà fait; on publierait le tout en un même volume. L'idée fut acceptée sur-le-champ. Quel titre donner au recueil ? Huysmans proposa *l'Invasion comique*, qui fut écarté pour des raisons patriotiques. Après discussion, on s'arrêta sur *les Soirées de Médan*, titre, dit Céard, qui « rendait hommage à la chère maison où Mme Zola nous traitait maternellement et s'égayait à faire de nous de grands enfants gâtés » (2).

Trois de ces nouvelles avaient déjà paru à l'étranger : « l'Attaque du Moulin », de Zola, dans *le Messager d'Europe* de Saint-Pétersbourg, « la Saignée » (3), de Céard, dans le *Slovo*, de la même ville, et le « Sac au dos » de Huysmans dans *l'Artiste* de Bruxelles; « l'Attaque du grand sept », de Hennique, était déjà prête; seuls Alexis et Maupassant avaient encore à se mettre au travail (4). Le 24 décembre 1877, Céard annonçait à Zola : « Je vous écris en hâte, ayant longuement bavardé tout à l'heure avec Charpentier qui consent à la publication du volume de nouvelles. Il doit vous écrire d'ailleurs; il a sur le moment de la mise en ventes des idées qu'il veut vous soumettre. Il préférait le 1er mars ou une date dans ces environs. »

Les nouvelles étant prêtes, les cinq se rendirent chez Maupassant, rue

(1) CÉARD et CALDAIN, 14 novembre 1908, p. 245.

(2) *Ibid.*, 28 novembre 1908, p. 524.

(3) Première publication dans le *Slovo* en septembre 1879. Notons que jusqu'ici tous les historiens du mouvement naturaliste ont donné comme date de publication, tant pour *la Saignée* que pour le roman *Mal-Éclos*, l'année 1877 et parfois 1878. Outre que le *Slovo* ne commença de paraître qu'en 1878, il ressort clairement de la correspondance de Zola et de Céard que la collaboration de ce dernier n'a pu se placer qu'entre juillet 1878 et juin 1880 (lettres de Zola à Céard, des 25 juillet et 17 novembre 1878; lettres de Céard à Zola, des 12 novembre et 21 décembre 1878, 23 septembre 1879, 16 juin 1880, 21 juin 1881). De plus, une lettre de Maupassant à Flaubert (2 janvier 1880) nous apprend que la nouvelle de Céard avait déjà paru dans une revue russe, ce qui est plus précis encore. Nous avons eu la chance de pouvoir consulter cette revue, devenue rare. Pour la collaboration des naturalistes, voir le chapitre suivant.

(4) Céard fait-il erreur quand, en 1908, il déclara que seul *Boule de Suif* avait été écrit spécialement pour le recueil ? Le 24 décembre 1879, il avait écrit à Zola : « Alexis a été vu par Maupassant. Il part à [*sic*] Aix embrasser sa famille pour le 1er janvier, et n'a pas fait une ligne de sa nouvelle. » CÉARD et CALDAIN, 28 novembre 1908, p. 539; et correspondance avec Zola.

Clauzel; chacun lut son œuvre, et le dernier fut Maupassant. Quand il eut achevé, dit Céard : « Alors, dans un de ces beaux enthousiasmes que connaît la seule jeunesse, ils se levèrent, tendirent la main à Maupassant, et saluèrent en lui un nouveau grand maître de la littérature (1). » Le 14 avril 1880, le volume était mis en vente; trois jours après il était signalé dans *le Journal de la librairie* (2).

Quelques années auparavant, Maupassant avait écrit à l'un des membres du groupe qu'il convenait de rechercher quelque moyen de réussir en attirant l'attention du public. Quelque ruse adroite, peut-être ? Il s'en était tenu à cette opinion, et il donna le 17 avril, dans *le Gaulois*, une version tout à fait imaginaire de la façon dont l'idée du recueil était née. Sa manœuvre fit merveille, car deux jours après, Albert Wolff, du *Figaro*, attaquait l'ouvrage dans les termes les plus sévères, s'en prenant surtout à la préface qui, disait-il, était « d'une rare insolence » (3). Et de conclure, faisant une exception pour « l'Attaque du Moulin », de Zola : « *les Soirées de Médan* ne valent une ligne de critique. Sauf la nouvelle qui ouvre le volume, c'est de la dernière médiocrité (4). » Céard ne devait jamais oublier cette phrase, et fit en sorte que Wolff n'oubliât point non plus qu'il en était l'auteur. Chaque fois qu'il eut à reparler du livre, Céard ajouta quelques lignes de ce genre : « Or, parmi ces dernières médiocrités se trouve simplement « Boule « de Suif » de M. Guy de Maupassant, laquelle, par les écrivains de toutes les opinions littéraires, sans distinction, fut immédiatement saluée comme un chef-d'œuvre et est restée comme telle dans la mémoire de quiconque possède une apparence de sens artistique (5). »

Les critiques virent dans cette publication une occasion de crier à l'antipatriotisme, et l'on se livra à des spéculations sur le nombre d'exemplaires qui se vendraient à Berlin. Il est de fait pourtant que *les Soirées de Médan*, à l'exception de « la Saignée », n'ont pas tant pour propos de représenter la guerre de 1870 que de nous faire assister à quelques événements, qui eussent pu avoir lieu au cours de n'importe quelle guerre moderne. Le 5 janvier 1880, Maupassant avait écrit à Flaubert qu'il n'entrait rien d'antipatriotique dans leur projet de recueil de nouvelles, mais qu'ils s'en prenaient plutôt à certain romantisme militaire, à certain enthousiasme chauvin, qu'un récit de guerre ne manquait jamais d'étaler. On ne tenait pas à y prôner la revanche contre l'ennemi, mais à y proclamer la revanche contre

---

(1) *L'Événement*, 23 octobre 1897.
(2) Deffoux, Le cinquantenaire des « Soirées de Médan », *Mercure de France*, 15 mai 1930, p. 246.
(3) Aucun indice positif ne permet de dire si cette préface est de Zola ou de Céard. De Zola, dit Hennique. Mais, selon Deffoux, Zola et Céard attestèrent tous deux que le second était l'auteur. Deffoux, Sur Léon Hennique, *Mercure de France*, 1er février 1936, pp. 489-504.
(4) *Le Figaro*, 19 avril 1880.
(5) *Le Siècle*, 17 novembre 1888.

les hommes et les institutions qui étaient causes de la défaite. L'histoire est pleine d'ironie : les mêmes écrivains, quelques années plus tard, allaient se diviser âprement. Il allait être question de l'inviolabilité des institutions militaires, de la possibilité ou de l'impossibilité de juger impartialement un capitaine juif.

Ce sont les relations de Céard avec de nombreux amis littéraires qui vont nous donner le meilleur aperçu de son caractère et de sa personnalité. Si les noms de Jean-Jules Bobin, de Ludovic de Francmesnil, de Gabriel Thyébaut sont demeurés obscurs, la part qu'ils prirent à l'évolution des idées littéraires de Céard est loin d'être négligeable, et nous les retrouvons à côté d'autres noms connus ou célèbres, tels que Flaubert, Zola, Goncourt, Daudet, Tourguénieff, Maupassant, Antoine, Hennique, Alexis et Bonnetain.

J.-K. Huysmans, nous l'avons vu, fut un de ses premiers amis. Comme leur rencontre remonte à une époque où tous deux débutaient dans la critique littéraire, nous nous occuperons de ces relations commençantes dans le chapitre consacré aux articles et chroniques de Céard.

Des trois noms peu connus que nous citons ici, il en est un, celui de Thyébaut, qui doit nous arrêter un instant. Le père de Thyébaut était notaire à Dienville, lieu d'origine des parents de Céard, ainsi que nous l'avons mentionné. Gabriel acheva ses études à Paris et entra dans le cabinet du préfet de la Seine. Il fréquenta de bonne heure les soirées de Huysmans.

Il est bien probable que Céard et Huysmans durent à Thyébaut leur goût pour ce que la vie contemporaine pouvait offrir de tout à fait banal et ridicule. Il était, nous dit Céard, porté sur le paradoxe plaisant; ne persuada-t-il pas à Rémy de Gourmont qu'il avait inventé une doctrine nouvelle, supérieure à celle des naturalistes : il avait trouvé une forme définitive de nullité. *Le Vin en bouteilles*, ce dialogue dont parlent Deffoux et Zavie, ne ressemblait à rien de ce qu'offrent la comédie ou le roman; c'étaient « les péripéties d'une action nulle et d'une déconcertante platitude » (1). Et cependant, il considérait la vie avec une parfaite bonne humeur. Céard avait les meilleures raisons du monde de dédier à cet original ami *Une belle journée*, roman dont nous aurons à parler plus loin.

Il semble qu'il ait subi l'influence de Thyébaut plus que celle d'aucun autre de ses amis. On a retrouvé dans ses papiers le brouillon d'un article écrit après la mort de Thyébaut, et qui permet de se demander si Céard ne voyait pas en lui un *alter ego*, une sorte de jumeau intellectuel. Thyébaut ne montrait jamais ce qu'il peignait ou écrivait : « Il sut pénétrer, dit Céard,

---

(1) Un fragment autographe de cette œuvre est conservé à la Bibliothèque de l'Arsenal; il a été publié récemment dans *les Cahiers naturalistes* (1956, IV, 165-168) par C. A. BURNS.

les secrets d'exécution littéraire de tous les maîtres. Trop fin pour les imiter, désespérant de les dépasser, il se contenta de les comprendre. » Céard lui-même, combien de manuscrits n'amoncela-t-il pas au regard du petit nombre d'œuvres qu'il publia ? Il continue en ces termes :

Parce qu'il se montrait perspicace à découvrir et à signaler les erreurs et les fautes, il a passé pour pessimiste. Singulier pessimiste qui s'employait à pousser les artistes vers la perfection. Assurément Thyébaut, avec Schopenhauer, ne croyait pas à l'excellence initiale de quoi que ce soit au monde; mais avec Schopenhauer aussi, il concevait que le devoir de tout être pensant était de réparer vaille qui vaille, les malfaçons d'un univers construit sans soin, remis à la conduite de l'instinct et de corriger à force d'intelligence les inconvénients de la nature et des individus. Était-il pessimiste l'homme qui disait : Le pessimiste doit être un être gai, autrement, par la tristesse, il ajouterait à la misère générale (1) !

Les pièces de Céard, nous le verrons, offrent le même mélange de pessimisme et d'enjouement.

La rencontre avec Zola, en 1876, devait vers 1880 donner naissance à une véritable amitié, comparable seulement à celles qui unirent Céard à Thyébaut et à Huysmans. De la réserve polie du début, les lettres de Céard à Zola passèrent en peu de temps au ton de la camaraderie respectueuse. C'est au point que Zola, remerciant Céard pour une étude sur *Germinal*, avouait douter que ses éloges fussent l'expression d'un véritable sentiment. « J'aurais peut-être préféré une discussion plus franche, dit-il. Vous m'aimez assez, je crois, pour savoir que si mes nerfs tolèrent peu la contradiction du premier moment, ma raison de travailler sans illusion accepte toutes les critiques (2). » Et quelques mois plus tard : « Nous nous connaissons trop et nous nous aimons trop maintenant pour jamais nous blesser (3). » Mais le jugement de Céard sur Zola romancier demeura aussi souvent élogieux que critique dans les quatorze années qui suivirent. Certaines réserves, presque désaveux, vont bientôt montrer que l'enthousiasme du début doit être pris le plus sérieusement du monde. Comparons deux passages de lettres, écrites à dix ans de distance : nous constaterons que cette admiration pouvait être maîtresse d'elle-même. Le 19 avril 1882, *Pot-Bouille* n'est pas apprécié sans certaines restrictions :

Pourtant, ce qui me paraît manquer un peu au livre, c'est l'atmosphère. Il me semble moins bien trempé dans l'air bourgeois que *l'Assommoir* dans l'air faubourien. Je le trouve aussi d'une mécanique dont la précision savante ne se dissimule pas assez, et qui fonctionne avec une autorité de logique un peu trop supérieure aux nuances. Philosophiquement, vous avez fait un roman vrai, cela

---

(1) Voir notre bibliographie, 54 (2).
(2) Lettre du 22 mars 1885.
(3) Lettre du 23 août 1885.

est incontestable. Mais la vie, dans son train-train, a-t-elle cette rigueur de démonstration mathématique ?...

Je trouve superbes toutes les scènes chez les Josserand, et cette mort du père Vabre, sinistre comme un épisode de Ben Jonson, et surtout et avant tout l'accouchement d'Adèle. Cela, mon cher Zola, est bien particulier, bien nouveau dans votre œuvre et domine vos plus fortes pages. C'est un chef-d'œuvre d'humanité lamentable, de dignité triste et de technicité austère. Vous n'imaginez pas l'émotion qui vous prend à la lecture de ce chant de poésie médicale tout plein d'apitoiement pour les souffrances de la chair et la misère des déshérités. Vous avez découvert là une nouvelle beauté littéraire : ça se sent, çà, au frisson inconnu qui nous a tous couru le dos en vous lisant.

A demain, mon cher ami; si vous ne voulez pas entendre dire qu'on vous admire, laissez-vous dire au moins que l'on vous aime.

Frappante, émouvante, l'œuvre avait tout de même quelque chose de forcé. A propos d'un autre roman, Céard jugera que Zola s'est mieux gardé de ce défaut d'équilibre. Voici la lettre toute différente qu'il lui enverra le 30 juin 1892 :

Je viens de lire deux fois *la Débâcle*, et vous envoie tout d'abord l'expression de mon admiration profonde pour l'historien et pour l'écrivain. Je vous parlerai tout à l'heure du romancier et du philosophe.

Parallèlement à votre livre, j'ai parcouru les ouvrages spéciaux imprimés au lendemain de Sedan, et je demeure stupéfait du succès d'impartialité avec lequel, démêlant la vérité humaine et supérieure au travers des allégations passionnées et des témoignages contradictoires, vous avez su parler sans déclamation d'une catastrophe demeurée si douloureuse et si ardente, et raconter les faits les plus épouvantables d'imbécillité militaire sans dresser de réquisitoire contre les individus. Au point de vue purement technique, votre volume est une merveille de conscience et d'exactitude. Par la sûreté de l'information et la puissance du résumé, il a presque la valeur d'un document original... A chaque instant le tour de force recommence dans vos chapitres, et vous le réussissez à tous les coups par l'éloquence sobre et la précision émue de votre style. Jamais peut-être vous n'avez semblé plus sûr de votre plume; jamais peut-être aussi, dans ces six cents pages pleines de morceaux de bravoure, vous n'avez montré plus de simplicité et de naturelle poésie dans l'expression de la tristesse des êtres, des animaux et des choses... Le vent de la fatalité antique, le souffle déconcertant des suprêmes déconfitures, à la faveur du style, y passe d'un bout à l'autre. On y respire l'insuccès, on y suffoque de la défaite. C'est là un effet unique, je crois, en littérature, que d'avoir donné cette réalisation à l'atmosphère de la catastrophe et à la manœuvre du Destin.

Zola pouvait se fier au jugement de Céard aussi bien qu'à son amitié. Il avait souvent recours à l'aide du jeune homme : Céard se chargeait volontiers des plus simples commissions, commande de charbon, achat d'un cheval, recrutement d'une domestique. Il y eut même une fois où ses serviables dispositions le mirent en mauvaise posture. Hélène Petit, qui avait joué le rôle de Gervaise dans l'adaptation théâtrale de *l'Assommoir*, meurt, en 1881. Zola n'est point aux obsèques. Céard, craignant qu'on ne prenne cette absence pour une marque d'insensibilité, s'avise de fabriquer une histoire à l'intention du mari de l'actrice. « Je connais un peu Marais, je suis allé le trouver dans l'appartement mortuaire et lui ai dit que vous, prévenu trop tard, m'aviez chargé, par dépêche télégraphique, de lui transmettre avec vos vifs regrets, l'expression de votre douloureuse émotion. » Réponse de Zola le lendemain : « Mon bon Céard, permettez-moi de vous dire, avec toute mon amitié, que vous venez de faire ce qu'on appelle une gaffe. Marais m'avait télégraphié la mort de la pauvre Hélène, et me trouvant très las et même souffrant, au retour d'un brusque voyage à Paris, je lui avais écrit pour m'excuser et lui serrer la main. Il devait donc avoir ma lettre, lorsque vous lui avez raconté votre petite histoire. Vous jugez de ce qu'il a dû penser. Merci tout de même, car je comprends bien le sentiment qui vous a poussé (1). » Mais la plupart du temps, l'assistance de Céard était de nature plus littéraire.

En 1878 et 1879, quand Zola eut pris l'habitude de se retirer à Médan huit mois par an, Céard alla s'asseoir dans son fauteuil au théâtre, et lui envoya des comptes rendus critiques, que Zola utilisa pour ses chroniques du *Bien Public* et du *Voltaire*. Une autre fois c'était trois couplets de ronde militaire qu'il demandait pour *le Bouton de rose*, ou quelque information pour *Pot-Bouille*, *la Joie de vivre*, *la Terre*, *le Rêve*, et surtout pour *Nana* (2).

C'est par Céard que Zola eut en mains l'*Introduction à la médecine expérimentale*, de Claude Bernard; Céard voulait « lui montrer de quelle façon procédaient les savants, et par là, le mettre en garde contre l'inconvénient, sinon l'erreur que commettrait un romancier, si en littérature il prétendait employer le même système » (3). Il n'hésita pas à mettre à jour le « sophisme capital » de son étude sur le roman expérimental. Le savant, disait-il, pouvait disposer des facteurs et des éléments de l'expérience, et s'en servir pour atteindre à une conclusion mathématique, pleine de certitude. Mais le romancier, qui ne peut faire fond que sur des hypothèses, ne peut mener cette expérimentation logique que sur le terrain de l'imaginaire, et en fait, c'est au public à tirer la conclusion (4).

Il arrivait encore à Céard de critiquer *Pot-Bouille*. Ou bien c'étaient quelques lances qu'il rompait sur la nécessité de la rime dans la versification française, mais en terminant par ces mots : « Tout ceci pour le plaisir de la bataille, car vous êtes là-dessus le plus impénitent des hérétiques et j'ai

(1) *Lettres inédites à Émile Zola*, pp. 174-175 ; et Émile ZOLA, *Lettres inédites à Henry Céard* (Providence, R.I., Brown University Press, 1959), p. 27.

(2) MM. Auriant et Burns ont étudié d'une façon exhaustive la contribution de Céard à *Nana*. AURIANT, les dessous de « Nana », *l'Esprit français*, nᵒˢ 72-73, 1932; et BURNS, *French Studies*, octobre 1952, pp. 318-319.

(3) Lettre à Maurice Verne, *l'Information*, 22 juillet 1918.

(4) Lettre à Zola, le 28 octobre 1879.

conscience de ne pas vous avoir convaincu (1). » Mais Zola ne faisait pas que recevoir, il rendait aussi. Il semble être devenu une sorte de frère aîné en littérature, dans la mesure du moins où la fierté de Céard pouvait le permettre. Quand ce dernier passait par quelque moment de dépression — et il y était très sujet — Zola le pressait souvent de se mettre à quelque ouvrage, et de dominer ses idées sombres par un travail de création. Il l'aida aussi par la plume : le premier roman publié par Céard, *Une belle journée*, paraissait à peine en librairie que déjà Zola consacrait un article élogieux à l'œuvre et à son auteur (2).

Céard faisait au romancier et à sa femme de continuelles visites, que ce fût le dimanche à Médan, ou un soir de la semaine à Paris, ou encore pour quelques jours dans une des maisons de campagne que Zola louait, à Bénodet, à Royan, à Grandcamp-les-Bains (3); il était toujours sûr de trouver accueil, tendresse et protection. Bien souvent un petit détail en dit long : ainsi un billet, invitant Céard à dîner, se terminait sur ces mots tout simples et pleins d'amitié : « Hein ? je vous promets là un dessert irrésistible (4) ! »

Céard, en vérité, avait bien besoin de sympathie. Il avait de l'ambition pour sa carrière littéraire, mais ses efforts demeuraient sans succès, étaient même mal accueillis. Par Albert Pinard, il réussit à placer, en 1876, quelques-uns de ses articles dans *les Droits de l'Homme*, l'éphémère journal d'Yves Guyot, mais bien que ses chroniques fussent d'ordre purement littéraire, le rédacteur se montra hostile aux sentiments qui s'y exprimaient. Mieux reçus dans deux journaux belges, ses articles en revanche ne lui rapportèrent rien. Sa première pièce, *Pierrot spadassin*, écrite en collaboration avec Charles Grandmougin, et représentée en 1877, se heurte au silence de la critique. Il ne réussit pas non plus à se signaler par *Une attaque de nuit*, sa première nouvelle, publiée la même année (5). Il fallut attendre *les Soirées de Médan* pour que son nom parvînt aux oreilles du public; et c'est un an plus tard, grâce à *Une belle journée*, qu'il s'attira quelque considération dans les milieux littéraires — ceux du moins où l'on était favorable au naturalisme. Moitié chagrin, moitié amusé, il écrit à Zola : « Ce qui est ennuyeux par exemple, c'est l'inconcevable considération qui se dégage autour de moi. Imagi-

(1) Lettre du 6 février 1882.
(2) Publié dans *le Figaro*, le 11 avril 1881, cet article manqua peut-être de modération dans l'éloge. Six jours après, Aurélien SCHOLL, dans *l'Événement*, donna une parodie sévère mais plaisante de l'article de Zola : « Avec Boulou, nous entrons en pleine psychologie. C'est le produit d'une autre race, c'est un crâne d'une autre structure, un nombril d'une autre forme... Boulou a lu Malot et Claretie [Flaubert et Goncourt]; il leur a pris tout ce qu'il a pu... *Une soirée ennuyeuse* est un début étourdissant. Jamais livre ne répondit mieux à son titre. C'est le dernier mot de la simplicité, le comble de l'absence d'intérêt... Il sera difficile de dépasser Boulou, d'écrire tout un volume sans avoir de sujet... », etc.
(3) DEFFOUX, *les Villégiatures d'Émile Zola*, *Mercure de France*, 15 septembre 1925.
(4) Lettre du 15 juin 1892.
(5) Nous examinerons ces articles et ces ouvrages dans les chapitres suivants.

nez qu'au ministère le Directeur du Personnel m'a écrit une lettre des plus aimables, et, ceci est un comble, m'a conseillé de faire un roman administratif (1) ! »

A la vérité, ses œuvres demeuraient ignorées; mais ce n'était point qu'il fût nécessairement considéré comme médiocre. Dès cette époque il passa pour un esprit aiguisé. Champsaur écrivait : « Quant à M. Céard, c'est, au dire de quelques-uns, celui de tous les élèves de Zola qui a le plus de talent (2). » Richepin déclarait avec un peu plus de précision et de vérité : « C'est, paraît-il, un esprit critique, très délié à la fois et très aigu... il m'a tout l'air d'avoir pris son foie pour encrier, et sa plume aura sans doute des crachements de bile amère (3). » Est-ce cette « bile », ou tout simplement l'esprit caustique qu'il montrait dans la discussion, qui lui fit dès ce jeune âge quelques ennemis ? De bonne heure, les personnalités de Céard et de Paul Alexis semblent avoir été incompatibles. Leur première rupture vint peut-être de l'effet produit sur Céard par un article des *Cloches de Paris*. Il écrit à Zola, au début de juillet 1877 :

Recevez-vous *les Cloches de Paris* ? C'est une feuille obscure dont Goncourt nous a révélé l'existence, un jour que Huysmans et moi étions en visite chez lui. Il y était fort malmené, vous aussi du reste. Quant à nous six, nous étions vilipendés en bloc à cause du fameux dîner chez Trapp. C'était le premier numéro. Les numéros suivants nous ont tous pris à partie personnellement, et dans des portraits aigres et pleins de renseignements erronés ou incomplets, nous avons été traités, moi de monsieur bien mis « que les femmes gobent », Hennique, d'imbécile ou quelque chose approchant, Huysmans, d'écrivain ordurier. Cela était au mieux et nous restions cois. Mais Maupassant nous a appris hier, à notre dîner hebdomadaire, qu'Alexis était l'auteur de ces entrefilets haineux, envieux et lourds. Est-il nécessaire de lui dire qu'il tient là une conduite misérable, et qu'il est mal venu pour cent mille raisons à vous attaquer vous et Goncourt ? Comprendrait-il que tirer sur ses chefs et sur les troupes qui les suivent, cela s'appelle une lâcheté ? Vraiment nous sommes interloqués ! Et il nous récompense bien mal de l'indulgence que nous avions tous pour sa légion de vices. Huysmans est particulièrement exaspéré, et je crois qu'il va lui fieller sous peu de vigoureuses vérités...

En 1881, les blessures étaient à vif; le 21 juillet Alexis écrivait à Zola : « Céard n'est qu'un jaloux, mais pas un ami, ni pour vous ni pour moi, et *il vaut encore mieux* qu'Huysmans. » Là-dessus vint une chamaillerie peu sérieuse à propos de Musset, et les choses ne s'en trouvèrent pas arrangées. Dans *l'Express*, le 14 février 1882, Céard avait appelé Musset poseur et pion. Alexis laissa passer trois mois avant d'attaquer l'article : avant dix jours Céard avait déjà répliqué; Musset n'avait fait que porter son cœur

(1) Lettre du 30 avril 1881.
(2) Félicien CHAMPSAUR, les Disciples de M. Zola, *le Figaro*, 20 octobre 1879.
(3) Jean RICHEPIN, les Six Naturalistes, *Gil Blas*, 21 avril 1880.

en écharpe, et quant aux idées, si on ne pouvait lui reprocher de n'avoir pas eu celles de 1882, on devait lui en vouloir de n'avoir même pas saisi celles de 1840 (1).

Céard ayant écrit une préface pour le *Charlot s'amuse...* de Paul Bonnetain, Alexis, écrivant à Zola, en relève une affirmation : « La préface de Céard est bien : mais pourquoi dire : « Je n'ai point souci de dominer. » Blagueur, va ! Les raisins sont trop verts ! Ce garçon-là dominerait au contraire plus que personne s'il le pouvait (2). »

Cette préface à *Charlot s'amuse...* fut cause d'une autre rupture. En raison du sujet du livre — le vice d'Onan — l'auteur fut traduit devant la cour d'assises de Paris, le 26 décembre 1884. Céard fut cité lui aussi, mais trouva le moyen de convaincre le juge d'instruction, Lallemont, qu'une préface ne fait jamais que donner une opinion et qu'on trouverait là difficilement matière à procès. Bonnetain fut acquitté par le même jury qui sept jours auparavant avait condamné Louis Desprez, un des auteurs de *Autour d'un clocher*; mais furieux de ce que Céard lui eût refusé son soutien moral, il écrivit à son éditeur, Kistemaeckers, une lettre où il appelait Céard un traître et exigeait que la préface fût retirée des éditions à venir. Ce qui fut fait.

Léon Hennique semble avoir été d'une telle équanimité que, si l'on excepte un malentendu survenu vers 1908, son amitié pour Céard demeura sans histoire, et qu'on ne sait pas grand-chose de leurs relations. Il faut dire que Hennique, dans ses dernières années, détruisit de nombreuses lettres de ses anciens amis, ne voulant pas qu'elles tombassent aux mains de simples curieux. Malgré cette perte, une thèse, sur Hennique que M. A.-D. Forrester est en train d'écrire à l'Université de Londres, pourra peut-être nous en apprendre plus quelque jour.

De Maupassant, nous savons qu'après ses premiers succès il revit assez peu ses camarades « médaniens » — l'un de ses biographes dit même qu'il n'y tenait guère — mais Céard garda toujours un excellent souvenir de lui. Il nous raconte comment, un après-midi, à Médan, chacun s'essayait à faire mouche à la carabine sur une pierre accrochée à une branche. La carabine faisait entendre un claquement vif et sec; pourtant, entre les mains de Maupassant, le coup résonnait avec plus d'intensité et plus de durée. Zola s'en aperçut, et en fit la remarque d'une façon tout à fait pro-

---

(1) Cf. *l'Express*, 14 février et 24 mai 1882; *le Réveil*, 14 mai 1882.
(2) Pour les deux lettres d'Alexis, voir AURIANT, Autour du cinquantenaire de « la Terre », *Mercure de France*, 15 juin 1937, pp. 662-664.

phétique : « Ce diable de Maupassant, avec les mêmes moyens il trouve le secret de faire plus de bruit que les autres (1). »

Céard se souvient aussi d'un dîner projeté avec Maupassant à Sartrouville : en fait sa soirée se passa à chercher des flacons d'éther pour son ami, qui était en proie à une violente crise, le sang au visage et l'écume aux lèvres.

A mesure que les années passèrent, ils se virent moins souvent : Maupassant, se trouvant à Paris, invite Céard à venir le voir et le gourmande pour avoir cru que son *Bel-Ami* était vraiment un yacht; rencontré par hasard à la gare de Lyon, il lui confie qu'il doit conduire son frère dans un sanatorium. La dernière fois qu'ils se virent, ce fut à Rouen, à l'inauguration du monument de Flaubert : cette fois Maupassant était bien changé par la maladie. On trouve ainsi, dans chacune des pensées que Céard donne à son ami, tout comme dans ses articles, ce même mélange d'admiration, d'affection et de sympathie (2).

Aux réunions du dimanche après-midi, chez Flaubert, 240, rue du Faubourg-Saint-Honoré, Céard rencontra probablement Tourguénieff. Celui-ci servit d'intermédiaire entre Zola et Stassioulévitch, rédacteur du *Messager d'Europe* (3). Le contact une fois établi avec le public russe, Zola s'employa à assurer à Céard un peu de place dans le *Slovo* (la Parole) de Saint-Pétersbourg, revue scientifique, littéraire et politique, dirigée de 1878 à 1880 par D. A. Koroptchewsky, par ailleurs maître de conférences à l'Université de Saint-Pétersbourg. Ce devait être une revue très libérale, car trois livraisons en furent interdites au début de 1880. Finalement, après l'assassinat d'Alexandre II, en 1881, la revue s'éteignit au quatrième numéro de l'année; le censeur refusa d'agréer un rédacteur en chef.

En septembre 1879, Céard reçut l'offre de collaborer à l'*Ogoniok* — la Petite Flamme, avec un sens tout particulièrement hospitalier : la lueur dans la nuit —, revue littéraire, scientifique et artistique illustrée. L'offre venait soit du directeur, Goppé, soit du rédacteur Alovert; il paraît évident que Céard n'accepta pas, puisque son nom n'apparaît nulle part. On peut le regretter, d'autant plus que la revue publia du Flaubert, du Zola et du Maupassant durant sa brève existence, c'est-à-dire de 1879 à 1883 (4). Il

(1) *Le Petit Marseillais,* 11 février 1923.
(2) *L'Événement,* 23 octobre 1897; et *le Petit Marseillais,* 11 février 1923.
(3) Les personnes qui s'intéressent à la fortune du naturalisme français en Russie consulteront avec profit la revue russe *le Messager de la littérature étrangère (Vestnik inostrannoï litératoury)* publiée de 1895 à 1899.
(4) Voici les œuvres des réalistes-naturalistes parues dans l'*Ogoniok* (Saint-Pétersbourg) : janvier-juin 1880 : « Nouvelles de la littérature étrangère, 1. Émile Zola sur Gustave Flaubert » (pp. 43-44), 2. « Émile Zola sur Balzac » (pp. 389-390); juillet-décembre 1880 : Gustave FLAUBERT, « Un cœur simple » (pp. 826-829, 840-843); et par MAUPASSANT : juillet-décembre 1881 : « En famille » (pp. 754-761, 776-780); janvier-juin 1882 : « le Papa de Simon » (pp. 363-366); juillet-décembre 1882 : « la Rempailleuse » (pp. 898-899).

est possible que ces rapports avec l'*Ogoniok* se soient établis par l'intermédiaire de Piotr Dimitriovitch Boborykine, écrivain russe qui séjourna très longtemps en France, et dont les œuvres portent la marque d'une certaine influence naturaliste. On considère généralement ses romans comme assez superficiels, mais, de l'avis de certains, leur lecture serait d'un grand profit à qui veut connaître la vie et le langage des Russes à la fin du siècle dernier. Ni Céard ni Zola ne semblent avoir beaucoup apprécié Boborykine. Quels qu'aient été son mérite personnel et sa valeur littéraire, nous savons à tout le moins qu'il devint membre honoraire de l'Académie de Saint-Pétersbourg.

Nous tenons pour tout à fait douteux que Tourguénieff ait été à l'origine des rapports de Céard et du *Slovo*, ainsi que l'avance Deffoux (1). Si c'était le cas, les lignes qui suivent ne seraient guère à l'honneur de Céard, qui écrit à Zola (le 21 juin 1881 ou autour de cette date, la lettre ne le précise pas) :

Par exemple, ce qui a été assez réjouissant, c'est que le dit Boborykine, venu pour nous tirer des renseignements, a fini par être contraint de nous en donner, et sur qui ? Sur Tourguénieff. Il a avoué que Tourguénieff était, littérairement et politiquement, un abominable coup monté. Les Slaves ont pour lui une estime fort médiocre, et désignent sa façon d'écrire d'une épithète qui chez nous correspond à *châtré*. Politiquement, son exil et ses souffrances pour la cause populaire sont une légende dont tout le monde sourit. Ce ne serait qu'une espèce de Feuillet artistique et social, le romancier des salons et le révolutionnaire pour les dames. J'ai noté tout ce dont s'est lâché Boborykine; on peut faire, avec les détails fournis par lui, un article assez aigu et qui tranchera sur la bénédiction universelle.

Mais il est possible que Zola, ami dévoué de Tourguénieff, soit intervenu, car Céard lui écrit une semaine plus tard : « Le Tourguénieff n'est pas fait et ne le sera jamais. »

« C'est en lisant vos œuvres que je suis né à la littérature », écrivait Céard à Edmond de Goncourt le 23 mars 1881 (2). Il avait découvert Flaubert en 1874, Zola en 1876, mais son intérêt pour les Goncourt remontait à ses années de lycée. Nous avons déjà parlé de cette société « Utile dulci », où il entendit lire leurs œuvres à haute voix. Cet enthousiasme de jeunesse doit avoir duré pendant toutes les années 1870.

Céard avait fait la connaissance de Zola au printemps de 1876, et celle de Flaubert, semble-t-il, l'hiver suivant. Il est donc digne de remarque que, sur les trois œuvres, ce soit à celle des Goncourt qu'il ait choisi de consacrer

---

(1) *Les Marges*, printemps 1930, p. 96.
(2) Ces lettres d'Henry Céard à Edmond de Goncourt sont celles de la Bibliothèque Nationale.

ses premiers articles, espacés entre 1876 et 1878, et publiés dans *les Droits de l'Homme*, et à Bruxelles dans *l'Actualité* et *l'Artiste*.

Selon M. Deffoux, c'est l'éloge de *la Fille Élisa*, dans *l'Actualité* d'avril-mai 1877, qui mit Céard en rapport avec Edmond de Goncourt (1). Deffoux soutient ici comme un fait positif une simple supposition, sans l'appui d'aucune preuve. La première lettre de Céard à Goncourt, en date du 4 décembre 1876, exprime le bonheur qu'avait eu le jeune homme de pouvoir dire publiquement toute son admiration pour l'œuvre des deux frères, encore qu'il la dissimulât sous son pseudonyme de Denoisel. Cet article des *Droits de l'Homme* est celui qui provoqua la rencontre des deux hommes, et fut à l'origine d'une amitié appelée à durer dix années.

Quand nous avons fait état de services littéraires rendus par Céard à Zola, nous n'avons fait que reprendre ce qui est assez généralement connu; ce qu'on ignore pratiquement, c'est qu'il en rendit aussi à Edmond de Goncourt. Céard, comme son « Cher Maître », était plein d'enthousiasme pour les productions du xviiie siècle; et quand l'aîné des Goncourt se décida à remettre sur le métier trois études qu'il avait écrites avec son frère, Céard n'hésita pas à entreprendre des recherches considérables pour l'aider dans son travail. Charpentier publia ces études en 1878-1879 sous le titre : *les Maîtresses de Louis XV.*

Par leur correspondance, nous n'avons certainement qu'une idée partielle de la collaboration de Céard. Mais nous savons que les lettres publiées aux pages 359-371 de l'édition corrigée de *Madame de Pompadour* sont dues à ses recherches. Il eut moins de chance avec la correspondance relative à *la Duchesse de Châteauroux*. Nous pouvons nous demander s'il fit pour *la Du Barry* les mêmes recherches patientes et infructueuses. En ce qui concerne *Sophie Arnould*, réédité chez Charpentier en 1885, on y trouve deux renseignements dus à Céard : l'un est relatif au lieu de sépulture de la chanteuse et l'autre à une querelle qu'elle eut avec une de ses collègues à l'Opéra. Goncourt cita sa source pour le second détail, ainsi que pour un autre, sur l'assassinat de Mme de Saint-Huberty. Mais quand *Mademoiselle Clairon* parut, en 1890, il ne précisa pas que les détails qu'il donnait sur la chambre de l'actrice étaient dus aussi aux recherches de Céard. Entre temps, cette longue amitié avait pris fin (2).

Ce n'est pas que Goncourt ne fût reconnaissant des services qui lui avaient été rendus, loin de là. Le 7 avril 1883, Céard fut choisi comme l'un des futurs membres de l'Académie Goncourt; le 16 novembre 1884, Daudet et lui furent désignés comme exécuteurs testamentaires d'Edmond.

(1) Deffoux, J.-K. *Huysmans sous divers aspects* (Paris, Crès, 1927), p. 6.
(2) Pour le concours apporté par Céard à ces études historiques, voir C. A. Burns, Edmond de Goncourt et Henry Céard, *Revue d'histoire littéraire de la France*, juillet-septembre 1954, pp. 360-364.

Puis, le 25 juillet 1885, pour une raison qui nous est demeurée inconnue, il fut destitué de cet office : était-ce à cause de son amitié connue pour Zola ? Quoi qu'il en soit, il était des premiers à se rendre à ce qu'il appelait spirituellement — selon le mot de M. Billy — « les vêpres d'Auteuil ». Et l'on ne peut soupçonner là un refroidissement, car la même année parurent les *Lettres de Jules de Goncourt*, avec une introduction de Céard qui y mit tant de chaleur et tant de sympathie que l'hypersensible Edmond de Goncourt s'en trouva lui-même charmé : « de l'écriture d'une grande distinction — et d'une tendresse de cœur qui me remplit d'émotion » (1).

En 1880, Céard offrit d'adapter *Renée Mauperin* pour la scène, et Goncourt accepta. Un peu plus tard, dans le courant de la même année, deux inconnus nommés Henri Sena et J. Bush demandèrent eux aussi à faire le même travail. Edmond de Goncourt s'en tint à sa première parole, mais à condition que l'adaptation fût achevée dans le délai d'un an : sinon il en chargerait plutôt les deux nouveaux venus. Au reste Céard reçut toute liberté en ce qui concernait la préparation de son texte. Et un soir de décembre 1881, après un dîner chez les Daudet, Edmond de Goncourt, les Zola, les Charpentier et leurs hôtes écoutèrent la lecture des cinq actes : le romancier félicita l'adaptateur. Il ne manquait qu'un directeur de théâtre qui accueillerait la pièce.

On la présenta d'abord à M. de La Rounat, à l'Odéon, mais il refusa avec véhémence de voir en pareil sujet la matière d'un drame sérieux. Sarah Bernhardt, qui envisageait — d'une façon passagère — de reprendre la direction de l'Ambigu, jeta un coup d'œil sur le manuscrit puis l'oublia. Céard réécrivit la pièce sur le conseil de Mlle Thénard, duègne au Théâtre-Français, qui le soumit alors à Deslandes, au Vaudeville, en septembre 1883. Mais c'était un dénouement heureux qu'il fallait au directeur de ce théâtre : « Pourquoi voir la vie, dit-il, avec ce parti pris d'accusation et d'amertume ? De l'esprit, oui, certes, le manuscrit n'en manquait pas, mais à quoi bon choisir des sujets où l'humanité apparaît désespérément triste ? Du talent, du reste, beaucoup de talent (2) ! » Goncourt aurait accepté volontiers n'importe quels changements; mais Céard était partisan de s'attacher scrupuleusement à l'action du roman, et ce fut un nouvel échec.

En 1885, ce sont d'autres tribulations. Antoine raconte qu' « à l' « Odéon », Porel, succédant à La Rounat, grâce à l'appui du salon Daudet, avait payé sa dette en reprenant triomphalement *l'Arlésienne*... *l'Henriette Maréchal* des Goncourt, même une *Renée Mauperin* adaptée par Céard » (3). Ce dernier événement n'avait pas été sans que Céard se donnât beaucoup

---

(1) Edmond de Goncourt, *Journal*, XIII (Monaco, Éditions de l'Imprimerie nationale, 1956), p. 200.

(2) Céard, Histoire de « Renée Mauperin », *Revue théâtrale*, mars 1903, p. 162.

(3) André Antoine, « *Mes Souvenirs* » sur le *Théâtre-Libre* (Paris, Fayard, 1921), p. 8.

de mal. Au cours de l'été, il en entretient Zola : « Porel m'a fait venir pour me dire qu'il trouvait la pièce très bien, pour m'inviter à la mettre en trois actes, après quoi il promet de la jouer dans la saison prochaine. C'est son invariable et polie formule de refus. Je n'ai rien dit à Goncourt qui souhaiterait évidemment qu'on tentât la modification proposée, laquelle équivaut à un remaniement total de la pièce. Et moi j'en ai assez. Je ne peux point passer ma vie à refaire toujours le même scénario. On finit par ne plus trouver d'intérêt à ce ressassement des mêmes mots (2). »

Céard demeura tout à fait sceptique sur la fortune de la pièce pendant cet automne-là, encore qu'il se rendît compte des efforts de Daudet pour hâter l'affaire. Goncourt, lui, s'impatientait. Il lui tardait de voir ses personnages aux feux de la rampe, et il n'hésita pas à critiquer le travail de Céard, qui s'en montra affecté : « Croyez-vous que Goncourt, oui Goncourt, lui Goncourt, a trouvé la pièce trop écrite ! », dit-il dans une lettre à Zola (3). Les mois passaient, et toujours point de décision. C'est dans un état de complète exaspération que Céard écrivait, l'été suivant :

Quant à la question de l'Odéon, je la tiens pour résolue. *Renée Mauperin* ne sera certainement pas jouée. Je suis depuis longtemps sans inquiétude sur ce point. Et la vérité c'est que, à tout prendre, je serais fort ennuyé que Porel, par une invraisemblable exception, ne manquât pas aux promesses qu'il a faites à Daudet et à Goncourt... Je ne regrette donc pas qu'il n'arrive rien, car si quelque événement se produisait, dans les conditions actuelles, il serait certainement désagréable. J'évite du reste de chercher à être renseigné sur une affaire désormais sans intérêt : je n'ai vu ni Daudet ni Goncourt parce que j'ai peur de dire trop franchement ce que je pense de Porel, de ses diplomaties et de son intelligence. Pour moi *Renée Mauperin* est une pièce enterrée et le mieux est de ne pas essayer davantage à la faire revivre. Ce remâchage continuel est insupportable et j'espère qu'à force de silence j'amènerai Goncourt à reprendre sa liberté, en même temps je reprendrai la mienne. Seulement il faudrait que cette détermination négative fût prise sans discussion, et là est la sagesse en même temps que la difficulté (1).

Quelques semaines après, Porel reparla de jouer la pièce et Céard demanda à Goncourt s'il savait qui jouerait le rôle de Renée. Voici la réponse :

31 août 1886.

Cher Ami,

Non ! par une sorte de pudeur, je n'ai pas vu Porel et je ne lui ai pas écrit — quoique, à la fin, je désespérais qu'il nous jouât. Mon sentiment à son égard, je vais vous le dire bien franchement : je le trouve héroïque d'avoir joué *Henriette Maréchal*. Je le trouve héroïque de jouer *Renée Mauperin*.

(2) Lettre à Zola, le 31 août 1885.
(3) Lettre à Zola, le 15 décembre 1885.
(1) Lettre à Zola, le 19 juin 1886.

Encore une confession dépourvue de tout artifice : j'aime mieux être joué médiocrement que pas du tout. Êtes-vous pour le « pas du tout » ?...

EDMOND DE GONCOURT (1).

Finalement, après cinq longues années d'anxiété, au cours desquelles la pièce avait été refaite sept fois, *Renée Mauperin* fut jouée le 18 novembre 1886 devant un public assez bien disposé, Berthe Cerny faisant ses débuts dans le rôle de Renée, et DuPény jouant celui de Denoisel. C'est à l'auteur du roman qu'allèrent tous les applaudissements et tous les éloges après la première représentation; l'adaptateur ne recueillit que le silence. Mais dès le jour suivant, c'est l'adaptateur, et lui seul, qui servit de cible à la critique. Il y eut vingt représentations, la dernière tombant le 10 décembre (2).

Céard accepta le jugement de la critique, car le succès ou l'échec avaient dépendu de lui principalement.

Sans doute, je fais mon *mea culpa*, car, par ma faute, le succès n'est pas assez décisif. Tel qu'il est, il ne profite qu'à moi tout seul. Avec une pièce mieux bâtie, il profitait à tout le monde. Ce qui me réjouit, moi, c'est de ne pas avoir trompé la confiance de toutes les amitiés littéraires qui voulaient bien faire quelque fonds sur moi; ce qui me réjouit, c'est d'avoir appris en même temps bien des choses pratiques que j'ignorais (3).

Mais il y avait, parmi ces amitiés-là, quelqu'un qui n'était pas du même sentiment sur la confiance méritée par Céard. Est-il bien vrai que « pendant plusieurs mois avant la première, Goncourt en parlait tout le temps et disait *ma pièce*; après la première, il en parla moins et ne l'appela plus que la pièce de cet imbécile de Céard » (4) ? Il avait pourtant pensé, avant cette fatale soirée, que la pièce était surtout l'enfant de son cerveau. Le travail de Céard ? « Il n'a apporté dans cette pièce rien, rien, que deux ou trois mots spirituels de deuxième ordre — peu concis et encore moins rapides... Au fond, Céard ne pardonnera ni à Daudet ni à moi d'avoir été les témoins de son impuissance (5). » Ou bien certaine vasque fut-elle le prétexte des amères discussions qui suivirent ? Goncourt la tenait pour indispensable

---

(1) CÉARD, Histoire de « Renée Mauperin », mars 1903, p. 178.

(2) Il semble bien que l'on ait espéré, vers la fin de 1891, une représentation à Saint-Pétersbourg : on peut se demander de quel texte il se serait agi. La version définitive en trois actes, celle qui fut donnée à l' « Odéon», a été vendue en décembre 1886 à l'actrice Mme James Brown Potter, nièce du chargé d'affaires américain à Paris; si l'on en juge par une illustration de la *Revue théâtrale*, le manuscrit conservé personnellement par Céard doit avoir été la version originale en cinq actes. Excepté un autographe du « troisième acte » (de l'une ou l'autre version), aucune copie connue n'existe à ce jour. Cf. GONCOURT, *Journal*, XIV, 175, et XVIII, 104; CÉARD, Lettre à Zola, le 19 décembre 1886; CÉARD, Histoire de « Renée Mauperin », *Revue théâtrale*, mars 1903, p. 178, et mai 1903, p. 210 ; et notre bibliographie, n° 59.

(3) Lettre à Zola, le 3 décembre 1886.

(4) Paul SOUDAY, Notes sur Henry Céard, *le Temps*, 18 août 1924. Et voir le *Journal* de GONCOURT (XIV, 163) : « Les Daudet sont le parrain et la marraine de ma pièce. »

(5) *Journal*, XIV, 161-162.

à la scène; Porel et Céard pensaient qu'elle serait ridiculement déplacée dans un salon, mais laissèrent dire. Le soir de la représentation, point de vasque; Goncourt en rendit Céard responsable, et fit dépendre de cette omission l'échec de la pièce. L'amitié des deux hommes passait là par une véritable crise.

Si la pièce tomba, ce fut sans doute pour une raison moins futile. La plupart des critiques, et bien des spectateurs avec eux, s'indisposèrent de voir Renée, personne aimable et pleine d'un délicieux enjouement, mourir pour l'amour de son frère, simple coquin. C'est au jugement de Masset, directeur du Gymnase, que Céard s'en rapporta le plus volontiers. Avec une franchise assez brusque, Masset avouait n'avoir jamais lu le roman des Goncourt, et déclarait qu'il ne pensait pas le lire jamais : c'était la pièce seule qui l'occupait. Il était fort possible que la jeune Renée mourût dans le roman, et que cette mort y fût même nécessaire. Mais dans la pièce, il n'y avait apparemment pas d'autre raison à cette fin que le bon plaisir de Goncourt et de Céard, car ni le personnage ni l'action ne requéraient pareil dénouement; en sorte qu'on eût pu terminer la pièce autrement sans rien altérer de la psychologie de Renée. Telle qu'elle avait été amenée, cette mort n'avait rien que d'extérieur et d'arbitraire (1).

Il y a quelque vingt ans, divers historiens du mouvement naturaliste ont supposé que Goncourt écarta Céard de la future Académie à cause de l'échec de cette pièce; ce n'est d'ailleurs pas le seul motif allégué. Deffoux tient que Daudet et Goncourt furent au courant de la préparation du « Manifeste des Cinq », qui parut dans *le Figaro* du 18 août 1887, et que dès ce temps-là ils lui donnèrent leur appui moral. Maurice Le Blond accorde quelque créance à ces vues, qui écrit : « Les origines du « Manifeste des Cinq » semblent aujourd'hui percées à jour. L'affaire avait été combinée pendant le séjour qu'Edmond de Goncourt faisait chez Alphonse Daudet, à Champrosay. Tous deux étaient-ils renseignés sur le projet de Bonnetain (2) ? »

Comme preuve de la culpabilité de Goncourt et de Daudet, les deux historiens allèguent les soupçons dont Huysmans et Céard s'ouvrirent à Zola peu de jours après. Huysmans écrivait : « Bonnetain, qui est une âme certes peu fraîche, a-t-il été incité par une personnalité que ces gens fréquentent tous — je le pense fort — car ce me semble flairer fortement le hors-Paris, ce coup-là. » Et Céard, de son côté : « Quand je vous verrai, je vous dirai mon avis sur la génération de cette aventure, laquelle fut imaginée par des adroits et exécutée par des sots (3). »

(1) CÉARD, Histoire de « Renée Mauperin », avril 1903, p. 211.
(2) Maurice LE BLOND, *la Publication de « la Terre »* (Paris, Malfère, 1937), pp. 75-76.
(3) *Ibid.*, pp. 69, 86.

Deffoux ajoute plus loin que Céard avait été sollicité de donner sa signature à l'article — et c'eût été là, de la part d'un familier de Médan, un coup sévère porté au prestige de Zola — et que son refus avait tellement contrarié Edmond de Goncourt que le nom de Céard avait été rayé de la liste des membres de la future Académie (1).

Certes, on ne peut pas dire que Goncourt et Daudet n'eussent pas été de cœur avec quiconque eût entrepris de discréditer Zola. Mais il est de fait aussi qu'on n'a point encore fourni la preuve qu'ils aient eu vent de l'affaire. M. Guy Robert l'a montré avec toute la clarté désirable, il y a bien moins de raisons de les charger que de croire à leurs protestations d'innocence (2). On n'a point établi non plus si Céard avait été pressenti, ou s'il avait refusé de signer. Il est bien peu probable qu'on y eût songé : il était, lui, redevable à Zola de mille gestes d'amitié, alors que les cinq signataires, Paul Bonnetain, J.-H. Rosny, Lucien Descaves, Paul Margueritte et Gustave Guiches ne devaient rien, ou si peu, au maître de Médan. On fera sagement, en attendant d'avoir les éléments nécessaires, de considérer ces bruits comme issus d'une certaine prévention et sujets à être révoqués en doute.

Mais si ce n'est pas l'échec de *Renée Mauperin* qui porta Goncourt à rayer Céard de la liste, si ce n'est pas le refus de donner sa signature au « manifeste », comment donc expliquer cette disgrâce ? Nous ajouterons deux suppositions à celles qui ont déjà été données.

Le four de *Renée Mauperin*, l'évidente loyauté de Céard envers Zola dans les semaines qui suivirent le « manifeste » n'ont rien fait pour lui gagner le cœur de Goncourt; mais tout cela ne lui a pas vraiment barré le chemin de la future Académie. La disgrâce ne semble pas due non plus aux soupçons qui pesèrent sur Céard quand *le Gil Blas*, peu de jours avant l'échec, publia un article assez nuisible (3). Théodore Massiac y comparait le Denoisel de la pièce, devenu plus sympathique, à celui du roman, qui, aux moments critiques, laissait voir sa disposition égocentrique. Tels, suggérait ce journaliste, les frères-auteurs qui se firent représenter à Lariboisière quand mourut le modèle de *Germinie Lacerteux*, appréhendant une sensation désagréable à la vue du corps de leur vieille bonne étendue dans la morgue de l'hôpital. Goncourt s'aperçut qu'on avait mis à profit la nouvelle préface du roman, tout fraîchement réédité, et se persuada qu'on avait utilisé l'exemplaire emporté d'Auteuil par Céard. Toutefois, il dut s'en tenir aux soupçons car il attendit toute une année pour rompre. L'occasion qui lui en fut donnée montre en toute clarté deux contenances différentes vis-à-vis de la chose littéraire : motif tout personnel chez lui, affaire d'objectivité chez l'autre.

(1) DEFFOUX, *le Naturalisme* (Paris, les Œuvres représentatives, 1929), p. 51.
(2) *La Terre d'Émile Zola* (Paris, Société d'éditions les Belles-Lettres, 1952), pp. 415-439.
(3) Théodore MASSIAC, Indiscrétions théâtrales : avant « Renée Mauperin », *Gil Blas*, 16 novembre 1886.

Le 5 novembre 1887, Céard remercia Goncourt de l'envoi du premier volume du *Journal*, mais sur un ton de franc-parler qu'il n'avait point pris jusqu'alors :

MONSIEUR ET CHER MAÎTRE,

Je viens de lire et de relire le *Journal des Goncourt* que vous avez bien voulu me faire adresser.

Je regrette que vous ayez cru devoir y reproduire tous les passages déjà insérés dans vos préfaces, utilisés dans vos livres ou publiés dans *Idées et Sensations*. Le volume perd ainsi de sa fleur de nouveauté.

Ensuite il me semble qu'il est trop systématiquement tenu à l'écart de ce qui se passe en dehors de votre littérature ou de vos relations personnelles. On n'y trouve point même l'indication de ce que fut le mouvement intellectuel et artistique de l'Empire où Augier, pour ne citer qu'un seul, tint cependant quelque place. Et qu'avez-vous fait de Courbet, de Berlioz, de Wagner, lesquels ont précisément mené quelque bruit à l'époque où vous vous plaigniez du silence ?

Maintenant, abstraction faite de ce que vos mémoires me paraissent contenir de trop et de ce qui me paraît leur manquer, ce qu'ils font voir d'inédit est intéressant et sera consulté avec curiosité. Si je ne crois pas que la légende d'esprit attribuée à la table Magny soit bien consolidée par les sténographies que vous donnez des pénibles outrances d'une conversation qui vous lassait vous-même, le portrait de plusieurs des causeurs, Sainte-Beuve surtout, restera vivant et inoubliable. Telles aussi les fugitives silhouettes de Michelet, de la princesse Mathilde et la grande esquisse où vous montrez Flaubert à Croisset, exilé dans le travail et enfermé dans les paradoxes. En outre, l'historien futur de votre double individu littéraire trouvera de précieux documents sur l'intime de votre personnalité dans le récit de la mort de Rose votre bonne; les notes prises lors de la représentation d'*Henriette Maréchal*, votre pièce; et surtout ce dialogue autour d'un finissant déjeuner, votre plus vraie confession.

Voilà mon avis, Monsieur et cher Maître. J'espère que la liberté de ma critique vous agréera autant que la sincérité de mon éloge et je vous prie de vouloir bien trouver ici, en même temps que mes remerciements pour vous être souvenu de moi, la nouvelle assurance de mes sentiments de littéraire respect.

HENRY CÉARD.

Ces quelques compliments n'empêchèrent point l'auteur du *Journal* de se sentir profondément offensé. Voici la page de ce jour :

Après tous les mauvais procédés que j'ai éprouvés de cet homme qui s'appelle Céard, de cet homme que j'avais nommé mon exécuteur testamentaire avec Daudet — quand j'y pense ! —, je lui avais cependant envoyé mon volume, par déférence pour les désirs de Mme Daudet. Aujourd'hui, je reçois une lettre-ministre de ce monsieur, où il me reproche de n'avoir pas du tout donné l'indication du mouvement intellectuel et artistique de l'Empire, où il consent à faire l'abstraction de ce qu'il contient de trop ou de ce qui lui manque, où il est péniblement affecté des outrances de la table de Magny — notez que c'est le préfacier de *Charlot s'amuse* —, enfin, où il veut bien me tenir compte des *fugitives* silhouettes de Michelet, de la princesse Mathilde, etc. Et l'homme qui m'écrit cette lettre, travaillée d'un bout à l'autre pour m'être désagréable, n'a jamais pu trouver en littérature ou pour sa vie à lui que le type de Denoisel — par exemple un Denoisel de Bercy ! — a fait en tout deux pièces (1), qui sont toujours, toujours, toujours *Renée Mauperin*, un garçon enfin que j'ai vu, dans les scènes qu'on lui demandait de refaire à l' « Odéon », tourner là-dedans comme un vieux cheval de moulin sans pouvoir jamais les mener au bout. Et c'est lui qui du haut de ce pauvre petit bagage, si peu à lui, qui se permet cette insolence vis-à-vis de moi ! Ah ! Porel avait le mot vrai, quand il me disait de lui : « Céard, mon opinion sur lui ? C'est que c'est un jean-foutre. »

Puis, trois jours après : « Je fais quelques changements à mon testament (2). » Pauvre Céard ! lui dont le même Goncourt avait écrit, quelques années plus tôt : « On ne peut lui refuser des qualités de critique et d'analyse de premier ordre (3) », il lui fallait payer très cher pour l'exercice de ces qualités. Peu de temps après, Goncourt se donna la peine de faire dire à Céard, par l'un des familiers du « Grenier », que son nom avait été rayé de la liste. Et Céard raconte : « En termes calculés, pour qu'on les répétât aisément, je répondais à l'indiscret que M. de Goncourt ne me devait rien, que dans mon goût d'indépendance, je n'avais jamais rien sollicité, et que cette malséance mise à l'ordre du jour m'empêcherait désormais de revoir un homme à qui je ne réclamais pas de salaire, et dans les bonnes grâces duquel il ne me convenait pas de mendier une réintégration (4). »

A l'inauguration du monument de Flaubert, à Rouen, en novembre 1890, Zola pressa Goncourt de se réconcilier avec Céard. Ce dernier félicita Goncourt, qui venait de faire un discours, et tous deux s'embrassèrent devant le médaillon de Flaubert; mais le geste était, dit Céard, « purement décoratif et ne pouvait amener aucune reprise de relations » (5).

Il ne faudrait pas croire à du dépit de la part de Céard. A l'automne de 1893, on jouait *Antigone* au Théâtre-Français. A la fin du premier acte, Céard accompagna son ami Pol Neveux, membre du Conseil des Beaux-Arts, à la loge de M. Poincaré, qui était alors ministre de l'Instruction publique. Le ministre se tourna vers ceux qui l'entouraient et déclara : « Messieurs, si vous avez des recommandations à m'adresser pour les croix du 1er janvier qui est proche, je vous préviens qu'un candidat prime tous les vôtres. D'abord je décorerai Sophocle. » A quoi Céard répondit : « Monsieur le Ministre, Sophocle étant Grec, sa décoration ne dépend pas de vous, mais de votre collègue des Affaires Étrangères. Si cependant vous tenez à rendre un éclatant hommage à l'art désintéressé et supérieur, vous pouvez donner la croix d'officier à M. Edmond de Goncourt. Il est chevalier depuis tantôt trente ans. — C'est fait, répondait M. Poincaré (6). »

(1) Les deux pièces auxquelles Goncourt fait allusion seraient *les Résignés* commencée en 1879, et *Mon pauvre Ernest*, qui eut une représentation en janvier 1887. Voir chap. IV.
(2) *Journal*, XV, 50-51.
(3) *Journal*, XIII, 84.
(4) CÉARD, Histoire de « Renée Mauperin », mai 1903, p. 227.
(5) *Ibid.*
(6) CÉARD, *l'Événement*, 18 juillet 1896.

Céard en avisa Alphonse Daudet, « le véritable directeur intellectuel de M. de Goncourt et M. Daudet répondait, poste pour poste » :

23 novembre 1893.

Vous pensez si je vais me mettre en route. Mais il faut, avant, que je tâte Goncourt. Ça lui ira-t-il ? Ce serait bien d'avoir cela par Poincaré et que Céard en eût parlé le premier.

Vôtre,

A. DAUDET (1).

Le malheur voulut que le gouvernement tombât en décembre, et M. Poincaré se trouva dans l'impossibilité de tenir sa promesse avant 1895, quand il reprit le portefeuille de l'Instruction publique.

Sachant tout cela, ce n'est pas sans quelque surprise que nous trouvons sous la plume de François Fosca, biographe des Goncourt, la version suivante des faits : « Le 13 décembre 1894, Daudet avisa Goncourt que quelques familiers du Grenier, Geffroy, Hennique, Georges Lecomte, Carrière et Raffaëlli, étaient venus lui annoncer leur intention d'offrir un banquet au vieux maître, et qu'ils proposaient la présidence de leur comité à l'auteur de *Sapho*. Deux mois plus tard, Goncourt apprit que Zola et Daudet avaient été demander à Raymond Poincaré, alors ministre de l'Instruction publique, la croix d'officier pour lui, et que Poincaré avait réclamé la faveur de présider le banquet afin de la remettre lui-même au héros de la cérémonie (2). » Toutefois, cette omission du rôle de Céard n'est pas négligence de la part de M. Fosca. Il n'y a rien, que ce soit dans le *Journal* ou dans le billet que Goncourt envoya à Céard une douzaine de jours avant le banquet, qui puisse faire supposer que Goncourt fût au courant de l'initiative de son ancien ami. Peut-être Alphonse Daudet garda-t-il la chose par-devers lui, pour des raisons qu'il était seul à connaître ? Voici le mot de Goncourt :

Février 95.

MON CHER CÉARD,

Je suis bien reconnaissant de votre article du *Matin* et tout à fait heureux de sentir entre nous tout à fait morte une mésintelligence qui nous a tenus éloignés l'un de l'autre pendant des années.

Mes amitiés,

EDMOND DE GONCOURT (3).

Après le banquet, Goncourt nota dans son journal : « Puis c'est le discours de Céard, le discours attendri de Céard, sur le vieux passé de nos relations littéraires. » Et le 2 mars 1896, le lendemain de la première de

---

(1) CÉARD, Histoire de « Renée Mauperin », juin 1903, p. 275.
(2) François FOSCA, *Edmond et Jules de Goncourt* (Paris, Albin Michel, 1941), p. 406.
(3) Georges RANDAL, Pour mieux connaître M. de Goncourt », *Quo Vadis*, janvier-mars 1952, p. 39.

Manette Salomon au « Vaudeville », Céard recevait encore ce billet : « Avec tous mes remerciements et la satisfaction de savoir que j'ai été trompé sur vos sentiments à l'égard du vieux Goncourt (1). »

Quelques mois plus tard, Edmond de Goncourt mourait à Champrosay. A l'ouverture du testament, on ne trouva que huit sièges pourvus sur les dix de l'Académie. Si Goncourt n'était point mort de façon aussi imprévue, Céard eût-il occupé l'un des sièges vacants ? Nous ne le pensons pas : jusqu'au bout, les détracteurs de Céard le desservirent à Auteuil par leurs racontars.

Si les relations de Céard avec ses confrères furent assez souvent troublées, l'amitié qu'il eut pour la famille Daudet semble avoir été tout à fait paisible. Peut-être que des deux côtés on ne recherchait que le calme, et qu'on prétendait à peu de chose en dehors de l'amitié; il se peut qu'en faisant la connaissance de Daudet artiste, Céard n'ait jamais espéré trouver chez lui plus que de la compétence et du talent, à la différence des Goncourt, qui l'attiraient par la nouveauté de leur style, ou de Zola, dont les théories révolutionnaires le passionnaient. Il se sentait en outre, en face des œuvres de Daudet, libre de parler à sa guise, que ce fût en mal ou en bien.

Il devait trouver dans cette famille l'encouragement et la sympathie, en même temps qu'une aide plus matérielle. Alphonse et Julia Daudet, avec Huysmans, furent parmi les premiers à entendre sa pièce *les Résignés*; c'est Alphonse qui lui procura une correspondance avec un journal argentin (2), qui s'employa à lui faire donner le ruban rouge en 1893, et qui écrivit pour lui nombre de lettres de recommandation. Mme Daudet, pour sa part, fit à Céard l'honneur de lui demander l'essai biographique qui devait préfacer les œuvres complètes de son mari, en 1899. Elle fit représenter chez elle, en décembre 1917, *le trésor d'Arlatan*, opéra inédit, dont Céard avait écrit le livret et le baron Félicien de Mesnil la musique (3); un an après, elle le soutint pour sa nomination à l'Académie Goncourt.

Leur fils, Léon Daudet, n'eut pas moins d'amitié pour lui. Céard lui avait dédié *les Résignés*, et avait conservé, pour le lui remettre à l'âge de vingt ans, le premier manuscrit de *Sapho*, selon le vœu d'Alphonse Daudet. Plus tard, Léon Daudet écrivit dans *l'Action française* plusieurs articles favorables à Céard où l'on sent même, au-delà de l'intention amicale, quelque chose d'un peu louangeur. Il est en tout cas à l'honneur de Léon Daudet d'être resté ferme et entier dans son amitié pour Céard.

(1) Céard, Histoire de « Renée Mauperin », juin 1903, p. 274.
(2) Lettre à Zola, le 10 novembre 1884.
(3) Voir la thèse inédite (l'Université de Londres, 1952) de M. C. A. Burns, *Henry Céard (1851-1924) : a biographical and literary study*, p. 256.

A partir de 1886, le théâtre en France allait vivre une bataille de dix ans. On le sait, *Hernani* avait marqué le triomphe des Romantiques sur les Classiques; l'échec des *Burgraves* en 1843, c'était le déclin du drame romantique; la même année, le drame classique était de nouveau victorieux avec la *Lucrèce* de Ponsard. Le théâtre populaire suivait le mouvement, dominé bientôt par les disciples de Scribe : Augier, Dumas fils, Sardou, et, naturellement, le champion de la pièce bien faite, Francisque Sarcey. Ailleurs la bataille de l'art nouveau était presque gagnée, dans le roman par les réalistes et les naturalistes, dans la peinture par les impressionnistes, et dans la musique par les wagnériens; mais les épigones de Scribe se maintenaient résolument aux antipodes des idées modernes. Leur maître, avec sa comédie d'intrigue, avait plié tous ses personnages à la seule nécessité de la pièce, qui était d'amuser ou de moraliser. Et le public, satisfait d'un théâtre qui ne troublait en rien la tranquillité de ses préjugés, n'en cherchait point d'autre. « Jusqu'à Scribe, le théâtre français avait connu *le mouvement par la vie* : avec Scribe, il a connu *la vie par le mouvement* (1). »

Les romanciers chefs de file de l'opposition avaient tenté de s'emparer de la scène, avaient échoué et s'étaient consolés philosophiquement dans leurs « dîners des auteurs sifflés » (2). Les Goncourt, à cause des machinations de Georges Cavalier, essuyèrent un échec à la Comédie-Française avec *Henriette Maréchal* (1865); Daudet ne réussit pas mieux au « Vaudeville » avec *l'Arlésienne* (1872); *le Candidat*, de Flaubert, n'eut que quatre représentations (1874); et *le Bouton de rose*, de Zola (1878) connut le même insuccès. Plus tard, quelques-uns des romans de Zola furent portés à la scène, et ce furent des véritables succès financiers; mais cet accueil tenait seulement à la notoriété de l'auteur, et n'eut ainsi aucun effet sur les habitudes du théâtre commercial. Mais là où les grands avaient échoué, un inconnu, un simple amateur, allait porter au théâtre conventionnel un coup comme il n'en avait jamais reçu. André Antoine allait rendre au théâtre « le mouvement par la vie ».

Du groupe de Médan, c'est Alexis qui le premier rencontra Antoine, quand le jeune employé à la *Compagnie du Gaz* décida de faire une tentative toute nouvelle : un théâtre amateur, où des enthousiastes de la scène auraient l'occasion de venir jouer, où les auteurs pourraient présenter des textes qui auraient été refusés ailleurs. Alexis demanda à Hennique de participer à cette aventure, et ils donnèrent chacun une pièce en un acte pour le premier spectacle d'essai. Zola, qui vint à une des répétitions, conçut un tel enthou-

---

(1) Adolphe THALASSO, *le Théâtre-Libre* (Paris, Mercure de France, 1909,) p. 16.
(2) Apparemment, ces dîners reprirent, au moins pour une courte période, le mardi 10 avril 1882, avec Huysmans et Céard en remplacement de Flaubert et Tourguénieff. GONCOURT, *Journal*, XIII, 24.

siasme en rencontrant une aussi inhabituelle simplicité scénique, qu'il y ramena le lendemain soir un groupe d'amis, dont Céard.

Celui-ci donna immédiatement son adhésion sans réserve à cette tentative, et fit bientôt figure, selon le mot d'Antoine, d' « une sorte d'oncle encore très jeune dont la sûreté de jugement impressionnait assez le jeune cénacle » (1). Il donna là trois pièces — nous en traiterons dans un autre chapitre — et soutint l'esprit nouveau dans les colonnes de *l'Événement*, devenant ainsi, avec Henry Bauër, de *l'Écho de Paris*, et Jean Jullien, d'*Art et Critique*, l'un de ces triumvirs qui s'employèrent le plus activement du monde à faire connaître le mouvement naissant. Non seulement il rendit hommage à la courageuse tentative d'Antoine, mais il fit encore de grands éloges de la souplesse avec laquelle Antoine pouvait jouer plusieurs personnages dissemblables dans la même soirée, sans qu'on pût soupçonner que c'était la même personne qui se métamorphosait de la sorte. Ce qu'il y avait de plus extraordinaire encore, c'était la faculté grâce à laquelle le metteur en scène obtenait de ses collaborateurs qu'ils ne donnassent à aucun geste, à aucune intonation de la voix, plus de portée ou d'intensité qui n'en réclamait la situation dramatique.

Comme on pouvait s'y attendre, une expérience comme celle d'Antoine souleva plus d'un orage dans le monde du théâtre; et en tant que critique dramatique à *l'Événement* et au *Siècle*, Céard se trouva mêlé à quelques batailles. Une fois qu'Henry Becque avait accusé Céard ainsi que Zola d'être beaucoup trop occupés des théories dramatiques pour produire eux-mêmes le moindre drame de valeur, Céard avait répliqué : « Tous, maîtres et élèves, se trouveront là réunis dans un même effort et tendus vers la même nouveauté. Or, dans cette levée d'audaces, on remarque avec impatience la désertion de M. Henry Becque dont l'audace, comme chacun sait, est cependant l'expresse spécialité. A défaut de mieux, M. Becque a cependant daigné accorder au Théâtre-Libre sa rare et inutile protection. Il a donné des conseils à M. Antoine, travail plus facile que de lui donner une pièce (2). »

Six mois plus tard, après l'insuccès de *la Patrie en danger*, Céard, au lieu de garder son calme, se joignit aux adversaires des Goncourt. Non content de critiquer la pièce, il s'en prit à leurs méthodes de recherche, en des termes, nous pouvons le voir, particulièrement sévères : « Égoïstement, l'histoire, ils l'ont réduite aux livres qu'ils avaient achetés, aux tableaux qu'ils avaient en leur possession, tenant volontiers pour négligeables et non avenus les documents de tout ordre dont ils n'étaient pas les jaloux propriétaires (3). »

Cependant, c'est encore à Antoine qu'il réserva ses plus rudes attaques.

(1) André ANTOINE, la Semaine théâtrale : Henry Céard, *l'Information*, 25 août 1924.
(2) CÉARD, le Théâtre-Libre, *la Vie populaire*, 28 octobre 1888.
(3) *Le Siècle*, 20 mars 1889.

Il avait certainement des raisons de le faire, mais elles n'étaient pas toutes justifiées.

Céard avait toujours été hostile aux influences culturelles de l'étranger. Quand, en 1890, Antoine proposa de représenter *les Revenants* d'Ibsen, Céard tâcha de l'en dissuader, alléguant que cette œuvre manquait de la clarté nécessaire à tout esprit latin. Quelques semaines après, un confrère l'avait désigné par erreur, lui Céard, comme l'adaptateur de la pièce. Il ne se borna pas à rectifier cette inexactitude : il se lança dans une longue explication des motifs de son refus. Il avait du reste, en telle occasion, la raison pour lui : la pièce n'eut pas de succès. Mais celle qu'il avait donnée pour la même soirée, *la Pêche*, n'en remporta point non plus.

Céard n'était d'ailleurs pas le seul à soutenir ces opinions chauvines. Le 15 janvier 1893, le Théâtre-Libre présenta au public *Mademoiselle Julie* et *A bas le progrès*. La pièce de Strindberg, écrit Antoine, « a causé, au fond, une énorme sensation... la fantaisie de M. de Goncourt, écoutée avec une respectueuse curiosité, a paru terne dans le voisinage... [d'une œuvre] de cette saveur, d'autant que le maître avait fait précéder son acte d'une préface un peu belliqueuse contre la littérature nordique » (1). On lit :

En cette heure d'engouement de la France pour la littérature étrangère, en cette latrie des jeunes écrivains dramatiques pour le théâtre scandinave, dans cette disposition des esprits contemporains à se montrer les domestiques littéraires de Tolstoï et d'Ibsen — d'écrivains dont je suis loin de contester le mérite, mais dont les qualités me semblent ne pouvoir être acclimatées sous le degré de latitude où nous vivons —, j'ai tenté de réagir, et de faire dans une pièce, qui sera suivie d'autres, de faire, autant qu'il était en mon pouvoir, une œuvre dramatique ayant l'ironie blagueuse de cette fin de siècle, et peut-être de cette fin du monde.

Oui, j'ai la conviction qu'il faut laisser, selon l'expression de Tourguénieff, le brouillard slave aux cervelles russes et norvégiennes, et ne pas vouloir le faire entrer de force dans nos lucides cervelles, où je crois qu'en sa maladive transplantation ce brouillard n'est appelé qu'à produire de maladroits plagiats (2).

C'est cette largeur d'esprit, cet accueil à toute œuvre intéressante sans acception d'école ni de nationalité, qui valut à Antoine sa réputation internationale. Au demeurant, il n'était pas sans un égoïsme assez démesuré, et c'est ce qui lui attira plus d'une attaque.

Henry Bauër, nous l'avons dit, avait été l'un des plus chauds partisans du Théâtre-Libre. En mars 1890, Antoine refusa une pièce qu'il lui avait recommandée; Bauër l'attaqua dans *l'Écho de Paris*, et Antoine le poursuivit en diffamation. Ce n'est pas là du reste le seul exemple d'un orgueil personnel s'élevant au-dessus de la gratitude. Thalasso raconte dans son étude

---

(1) ANTOINE, « *Mes Souvenirs* », p. 287.
(2) Edmond de GONCOURT, *A bas le progrès* (Paris, Charpentier & Fasquelle, 1893), p. 5. Le texte donné par Antoine n'est pas la transcription exacte des lignes écrites par Goncourt; ce que nous citons ici est la version correcte.

qu'Antoine, grisé par ses premiers succès, et peu soucieux désormais de s'occuper d'un public et d'une presse qui l'avaient pourtant hissé sur son piédestal, fit montre d'une impartialité beaucoup moins grande dans l'examen des pièces qui lui étaient soumises. Il cherchait seulement, à la lecture d'une pièce, quel rôle pourrait lui aller; l'expérience lui avait révélé que, bien qu'il ne se fût jamais cantonné à un rôle caractéristique, le succès était assuré s'il jouait les pères bourgeois (1).

C'est à peu près la même critique que Céard lui adressa quand il perdit son procès contre Bauër. La principale différence étant dans le ton beaucoup plus acerbe que chez Thalasso. Antoine plia pourtant sous l'inhabituelle véhémence des articles de Céard, les plus rudes que celui-ci ait jamais écrits : il est du plus haut intérêt, pour notre sujet, de considérer les raisons de cette patience. Après la représentation des *Résignés*, que la critique accueillit sans la moindre compréhension, Antoine nota dans son journal, le 1er février 1899 : « Je crains que Céard, qui comptait sur son œuvre, travaillée depuis des années, ne gagne à l'aventure un redoublement de sa misanthropie habituelle. » Puis, le 20 novembre 1892, Antoine note encore : « Dans *le Paris* de hier soir, une interview de Céard est vraiment un ingénieux morceau dans l'aigreur, je dirais dans la méchanceté, si la psychologie de l'écrivain m'était moins familière. L'auteur des *Résignés* satisfait ici un sourd mécontentement de lui-même et de sa stérilité laborieuse qui faisait dire à Becque avec son rire croassant : « Céard, le raté du Théâtre-« Libre » (2) ! »

Ce trait particulier de « la psychologie de l'écrivain » n'a point échappé à bien d'autres qu'Antoine; quoi qu'il en soit, ce n'est ni le pessimisme de Céard ni l'égoïsme d'Antoine qui portèrent l'entière responsabilité de leurs fréquentes mésintelligences; et l'égoïsme d'Antoine ne fut pas non plus la seule cause des batailles que d'autres critiques lui livrèrent après 1892. La raison fondamentale, c'était que « le Théâtre-Libre avait fait son temps. Il était né pour saper et démolir. Il avait sapé, il avait démoli. La tâche terminée, il rentrait dans l'ombre » (3). Quant à Céard, bien qu'il ait été parfois un adversaire d'Antoine, il lui fut en réalité d'une aide extrêmement précieuse dans l'accomplissement de sa tâche.

Céard passa plus d'un après-midi de dimanche, en compagnie de Huysmans, Hennique et Alexis, dans l'appartement parisien de Flaubert· Mais ce dernier, à en juger par ses lettres, ne semble pas avoir placé de grands espoirs dans l'avenir littéraire de ces jeunes gens, à l'exception peut-être de Huysmans. Céard, lui, semble avoir été plus soucieux de s'attirer les

(1) THALASSO, p. 87.
(2) ANTOINE, « *Mes Souvenirs* », pp. 135 et 272.
(3) THALASSO, p. 96.

bonnes grâces d'Edmond de Goncourt que celles de Flaubert : ses articles de l'époque semblent en témoigner. Il n'écrivit guère à la louange de Flaubert qu'après la mort du maître. Ce silence qu'il garda jusqu'en 1880 fut-il l'effet de la modestie, ou de quelque fierté ? Craignit-il, par exemple de paraître désirer avec ardeur sa part d'une attention que Flaubert accordait plus visiblement à Maupassant ?

Pourtant, les historiens du mouvement naturaliste n'ont jamais manqué d'affirmer que Céard devait beaucoup plus à Flaubert, du point de vue des idées littéraires, qu'aux Goncourt ou à Zola. Rien de plus vrai, sous cette réserve que parfois on l'a un peu trop souligné, au risque d'exagérer sa dette à l'égard de Flaubert, et toujours au détriment du rôle joué par Zola. Il n'y avait pas grand mérite dans son cas à constater la supériorité artistique du maître de Croisset, quand le maître de Médan la proclamait lui-même. N'oublions pas non plus que lorsque Céard portait l'accent avec insistance sur la valeur de la science et sur l'application à tout ordre d'enquête des méthodes de recherche scientifique, il avait trouvé ces théories dans les articles et les œuvres de Zola aussi bien que dans la pensée de Flaubert. M. Dumesnil, dans un de ses articles, écrit que Céard tenait son pessimisme de Flaubert. C'est exact, si l'on tient compte également des années de formation de Céard, de son enfance et de sa jeunesse pleines de désillusions. Il rencontre dans les idées de Flaubert une vision de la vie tout à fait en harmonie avec la sienne propre, et les pensées de l'aîné étaient appelées à influer sur la formation des théories du plus jeune. Théories, du reste, qui seraient mieux caractérisées par les mots de positivisme désabusé. En revanche, nous ne pouvons que suivre M. Dumesnil quand il oppose le pessimisme de l'un et de l'autre écrivain à une tendresse que ni l'un ni l'autre ne daignèrent laisser paraître; et encore, quand il affirme que Céard hérita de Flaubert plus que d'aucun autre le culte de la phrase bien écrite (1). Céard déclarait dans un de ses premiers articles que Flaubert « respectait la langue avec la dévotion d'un classique... et nul ne poussa plus haut le culte des mots et l'adoration de la forme » (2).

Ayant exposé notre propre façon de voir au sujet de cette influence de Flaubert, nous réservons pour un autre chapitre l'examen des positions respectives des deux hommes vis-à-vis de l'art et de la philosophie.

FONCTIONNAIRE ET BOULEVARDIER

Pendant l'automne de 1882, au moment même où Maupassant découvrait qu'il n'avait aucun avenir au ministère de la Marine, Céard décidait, dans le même esprit, de quitter le ministère de la Guerre. Dut-il à son bon

(1) René DUMESNIL, Un méconnu, *le Gaulois*, 18 août 1924.
(2) *L'Express*, 9 avril 1881.

ami Thyébaut, fonctionnaire à la Préfecture de la Seine, l'emploi, qu'il devait tenir deux semaines seulement, d'attaché au Cabinet du préfet C.-T. Floquet ? Celui-ci fut remplacé par Oustry peu après l'arrivée de Céard : et nous n'apprenons pas sans surprise, par une lettre à Zola, que son premier supérieur avait tâché à lui assurer tour à tour les places d'inspecteur des bibliothèques communales, d'administrateur des biens des aliénés, et de sous-préfet — ce dernier honneur ayant été décliné (1). Les relations de Céard durent être vraiment puissantes ! Mais ces emplois n'étaient pas ce qu'il avait en vue : l'année suivante, un autre poste devait vaquer, qui l'intéressait bien davantage. L'histoire des années qui allaient suivre dans sa vie n'est pas de mince valeur pour qui veut comprendre certain aspect de cette personnalité si complexe.

Quand la Commune, en 1871, mit le feu à l'Hôtel de Ville, la plus grande partie des archives publiques furent pratiquement détruites. Jules Cousin, selon son biographe, ressentit si vivement la honte de cette action qu'il offrit dès l'année suivante sa collection privée de six mille volumes et dix mille estampes pour remplacer ce qu'avait perdu la Ville. Quelques mois plus tard, cette collection fut placée dans l'hôtel Carnavalet, le donateur fut nommé conservateur, et reçut des fonds destinés à rétablir une bibliothèque historique et un musée. En 1881, Alfred de Liesville fit don d'une collection de sept mille volumes, de collections de brochures, et de nombreux objets du temps de la Révolution. Nommé conservateur adjoint, il reçut la garde du musée.

A l'automne de 1883, Céard apprit qu'un poste de sous-bibliothécaire allait être vacant à la fin de l'année. Il écrivit à Oustry pour demander ce poste, où, disait-il, il trouverait la sérénité nécessaire pour ses futures études littéraires. Il l'obtenait six jours après, par arrêté du préfet (2).

Cousin, qu'on n'avait pas consulté, était furieux; il écrivit le 25 octobre au secrétaire général, pour protester contre la nomination de Céard, attendu qu'il n'avait « aucun titre réglementaire pour obtenir ce poste ». Non sans puritanisme, il déclarait : « M. Henry Céard est un romancier de l'école naturaliste qui ne s'est encore fait connaître que par quelques nouvelles ultra-réalistes et par la préface d'un livre scandaleux, *Charlot s'amuse*, consacré à l'étude d'un vice ignoble ! Sont-ce là des titres pour obtenir d'emblée la place de sous-bibliothécaire de la Ville de Paris que des érudits distingués, de jeunes savants recommandés par les travaux les plus sérieux ambitionnent vainement ? » Puis, avec plus de raison, il faisait remarquer qu'il avait besoin d'un spécialiste pour l'aider, pour le remplacer même un jour, après Liesville. Il avait sous la main l'homme qui lui convenait : un

(1) Lettre à Zola, le 7 novembre 1882.
(2) On trouvera la plupart des informations relatives au travail de Céard à Carnavalet dans son dossier, conservé aujourd'hui aux Archives de la Seine.

diplômé de l'École des Chartes, fort déjà de trois ans d'expérience. Il était donc très contrarié de se voir imposer un étranger en quête d'une sinécure.

Ces arguments ne prévalurent pas : trois membres du conseil municipal, Paul Strauss, S. Pichon et Monteil, avaient déjà recommandé cette nomination à Oustry — et Eugène-René Poubelle, nommé Préfet six jours avant la lettre de Cousin, n'inclinait guère à défaire ce que son prédécesseur avait fait. Céard avait bien lieu d'écrire à Goncourt, triomphalement : « Voilà l'avenir de ma littérature assuré (1) ! » Zola fut assez bon pour s'employer à adoucir les premiers contacts. A la requête de Céard, il écrivit une lettre de recommandation à Liesville. C'est ainsi qu'à la nouvelle année Céard entra dans les nouvelles fonctions, voyant son traitement annuel passer de 2 700 à 4 500 francs.

Quant à Jules Cousin, il faut dire à son honneur qu'en dépit de son opposition première il ne fit jamais rien, par ressentiment qui pût porter préjudice à la carrière de Céard, et que ses critiques, par la suite, demeurèrent toujours modérées et justifiées. Il ne fit rien non plus pour s'opposer à la nomination de Céard comme sous-conservateur, en avril 1885. Dans l'un des premiers rapports qu'il rédigea sur Céard (en 1887 probablement), il le présenta comme un homme courtois et correct avec les lecteurs comme avec ses collègues, et comme un écrivain de grand talent, promis à un très bel avenir et à plusieurs décorations. Toutefois, bien qu'il ne cessât jamais de reconnaître comme il le fallait l'intelligence, la courtoisie et la complaisance de Céard, il lui arrivait de faire des observations sur son travail : « Tout à ses travaux littéraires, rend peu de services à la bibliothèque, mais se rend utile aux lecteurs... quand il n'est pas trop occupé d'ailleurs. Avancement réglementaire. »

Puis, en 1887, Cousin trouva un collaborateur à sa convenance, un travailleur infatigable; selon Lacombe, Lucien Faucou avait « un caractère un peu primesautier, un esprit un peu emballé » (2); c'était donc en tout l'exact opposé de Céard. La mésentente ne tarda guère à s'élever entre eux, et, malheureusement pour Céard, ce fut son adversaire qui remplaça Cousin quand celui-ci, en 1893, prit sa retraite après la mort de Liesville. Lucien Faucou n'occupa le poste que peu de temps : moins d'un an après, le 29 novembre 1894, il mourait à son tour.

Par une lettre que Céard écrivit au directeur du personnel deux mois plus tard, nous apprenons que le nouveau conservateur, dans les six semaines qui suivirent sa nomination, exprima par trois fois le vœu d'être débarrassé de Céard. Le rapport qu'il fit sur Céard montre que ce dernier ne se plaignait pas sans raison d'une hostilité sans ménagements. Ainsi on peut y lire : « Inutile au service, aucune exactitude, aucun zèle, aucune régularité. »

(1) 8 octobre 1883.
(2) Paul LACOMBE, *Jules Cousin, 1830-1899* (Paris, Leclerc, 1900), p. 36.

C'est peut-être dans le désir de se relever de cette humiliation que Céard fit un geste par où il a pu se trouver humilié davantage. Il est tout à fait évident que Céard, chaque fois qu'il désirait un avancement ou une augmentation de traitement, n'hésitait pas à faire appel à ses amis pour être recommandé. Le 8 juillet 1891, il demanda à Zola d'écrire au ministre Léon Bourgeois en vue de lui obtenir une promotion; le 18 juin 1892, M. H. Vorbe le recommandait pour l'élévation au rang de conservateur (1). Ce ne sont pas ces manœuvres en coulisse qui pouvaient le mettre dans les meilleurs termes avec son supérieur. Nous ne savons à quoi aboutit la première recommandation, mais M. Cousin s'éleva contre la seconde pour des raisons de discipline, étant donné que la promotion de Céard devait, en toute justice, entraîner aussi celle de deux autres sous-conservateurs, dont les responsabilités étaient égales aux siennes : il n'y aurait plus eu un seul sous-conservateur dans l'institution, mais elle aurait compté cinq conservateurs !

Il n'est pas surprenant, dès lors, de voir que Céard désireux de prendre la place laissée par Lucien Faucou ait fait appel à l'extérieur au lieu de rechercher l'appui du seul homme qui pût, s'il le voulait, lui obtenir ce poste : Jules Cousin. Alphonse Daudet avait déjà été bien utile en lui procurant le ruban rouge (2). Il lui demanda encore d'écrire à Poubelle pour son affaire (3); plusieurs ministres accordèrent aussi leur appui : Raymond Poincaré, Georges Leygues, et, selon Paul Le Vayer, Léon Bourgeois (4). Cette fois pourtant, les désirs de Cousin durent être pris en considération, car Poubelle répondit à ceux qui recommandaient Céard qu'il avait déjà nommé M. Cousin conservateur honoraire, le faisant ainsi succéder à Faucou. En moins de deux mois, le conservateur et le préfet avaient choisi un homme : c'est Paul Le Vayer, inspecteur des Travaux historiques de la Ville de Paris, qui occupa le poste.

Ses espoirs évanouis, Céard demanda, soit à occuper le poste laissé vacant par Le Vayer, soit à être mis en disponibilité, ou en retraite. Le poste ne lui fut pas accordé; mais Jules Cousin essaya de le maintenir dans son emploi de bibliothécaire. Dans une lettre à Le Vayer, en date du 29 janvier 1895, Cousin explique, avec la franchise qui lui était naturelle, que la malchance s'est abattue sur Céard pour cette raison surtout qu'il ne s'était point entendu avec Faucou; qu'il était parfaitement aimable et zélé dans son service, et qu'enfin il restait le seul dépositaire des traditions de la maison. Mais le fond de son jugement n'était que trop clair et détruisait l'effet de la bienveillante intention qu'il affichait de recommander son ancien subordonné. Sa dernière phrase était comme un baiser de mort pour

(1) *Bulletin municipal du samedi*, 18 juin 1892, p. 1370.
(2) Voir notre bibliographie : 60 (26).
(3) *Ibid.*, 60 (30).
(4) Note de la main de Le Vayer dans sa collection de coupures de presse. Bibliothèque de la Ville de Paris : 114 821.

toute lettre de ce genre : « Je le répète, M. Céard est loin d'être inutile. » Rien d'étonnant, dans ces conditions, que M. Le Vayer ne voulût point avoir affaire à Céard : il accepta de le mettre en disponibilité et en même temps supprima sa position. Amèrement déçu, Céard devait quitter la vie étroite de Paris pour les larges panoramas de Quiberon. Ce sont les Daudet, probablement, qui lui conseillèrent cet endroit, car ils y avaient eux-mêmes séjourné une vingtaine d'années auparavant.

Il n'oublia pas la bibliothèque de Carnavalet (1), et même n'hésita pas à exposer ses griefs personnels dans la presse, leur donnant ainsi une publicité regrettable. « M. Cousin fut un merveilleux initiateur, écrivit-il, qui donna à beaucoup le goût des études sur les antiquités de la Ville de Paris, et que ceux-là qui n'estimaient guère son caractère impatient de toute supériorité à côté de la sienne — et dont M. de Liesville, créateur du musée de la Révolution, souffrit durement —, la jalousie et l'esprit de sournoise rivalité, ceux-là mêmes ont toujours rendu hommages à sa conviction et à sa compétence (2). »

Quant à Le Vayer, il se préoccupait beaucoup plus de maintenir la discipline que d'assurer une direction artistique. Dans son second article Céard accusait la direction d'avoir imposé ses jugements *a priori* à des érudits pourtant désireux d'être objectifs, d'avoir gardé par-devers elle des documents et des sources d'information qui auraient pu prévaloir contre les théories auxquelles elle tenait (3). Cette critique est grave — si elle est objective...

Le 1er avril 1898, Céard se vit accorder la retraite pour cause d'infirmité. A en croire une notation au crayon, contenue dans son dossier, elle s'élevait à 1 660 francs par an. Il avait dès lors rompu tous liens avec une institution où il avait trouvé bien des mécomptes, mais en partie, il faut le dire, par sa propre faute.

Voici ce que dit Céard dans une de ses préfaces : « Un passant fort excédé de l'exercice de la critique et de la littérature, et renonçant à trouver quelque secours intellectuel dans une bibliothèque publique d'où il se retirait, écœuré par l'esprit de système et d'entretien d'ignorance officielle qu'il surprenait autour de lui; un passant, moins attiré par le souvenir du massacre que par le goût des horizons immenses où disparaissent les hommes, poussait sa retraite jusque dans Quiberon (4). »

Il vint chercher là ce que pouvaient promettre les légendes, des âmes

(1) Nous doutons que Céard ait jamais fait du service à la Bibliothèque Le Pelletier de Saint-Fargeau, comme l'avance M. René Dumesnil; la bibliothèque fut transférée là en 1898, trois ans après que Céard eût été mis en disponibilité. Voir DUMESNIL, *la Publication des « Soirées de Médan »*, p. 55.

(2) *L'Événement*, 3 février 1901.

(3) *Ibid.*, 12 décembre 1904.

(4) Adolphe LANNE, *le Mystère de Quiberon*, 1794-1795 (préface par Henry CÉARD; Paris, Dujarrie, 1904).

religieuses, des esprits pleins de pureté; il vint chercher le calme et la chaleur. Ce qu'il trouva, naturellement, n'avait rien à voir avec son rêve, et c'est pour s'en consoler qu'il écrivit son dernier roman : *Terrains à vendre au bord de la mer*, où il mit toute l'étendue de sa désillusion. S'il agissait pour le bien d'autrui, on condamnait son attitude; s'il se tenait en paix, on le condamnait encore. Comme Malbar, le héros du roman, il n'était qu'un « hors venu ». Ainsi, écrit-il à Huysmans : « A coup de plume, bousculant le préfet et l'évêque, par une polémique heureuse, j'ai fait rentrer les sœurs aux îles d'Hœdic et de Houat. Aussitôt, je suis devenu l'ennemi public et le clergé ne me pardonne pas un succès qu'il envie, mais qu'il reproche, au fond, au mécréant respectueux que je me flatte d'être (1). »

Une autre fois, il apprenait qu'on l'avait nommé membre d'un comité, constitué pour l'érection d'une statue : on voulait honorer un général dont le titre de gloire, selon Céard, était d'avoir trahi un certain nombre de ses compatriotes; que des gens admirent s'il leur plaît l'hypocrisie de Hoche, poursuit-il, mais il ne voyait, lui, aucune raison d'exalter sa mémoire. Quelque temps après, un ami parisien, qui travaillait dans l'administration, lui montra une lettre par laquelle un magistrat local le dénonçait comme suspect du point de vue civique (2).

Déçu par Paris, exaspéré loin de Paris, quoi de surprenant que sa tendance au pessimisme devînt plus forte encore ? Son irritation contre le monde en général se conjuguait avec un sentiment de frustration personnelle, né de ses déboires de bibliothécaire : est-ce à cet état d'esprit qu'il faut attribuer la responsabilité, du moins partielle, de sa rupture avec un de ses meilleurs amis ? Nous savons que, séduit dès l'abord par les théories scientifiques de Zola, il ne tarda pourtant guère à y déceler des vices de méthode, et son intérêt diminua en conséquence. S'il n'exaltait plus guère le théoricien, si l'enthousiasme des premières années s'était rafraîchi, il n'en subsistait pas moins chez Céard une chaleureuse sympathie pour l'homme, en sorte que l'amitié survécut aux divergences. Nous avons vu plus haut que Céard avait prêté à Zola son aide, tant dans la presse que pour les œuvres du maître; Mme Le Blond-Zola, dans le charmant livre qu'elle a consacré à son père, nous raconte que Céard rendait à sa famille toutes sortes de services extra-littéraires, tout comme il avait fait pour la maisonnée de Médan. Et très probablement, ce fut la liaison de Zola avec Jeanne Rozerot, beaucoup plus que les désaccords littéraires, qui ébrécha leur amitié — et cela bien que Céard eût accepté d'être le parrain de leur petite Denise. Goncourt a mis dans ses tablettes (mais visiblement à sa

---

(1) Lettre du 17 mars 1903, *Bulletin de la Société J. K. Huysmans*, nº 13, décembre 1935.
(2) *L'Événement*, 19 février 1905.

façon, et ici le désordre et la hâte du style sont assez révélateurs) un incident qui ne manque pas d'intérêt :

Daudet parle du refroidissement de Céard pour Zola, venu à propos de cette maîtresse. Zola à Médan, la mère de ses deux enfants est installée aux environs, et Céard était le facteur des lettres envoyées à la belle : lettres dans lesquelles, pour une raison ou pour une autre, Zola, avec sa duplicité italienne, blaguait très durement son facteur. Et un jour d'irritation du rôle de Céard, Mme Zola, se moquant de la confiance que Céard avait en l'amitié de Zola, lui cita les blagues qu'il faisait sur son compte dans des lettres qu'elle avait eues, je ne sais comment, entre les mains.

Puis une scène entre les deux amis en a fait presque deux ennemis. Un soir, à Médan, à la suite d'une violente dispute entre le mari et la femme, Mme Zola faisait ses malles, se préparant à quitter immédiatement à tout jamais Médan, et Zola, retiré dans sa chambre, la laissait partir. Céard, qui se trouvait à Médan, dans une indignation louable, sortant de sa réserve diplomatique, traitait Zola de cochon, de salaud, s'il laissait ainsi partir cette femme qui avait partagé la misère de ses mauvaises années et qu'il flanquait sans pitié à la porte le jour de la bonne fortune (1).

Quelques semaines plus tard, Céard dans une de ses lettres à Zola parle de la visite que Mme Zola lui a faite, et de l'intention qu'elle manifesta de se séparer de son mari. Offrant des services dans une aussi délicate situation, il écrit : « Devant son idée raisonnée et arrêtée, pour qu'elle ne s'adressât pas à un homme de justice qui n'aurait vu dans votre malheur que l'occasion d'un procès retentissant, j'ai poussé à chercher un intermédiaire également juridique et humain, capable aussi, en dehors de la trop grande amitié et de la trop grande passion, de trouver des moyens de réconciliation pour arriver à un rapprochement que je souhaite de tout mon cœur... L'ennui n'est pas de vieillir, mon grand ami, c'est de voir ce que l'amitié même peut vous apporter de tristesse (2). »

Mme Zola ne demanda point la séparation; mais Céard souffrit visiblement de cette crise domestique. Comme l'écrivait la fille de Zola : « Henry Céard était le confident de Zola; il recevait les lettres de ma mère. Il fut même mon parrain, mais peu après la naissance de Jacques, il se retira, las peut-être de se partager entre Mme Émile Zola et Jeanne Rozerot (3). » La rupture fut définitive.

C'est peu de temps après que Céard se mit à parler des œuvres de Zola avec moins de ménagements qu'il n'avait fait jusqu'alors. C'est ainsi qu'à l'occasion de la première représentation de *l'Attaque du Moulin* à l'Opéra-Comique, le 23 novembre 1893, Céard déclarait à Jules Huret que le mot qui résumait le mieux Zola, tant l'homme que l'œuvre, était

(1) *Journal*, XIX, 112-113.
(2) Lettre à Zola, 5 juin 1893.
(3) Denise Le Blond-Zola, *Émile Zola raconté par sa fille* (Paris, Fasquelle, 1932), p. 167.

celui de « conquête » : « Venant de Zola, ajoutait-il, rien ne m'étonne, et je crois qu'on en verra bien d'autres (1). » Ces paroles devaient être plus prophétiques qu'il ne se l'imaginait.

Trois ans plus tard, un grand changement s'observe dans son attitude à l'égard de Zola, et si ses articles n'ont rien de vraiment hostile, ils témoignent pourtant d'une certaine humeur, bien que leur amitié ait laissé derrière elle de profondes traces. En février, Zola est accusé de ne point accorder à la jeunesse cette même liberté intellectuelle qu'il réclame pour lui-même; en novembre, Céard défend vivement Zola contre ceux qui lui dénient le droit d'entrer à l'Académie, tout en ajoutant que cette entrée ne lui plairait guère personnellement; et quelques jours plus tard, il reproche à Zola de se formaliser d'une étude ridicule publiée par le Dr Toulouse sur « la supériorité intellectuelle et la névropathie » (2).

Zola prit le parti des dreyfusards en fin 1897 : c'est là que l'amitié vola en éclats. Avant d'en venir à cet épisode de la vie de Céard, il conviendrait de considérer d'abord quelle fut à cette époque son attitude à l'égard de l'armée.

Nous avons vu plus haut Maupassant écrire à Flaubert à propos de l'intention où se trouvait le groupe de publier *les Soirées de Médan.* La contribution de Céard, « La Saignée », corrobore pleinement la prise de position de son ami, ainsi que nous le verrons dans un autre chapitre. Et six ans plus tard, Céard soumettait à *la Revanche,* journal ultra-patriote plusieurs articles qui feraient supposer un changement total d'attitude, n'était que la thèse des *Bergers Espions* (3) se trouvait déjà dans la nouvelle *Une attaque de nuit,* qui est de 1877. Quant à l'article qu'il publiait contre Bismarck un mois plus tôt, outre qu'il s'agit d'une variation sur le même thème, on n'y trouve ni plus ni moins de haine qu'il n'en fallait attendre d'un Français de son âge à cette époque.

En 1891, il pouvait écrire, à propos du procès Bazaine, que l'armée n'avait rien à perdre à la condamnation de cet homme. L'armée s'attirerait à nouveau le respect en faisant passer la justice avant l'utilité (4). En cette occasion, ce que la justice demandait, c'était la condamnation d'un homme. Céard eût-il montré la même objectivité dans un cas contraire, s'il s'était agi de blanchir un homme au détriment des institutions militaires ?

Quand Zola se fit l'allié de Dreyfus, la première réaction de Céard fut d'y voir une analogie littéraire : Balzac avait défendu le notaire Peytel; Victor Hugo, Claude Gueux; aujourd'hui Zola s'offrait à défendre Dreyfus, Peytel et Gueux avaient été exécutés malgré l'éloquence de leurs défenseurs;

---

(1) Jules HURET, *Tout yeux, tout oreilles* (Paris, Charpentier, 1901), pp. 181-182.
(2) *L'Événement,* 8 février, 13 juin, 21 et 28 novembre 1896.
(3) *La Revanche,* 15 décembre 1886.
(4) *L'Événement,* 30 août 1891.

l'analogie, et sa conclusion, allaient de soi (1). Au cours du procès Esterhazy, Céard écrivit que les accusateurs ne pouvaient avoir qu'un but : la destruction de la France (2). Deux jours après, dans une lettre ouverte à Zola, il demandait à son ami, et au nom même de leur ancienne amitié, au nom de la Patrie, de retirer son appui au parti Dreyfus (3). Le lendemain, 13 janvier 1898, paraissait dans *l'Aurore* le fameux « J'accuse ».

Les anti-dreyfusards allaient réussir ce que n'avaient pu faire les cinq du manifeste : ils obtinrent une sévère critique de Zola de celui qui avait été son ami intime. Douze jours après la fameuse lettre ouverte au Président de la République, Céard donnait au *Gaulois* un article où il exposait ses raisons de douter de la sagesse de Zola. Celui-ci, disait-il, mal inspiré par la passion même qu'il mettait à présenter la vérité (« ce qui lui semble le mieux d'accord avec ses sentiments »), avait fait montre d'aussi peu de sens de la mesure, en s'en prenant au conseil de guerre, qu'il avait coutume d'en garder en appliquant les méthodes scientifiques d'expérimentation au domaine de l'Art. Il y avait, dans sa façon de présenter et d'interpréter les faits, quelque chose d'aussi douteux dans un cas que dans l'autre. Cette passion sans esprit critique, pensait Céard, laissait entrevoir le ressort pathologique de cette intervention singulière dans un conflit qui se déroulait hors de son domaine et de sa spécialité.

Au premier abord, l'argument pourrait sembler assez logique, si le raisonnement ne paraissait destiné précisément à justifier une conclusion toute faite d'avance. Céard avait-il si peu de respect des mouvements du cœur humain ? Mais ce qui frappera surtout, c'est la cruauté subtile de la dernière phrase : « Et les larmes aux yeux, devant un jugement que M. Émile Zola a rendu inévitable, nous évoquons le souvenir de Gustave Flaubert, quittant sa table de travail pour aller faire l'exercice avec les gardes nationaux de Rouen, à l'heure où les Allemands menaçaient d'envahir la ville (4). »

A cette époque donc, l'attitude de Céard vis-à-vis de l'armée et du pays est exactement à l'opposé de son attitude de 1880. Pour lui, ceux qui voulaient faire rebondir « l'affaire » ne cherchaient qu'une chose : démoraliser l'armée et discréditer la France. Ce qui lui était tout particulièrement insupportable, c'était de voir que l'étranger faisait cause commune avec Zola. A un article d'Alexis, Céard répliquait : « Je me flatte d'avoir dénoncé le péril de cette coalition des soi-disant « intellectuels » de l'extérieur, armés et en marche contre la Patrie, ni plus ni moins que les Alliés de 1814 (5). »

(1) *Le National*, 17 décembre 1897.
(2) *Ibid.*, 10 février 1898.
(3) *L'Événement*, 12 février 1898.
(4) *Le Gaulois*, 25 février 1898.
(5) *L'Événement*, 26 février 1898.

Et adhérant à la « Ligue de la Patrie Française », il allait affirmer que « les droits de la France [sont] supérieurs aux droits mêmes d'un individu » (1).

Pour être juste, il convient d'observer que Céard condamna ouvertement les journalistes qui tentèrent de salir le nom de Zola en disant que son père avait été contraint de démissionner de l'armée à cause de difficultés financières (2). Il écrivit aussi, après la mort de Zola, un article où il le présentait sous un jour favorable, comme un homme abandonné et joyeux, tout à fait différent de celui que connaissent les lecteurs (3). Toutefois, on pourra juger de ses véritables sentiments par ces lignes écrites à Huysmans, le 17 mars 1903 : « Voilà qu'on a vendu chez ce malheureux Zola. La pierre de son tombeau est-elle assez lourde et définitive, j'ai bien peur que rien n'en sorte plus et que même sa mémoire ait péri tout entière. Je m'effraie quand je constate mon impuissance actuelle à relire ses livres (4). »

Il y avait sans aucun doute un certain provincialisme chez Céard; il ne se manifestait pas seulement par un sentiment suranné de la supériorité de tout ce qui peut être français, mais aussi de l'excellence de tout ce qui est champenois. Il compare volontiers le Provençal, bruyant comme la cigale, au Champenois actif sans doute, mais aussi réservé et silencieux que sa contrée natale. C'est là, dit-il, qu'on trouve ce qui est véritablement français, c'est-à-dire, véritablement celtique. Considérons La Fontaine, par exemple, qui a donné aux anciennes fables « une grâce, une perfection, un style, un sarcasme, un attendrissement uniquement sortis de la sérénité celte, uniquement du vieil esprit français ». « Nous sommes Celtes, conclut Céard, et nous sommes las qu'on nous déguise sans cesse en étrangers et en latins (5). » Ce jugement est contestable peut-être, mais intéressant. Nous savons qu'il aimait Schopenhauer : mais c'était pour cette considération, que « si, pour l'expression de sa pensée, Schopenhauer s'est naturellement servi de sa langue maternelle, jamais phrase allemande ne fut moins allemande que cette phrase-là; jamais esprit ne fut plus foncièrement français; son mode d'écrire n'a rien de commun avec le génie germanique » (6).

Tout ceci demeurerait amusant, comme ce qui suit, n'était que Céard laissait ses convictions patriotiques se glisser à l'occasion parmi ses jugements en matière d'art. « Que Tolstoï écrive un drame point meilleur que les drames ordinaires de M. Dennery; que Ibsen, sous une autre forme, développe les théories que nous n'avons pas tolérées dans Alexandre Dumas

(1) *Ibid.*, 7 janvier 1899.
(2) *Le National*, 2 juin 1898, et *l'Événement*, 27 janvier 1900.
(3) *L'Événement*, 2 octobre 1902.
(4) *Bulletin de la Société J.-K.-Huysmans*, n° 13, décembre 1935, pp. 192-193.
(5) *Le National*, 9 juin 1898.
(6) *Le Siècle*, 19 octobre 1888.

fils; que Dostoïevski, à sa manière, recommence dans les romans les plaidoiries sociales d'Eugène Sue (1)...» L'article s'achève sur une information : tandis que les Parisiens applaudissent une pièce d'un Italien, le roi Humbert mobilise cent mille hommes. Passons sur le côté politique de l'affaire. Il est certain que Céard n'était guère différent de beaucoup d'hommes de son époque, de quelque nationalité qu'ils fussent, avec leurs exigences démesurées de loyalisme aveugle envers des pays dont ils ne se demandaient pas s'ils le méritaient ou non. Il serait injuste de lui dénier la sincérité d'opinion en politique, même si on ne lui accorde pas la clairvoyance. Il y eut d'ailleurs d'autres occasions où ses suspicions se trouvèrent au contraire justifiées. Il ne cesse pas de protester contre la vente des vieux forts côtiers à des étrangers qui en faisaient des maisons de vacances : et pendant la guerre de 1914-1918, quand il découvrit que l'île de Herm, près de Guernesey appartenait à un certain Sire de Bulow, il alerta immédiatement l'opinion. Les Anglais la surveillèrent et y découvrirent une base de ravitaillement de sous-marins (2).

Puis c'est une lettre à M. René Dumesnil, du 21 octobre 1914, où Céard exprime sa légitime fierté d'être Français : « Ce qui est beau et domine toutes les croyances, en confondant tous les scepticismes, c'est cet amour frénétique de la Patrie, et cette insurrection de toute la conscience française contre la fausseté, la lâcheté et la trahison. Soldats et généraux, les braves gens qui se battent, par leur exemple, nous font réintégrer la noblesse. »

Quelle distance, entre cette déclaration et *la Saignée* !

Mais si ses compatriotes s'insurgeaient de la sorte contre « la fausseté, la lâcheté et la trahison », il semblait inconcevable à Céard que d'autres gens eussent la même attitude. Il fit état en 1921 d'une accusation portée contre Woodrow Wilson, dont on avait dit qu'il avait en tête une paix séparée avec l'Allemagne; et tout en citant l'article, il semble l'avoir tenu pour fondé : « ... certaines interventions secrètes du président Wilson auraient conduit les États-Unis à abandonner les Alliés en plein combat, si les ministres de l'Entente n'avaient pas préféré une dangereuse suspension d'hostilités au risque plus désastreux de voir l'armée américaine tout entière, par ordre, mettre la crosse en l'air, déserter et passer à l'ennemi (3). »

Il est dommage de voir qu'un esprit, si clair à d'autres égards, pouvait avoir les mêmes pensées soupçonneuses que les Bretons de *Terrains à vendre au bord de la mer*, et montrer la même résistance à tout ce qui, culturellement ou politiquement, était « hors venu ».

---

(1) *Le National*, 27 janvier 1898.
(2) CÉARD, *le Petit Marseillais*, 24 août 1919.
(3) *Le Petit Marseillais*, 12 avril 1921.

Après une dizaine d'années de demi-exil en Bretagne — il avait gardé un appartement à Paris, 54, rue Caumartin (1) — Céard finit par revenir dans la capitale, où il devait rester jusqu'à la fin de sa vie. Peu de temps après son retour, il épousa Mlle Marie-Josèphe Adrienne Delacroix, de treize ans plus jeune que lui. Nous savons fort peu de chose de Mme Céard : qu'elle était née à Amiens, qu'après la mort de son mari elle se retira dans le Midi de la France et qu'elle est morte à Nice, en 1946, âgée de quatre-vingt-deux ans, dans un état d'extrême pauvreté. M. Burns, à qui nous sommes redevables de ces détails, ajoute que c'est elle qui détruisit les papiers de son mari (2). Ame pieuse, elle trouva certainement très choquante la traduction entièrement littérale que Céard avait faite de plusieurs pièces d'Aristophane. Malheureusement pour ceux qui s'occupent d'histoire littéraire, elle ne détruisit pas seulement ces traductions, mais vraisemblablement aussi des manuscrits d'un caractère pourtant moins risqué.

Deffoux fait état de tiroirs pleins de manuscrits que Céard n'avait jamais essayé de publier; il était toujours mécontent quand il mettait sa production littéraire en regard de son idéal. Du contenu de ces tiroirs, il ne nous reste que quelques manuscrits; la plus grande partie se trouve à la Bibliothèque de l'Arsenal, qui les doit à la générosité d'Édouard Gauthier. Parmi les manuscrits détruits se trouvaient sans doute deux romans, *la Vie réflexe* (ou *Vie involontaire*), commencé en 1881, et *Idylles fausses*, commencé vers 1890; il s'y trouvait aussi des pièces : Muhlfeld parle en 1891 d'une *Sœur Claire*, qui était « la plus complète représentation de son point de vue particulier », et à côté de laquelle « la désespérance immanente des autres n'est qu'une romance » (3). Céard avait écrit *Célibataire* pour le « Vaudeville », vers 1894. Quant à *la Chanoinesse*, écrite en collaboration avec Henri de Weindel, elle figure parmi les spectacles annoncés de l' « Odéon » pendant une période allant de dix ans avant jusqu'à dix ans après la première guerre mondiale. Toutefois, aucune des deux pièces ne fut jouée. Nous avons perdu son étude sur Choderlos de Laclos, à laquelle il travailla par intermittences dans les années 1880-1890. D'autre part il nous reste l'une des trois parties du *Journal de Pélagie* qui fut écrit pour donner à la servante des Goncourt, sur le registre humoristique, le même renom qui était venu à François, valet de Maupassant. Le manuscrit se trouve à la Bibliothèque de l'Arsenal.

Il faut ajouter à cela le *Testament de Sire Tristan de Chantedeuil*, recueil de vers dans la manière de Villon, mais si scatologique ou érotique, assure

---

(1) Quelques autres adresses de Céard sont : 32, rue Gallois (sa maison natale); 174, avenue Daumesnil; 10, rue du Trésor, et 12, rue Chasseloup-Laubat.

(2) BURNS, thèse, p. 245.

(3) Lucien MUHLFELD, Henry Céard, *les Hommes d'aujourd'hui*, 8e vol., n° 382.

Deffoux, qu'il ne saurait jamais être question de le publier. Ce recueil se trouve sous scellé à la Bibliothèque Nationale.

Depuis 1906, Céard avait cessé toute activité de journaliste et de chroniqueur. Mais nous savons qu'il a consacré à Huysmans une très importante étude publiée en 1908 dans *la Revue hebdomadaire*, et qu'il y examine les années de formation de son ami. On a tenu cette étude pour le fruit d'une collaboration avec Jean de Caldain, mais un examen du texte manuscrit montre clairement que le rôle de Caldain se borna à renvoyer à Céard quelques-uns des papiers de Huysmans qu'il avait conservés après avoir été son secrétaire.

Si l'on excepte la publication de cette étude (1), Céard devait demeurer dans l'ombre jusqu'en 1918.

Comme nous l'avons déjà dit, les dernières années d'Edmond de Goncourt virent s'améliorer ses rapports avec Céard. Mais ce dernier demeura résolument éloigné du Grenier, de peur qu'on ne le crût soucieux de rentrer dans les faveurs de Goncourt. C'est ainsi que dans une lettre à Léon Deffoux le 25 août 1916, il écrit :

> C'est seulement le jour des obsèques que, dans la foule, je réapparus à Auteuil. Je n'étais même pas allé à Champrosay quand on apprit la nouvelle du décès. En sortant de la villa Montmorency, après avoir donné l'eau bénite au cercueil, je fus accosté par la même personne [Léon Hennique, selon le dire contestable de Deffoux] qui, neuf ans auparavant [1887], ne m'avait pas laissé ignorer ma radiation.
>
> Elle croyait devoir me dire qu'elle n'avait été pour rien dans la décision de M. de Goncourt.
>
> Je réponds que l'explication m'étonnait, que je ne la souhaitais pas, que les excuses même m'étaient indifférentes. Ensuite, avec Pol Neveux, je partis vers l'église (2).

La blessure, on le voit, n'était pas refermée : il se trouvait sans doute, de loin en loin, des gens pour la rouvrir. Est-ce à cause d'eux que Céard écrivit un article si peu tendre sur Edmond de Goncourt, quelques semaines seulement après sa mort (3) ? Il ironisait sur son manque absolu de bon sens, qui lui faisait attribuer six mille francs par an à chaque membre de l'Académie, contre douze cents à sa dévouée servante Pélagie. Il lui laissait, il est vrai, ses ustensiles de cuisine et sa garde-robe : celle-ci bien inutile à une femme, et ceux-là hors de proportion avec les maigres repas que sa petite pension lui permettrait de cuisiner.

Quand l'Académie Goncourt fut enfin constituée en 1903, le nom

---

(1) Cette œuvre a été publiée récemment par Pierre COGNY, le « *Huysmans intime* » de Henry *Céard et Jean de Caldain* (Paris, Nizet, 1957).

(2) DEFFOUX, *Chronique de l'Académie Goncourt* (Paris, Firmin-Didot, 1929), pp. 73-74.

(3) *Le Paris*, 20 août 1896.

de Céard ne se trouvait pas sur la liste des candidats aux trois sièges vacants (Alphonse Daudet était mort après Goncourt et avant la formation de l'Académie); mais Huysmans vint à mourir en 1907, et Léon Daudet, Hennique, Gustave Geffroy et Élémir Bourges appuyèrent vigoureusement la candidature de Céard. Mais c'est Jules Renard qui fut élu, avec cinq voix.

Un entretien avec M. René Dumesnil nous a permis d'éclaircir quelque peu les causes de cet échec, et de la rupture qui s'ensuivit entre Céard et deux de ses amis. Le soir de l'élection, apprenant qu'il avait perdu, Céard mit cet échec sur le compte d'une défaillance de Hennique, car il en avait agi de même quelques jours auparavant (on peut consulter le *Journal* de Jules Renard, 26 octobre 1907). Une telle trahison — Céard voyait la chose sous ce jour —, et de la part d'un de ses plus vieux amis, fut la cause d'une rupture qui devait les séparer pendant onze ans.

Son échec avait pourtant une autre cause, et plus importante : il venait de perdre l'amitié d'un autre académicien. Lucien Descaves était l'exécuteur testamentaire de Huysmans, et savait que celui-ci avait ordonné qu'on brûlât la plus grande partie de ses papiers, de peur qu'ils ne vinssent à porter préjudice à quelque personne encore en vie — attitude, on le voit, toute opposée à celle de Goncourt ! Quelques semaines après la mort de Huysmans son secrétaire Jean de Caldain remit beaucoup de ces papiers à Céard, qui travaillait à une étude (publiée plus tard par *la Revue hebdomadaire*). Sans doute, l'usage que Céard et Caldain firent de ces documents fut tout à fait prudent et réfléchi; mais Descaves, avec plus de sagesse peut-être, sentit qu'il pouvait très bien avoir échappé là quelque détail d'information que Huysmans eût désiré passer sous silence, et il s'opposa à l'achèvement de la publication. Si Céard n'avait pas été entraîné par Caldain dans une voie que Descaves jugeait périlleuse, il n'aurait pas été exposé à perdre l'appui de ce dernier, et il eût probablement hérité du siège de Huysmans en 1907.

Jules Renard fut remplacé ensuite par Judith Gautier, qui mourut en 1918. Beaucoup étaient d'avis qu'il fallait donner à une autre femme le siège qu'elle laissait libre; par une lettre à René Dumesnil, en date du 11 mai 1918, nous savons pour quelles raisons ce fut Céard qui l'obtint.

On offre la place de Judith Gautier à Mme Daudet, qui accepte à la condition qu'on lui réponde de l'unanimité des voix. Cette unanimité, on ne se risque pas à la lui promettre. Alors, elle refuse, disant : « Si vous tenez à m'être agréables, portez vos suffrages sur Céard. » Geffroy s'emploie avec un dévouement et une diplomatie acharnés. Il m'obtient d'avance cinq voix, juge le nombre insuffisant, encore qu'il établisse une majorité certaine. Rosny, électeur de mon concurrent, déclare que, en cas de ballottage, il se tournera de mon côté. Geffroy le crée, ce ballottage. Autres tours de scrutin. Rosny aîné tient sa parole. Résultat définitif, six voix, et voilà pourquoi l'élu de l'Académie Goncourt se félicite avec vous, vous remercie de votre fidélité d'affection, et vous embrasse (1).

(1) René Dumesnil, *le Rideau à l'italienne* (Paris, Mercure de France, 1959), p. 122.

C'est le 29 avril 1918 qu'il entra à l'Académie Goncourt. C'est aussi à ce moment-là qu'il se réconcilia avec Hennique.

Une fois élu, Céard devait prendre, en tant que membre et secrétaire de l'Académie, une part très importante à ses activités. Il n'employa pourtant pas son crédit au seul service de ses propres idées ou préjugés : c'est ainsi qu'il soutint Léon Daudet, champion du roman *A l'ombre des jeunes filles en fleurs*, pour le prix Goncourt en 1919. Voici ce que J.-H. Rosny aîné écrivit plus tard sur le nouvel académicien : « Céard apportait un élément pondérateur. Il était attentif, courtois, causeur discret et captivant, riche de souvenirs et d'anecdotes, un des hommes auxquels on pouvait le plus sûrement demander quelque détail biographique sur les contemporains célèbres. Dans son étonnante mémoire, un nombre prodigieux d'hommes qui vécurent entre 1850 et 1920, avaient leur fiche. Quand on le demandait, Céard ouvrait le registre intérieur, atteignait du coup la page et donnait des dates, des références, des détails biographiques des traits rares ou curieux (1). »

En 1921, Céard allait se faire une malheureuse notoriété avec l'affaire du *Journal des Goncourt*. Depuis des années, il était par principe opposé à la vente ou à la publication de la correspondance privée des contemporains, qui transformaient en marchandises les aspects les plus intimes de la personnalité humaine. Qu'une lettre appartînt à son destinataire en tant que document, soit; mais son contenu appartenait tout autant à celui qui l'avait écrite, à sa famille, à ses héritiers. On comprend après cela qu'il se soit élevé contre la publication du *Journal*.

Dans l'esprit d'Edmond de Goncourt, ce journal devait être publié intégralement vingt ans après sa mort. En même temps, les chercheurs devaient avoir accès à sa correspondance. Si l'on en croit Deffoux, Céard aurait été partisan de la publication en 1916, mais après son élection à l'Académie, il changea de sentiment. On a dit aussi, plus d'une fois, que ce revirement était dû à la lecture qu'il fit en 1921 des manuscrits de Goncourt. On n'a guère de peine à faire voir que ces affirmations sont tout à fait controuvées.

En juillet 1919, l'Académie Goncourt apprit que trois volumes des papiers de Goncourt, déposés à la Bibliothèque Nationale, avaient été envoyés à la reliure. Geffroy et Céard demandèrent des explications au conservateur des manuscrits, Camille Couderc, car il y avait donc eu bris de scellés. On leur répondit que ces volumes n'étaient point sous scellés, et qu'on se ferait un plaisir de les leur montrer, afin qu'ils pussent constater par eux-mêmes qu'il n'y manquait point un feuillet. Ils déclinèrent l'offre. Car, écrivait Céard à Deffoux au mois de novembre : « Si de votre côté tout est littérature et bonne foi, de l'autre les intentions manquent singu-

---

(1) J.-H. ROSNY (aîné), *Mémoires de la vie littéraire : l'Académie Goncourt* (Paris, Crès, 1927), pp. 70-71.

lièrement de noblesse. On se sert de vous pour couvrir d'évidentes incorrections. De même, on me tendit un piège, quand on me proposa de me montrer l'objet du litige. Pour ma curiosité, on espérait que je justifierais les indiscrétions passées et futures. Je n'ai pas été dupe de la pauvre astuce des fonctionnaires (1). »

Outre ce qu'elle nous apprend de l'intégrité de Céard, cette lettre est intéressante d'un autre point de vue. Deffoux était l'obligé de Céard, qui lui avait donné, pour ses premiers travaux, beaucoup de renseignements sur le mouvement naturaliste. Il n'hésita pourtant pas à divulguer cette lettre assez embarrassante, à une époque où Céard était justement en contact journalier avec le même fonctionnaire.

Bien que le *Journal* eût été déposé à la Bibliothèque Nationale, c'est à l'Académie qu'il avait été légué. Mais il était de notoriété publique qu'on y trouvait maint propos de nature à faire tort à des personnes encore vivantes. En sorte que le jour venu d'envisager la publication, l'Académie déclara qu'il s'agissait là de « Papiers d'État », et que seul le ministère des Beaux-Arts pouvait trancher cette question. Le ministère fit savoir de son côté que l'initiative et la responsabilité d'une publication étaient entre les mains de l'Académie Goncourt. Des deux côtés, on eût été très satisfait d'en rester là, mais pendant l'été de 1921, la presse réclama la publication à cor et à cris : il fallait prendre une décision. On tomba d'accord sur un compromis : un membre de l'Académie et un fonctionnaire de la Bibliothèque Nationale seraient chargés de lire le *Journal* et de présenter au ministre les passages qui pourraient être considérés comme impubliables. Le ministre statuerait alors sur une éventuelle publication.

Le seul membre de l'Académie qui voulut bien se charger d'une pareille tâche se trouva être Céard (2). Par intérêt personnel, diront plusieurs. Par gratitude, pourra-t-on répondre, et encore, le plus logiquement du monde, de par sa charge de secrétaire de l'Académie. Les conséquences de cette désignation ont été exposées en termes très imagés par l'un des dix : « La désignation de Céard souleva des polémiques plus rageuses et plus rosses. Un élément intense s'y mêlait, les rancunes et les colères personnelles. On n'attaquait plus dix hommes perdus dans le brouillard, on en attaquait un seul. Du bout de l'horizon accoururent les hommes des foules qui se précipitèrent sur Céard comme les poules sur une poule blessée. Chargé des péchés de tous, le pauvre bouc émissaire fut chassé à grands coups de triques, et férocement mordu par les roquets (3). »

Du côté de l'administration, c'est M. Couderc qui fut choisi : après plusieurs mois de lecture continue, dont Céard semble avoir abattu le

(1) Cité par Asté d'Esparbès, l'Incident du Journal des Goncourt, *Comoedia*, 31 août 1921.
(2) Rosny (aîné), Journal des Goncourt, *Comoedia*, 18 août 1922.
(3) Rosny, *Mémoires*, pp. 87-88.

principal, M. Couderc soumit un rapport au ministre Léon Bérard, qui décida alors d'ajourner la publication. Le *Journal* est maintenant imprimé en entier, et nous pouvons constater que Céard avait souci de protéger quelques autres réputations beaucoup plus que la sienne propre. Si l'on excepte une page rageuse, écrite au reçu d'un jugement sur le premier volume, la version finale du *Journal* ajoute peu de chose à ce qui était déjà publié sur les relations de Goncourt et de Céard.

Dans l'un de ses articles, Céard exposa le point de vue de l'Académie Goncourt. Il était nécessaire d'éviter, non seulement que des personnes encore vivantes eussent à souffrir de cette publication, mais aussi qu'un certain discrédit n'allât rejaillir sur la personne du fondateur : les membres de l'Académie n'étaient pas disposés à tant d'ingratitude (1).

L'élection de Céard à l'Académie Goncourt le remit immédiatement en vedette; et c'est sans doute cette élection qui lui procura une collaboration hebdomadaire au *Petit Marseillais*. On peut penser aussi qu'elle détermina les éditeurs à accepter les *Sonnets de Guerre*, ainsi que le *Mauvais Livre*, recueil de pièces anciennes ou récentes, mais toutes également pleines de pessimisme et de raillerie.

Durant les années qui précédèrent et suivirent la guerre, il prodigua volontiers les encouragements et aussi les informations à de jeunes écrivains, devenus plus tard hommes de réputation : Léon Deffoux, MM. René Dumesnil, André Billy. Nous avons lu avec le plus grand intérêt les souvenirs émus de M. Dumesnil sur le Céard des années postérieures à 1900, publiées dans le *Rideau à l'italienne*. Après les lettres de Céard à Zola, c'est certainement le meilleur témoignage existant.

Le 16 août 1924, on le trouva sans vie à son domicile, 12, rue Chasseloup-Laubat; l'écrivain souffrait depuis longtemps de rhumatismes cardiaques. Il fut inhumé deux jours plus tard au cimetière de Bercy, auprès de ses parents, après un service à l'église Saint-François-Xavier.

Avec une grande clarté, la vie et la personnalité d'Henry Céard reflètent son milieu, son éducation, son temps. Fils de républicains mécontents, une éducation classique très poussée lui est donnée par des professeurs du Second Empire, pour la plupart très conformistes. Des lectures romantiques, qu'il fit en cachette, l'incitèrent sans doute à quelques vagues élans de l'âme, mais ce naissant idéalisme ne pouvait que dépérir : si l'exemple d'un père sans enthousiasme n'y avait suffi, la guerre de 1870-1871 n'en aurait pas laissé grand-chose.

Les études de physiologie à l'hôpital Lariboisière, l'intérêt qu'il prit

(1) *Le Petit Marseillais*, 24 juillet 1924.

aux théories positiviste et pessimiste, ainsi que de fréquents contacts avec de jeunes fonctionnaires enclins au scepticisme, firent beaucoup pour donner à son esprit son caractère analytique. Il faut ajouter à cela que sa vie littéraire fut dominée par les exemples de Flaubert, de Zola et de Goncourt.

Toutefois, avant d'examiner le rôle de ce tour d'esprit critique et de ces préférences littéraires dans les diverses œuvres de Céard, il convient que nous nous arrêtions à ce qu'il y a de plus particulièrement personnel dans sa doctrine. Pour cela, nous avons à notre disposition ses articles et ses études, ainsi qu'une histoire de sa collaboration aux journaux.

———————

DEUXIÈME PARTIE

CHAPITRE II

LE JOURNALISTE ET LE CRITIQUE

LA CARRIÈRE

Si Henry Céard prit un emploi au ministère de la Guerre — pour un motif purement matériel, comme ce fut aussi le cas pour ses amis J.-K. Huysmans et Maupassant, fonctionnaires, l'un au ministère de l'Intérieur, l'autre au ministère de la Marine — toutes ses aspirations allaient sans aucun doute vers la carrière littéraire. A cette époque Huysmans avait déjà écrit le *Drageoir à épices* et en 1876 était sur le point de publier *Marthe, histoire d'une fille*; Maupassant, sous le pseudonyme de Guy de Valmont, venait aussi de faire paraître quelques vers dans *la République des Lettres*, pendant que Céard entrait dans le journalisme, se limitant à des articles purement littéraires.

Sa toute première critique, faite sur la nouvelle œuvre de Huysmans, *Marthe*, parut dans *les Droits de l'Homme* (1) sous le pseudonyme d'Henry Denoisel, ce personnage effacé de *Renée Mauperin*, et s'il eut un grand plaisir à voir ses idées imprimées pour la première fois, ce fut en réalité son seul plaisir. Dans un autre article (2), ayant laissé percer son admiration tant pour le sujet que pour le style de *Germinie Lacerteux* et déplorant que l'injuste renommée laissât dans l'obscurité de tels talents, Céard raconte les difficultés qui s'ensuivirent avec le directeur : « Il me fit de lourdes observations que l'ardeur de ma jeunesse n'acceptait guère. Ma démission, mon renvoi même devenaient imminents quand il s'avise que les fonctions par moi remplies à l'opposé de ses sentiments littéraires étaient gratuites. Il devint aussitôt plus doux, il me laissa à ma misère et à ma liberté. Je n'ai jamais mieux senti la joie de ne pas gagner d'argent (3). »

Mais ce fut une joie de courte durée, car ce journal, n'étant pas purement à tendances littéraires, fut suspendu par décision du Tribunal correctionnel : en effet, avant de fonder *la Lanterne* (4), Henri de Rochefort,

(1) 20 septembre 1876.
(2) 23 novembre 1876.
(3) *L'Événement*, 12 décembre 1903.
(4) Celle de 1877.

collaborateur aux *Droits de l'Homme*, y visait sans ménagements les magistrats, les ministres et surtout le maréchal-président. Ces excès de plume valurent au journal de nombreuses condamnations, et en dernier lieu une décision du Tribunal en janvier 1877 le suspendit pour six mois (1).

Le Radical le reprit alors, et Céard y publia un article (2) signé seulement de ses initiales. Il semble qu'il ait voulu s'orienter vers des eaux plus calmes, ou troublées seulement par les tempêtes littéraires de l'époque.

A Bruxelles, en 1877, deux journaux se trouvaient à l'avant-garde de l'activité littéraire : *l'Actualité* de Camille Lemonnier, et *l'Artiste* de Théodore Hannon. Le premier parut pour la première fois le 21 août 1876 et s'apparenta en quelque sorte aux naturalistes français. Zola lui apporta ses critiques dramatiques parues précédemment dans *le Bien public*, journal de Paris. Huysmans y fit paraître l'un des premiers et plus importants manifestes du groupe naturaliste, intitulé « Émile Zola et l'Assommoir » (3), et le long article d'Henry Céard, « La Fille Élisa et Edmond de Goncourt » (4), dans lequel il exprima à nouveau sa sympathie pour les deux frères, lui gagna sans doute une place plus privilégiée dans le cœur de l'aîné — qui, on le sait, fut toujours avide de respirer l'encens littéraire. Avec Ludovic d'Arthies, Huysmans et Céard écrivirent aussi les « Notes sur le Salon de 1877 », qui parurent dans six fascicules entre le 10 juin et le 15 juillet, mais en dépit du zèle de ses correspondants « le journal s'en alla de la mort naturelle des journaux qui n'ont pas su faire leurs dents » (5). Le dernier numéro parut le 5 août 1877 (6).

L'Artiste eut, lui, un peu plus de chance. Nous savons que pendant son voyage à Bruxelles pour arranger la publication de *Marthe*, Huysmans rencontra Théodore Hannon, probablement par l'intermédiaire de Lemonnier ou de leur commun imprimeur, Félix Callewaert (7). Quand en janvier suivant Hannon prit la direction de cette feuille littéraire, il invita son ami parisien à collaborer avec lui. Il est bien évident que ce dernier dut lui recommander chaudement Céard. Quelques années après, Céard s'est souvenu de cette époque avec une certaine émotion.

Nous le voyons aujourd'hui dans la très rare collection que nous feuilletons avec attendrissement. Le temps corrosif n'y ronge pas trop encore la vignette du titre. Dessinée par Félicien Rops, tirée en rouge, elle représente la jeunesse montée sur un char, et fouettant à coups de rayons quatre chevaux éperdus que s'essaient

(1) Henry AVENEL, *Histoire de la presse française* (Paris, Flammarion, 1900), p. 722.
(2) 15 mars 1877.
(3) 11, 18 et 25 mars; 1er avril 1877.
(4) 29 avril et les 6 et 13 mai 1877.
(5) Camille LEMONNIER, *Une vie d'écrivain* (Bruxelles, Labor, 1945), p. 137.
(6) Gustave Vanwelkenhuyzen, *J.-K. Huysmans et Camille Lemonnier*, Mercure de France, 15 janvier 1935, pp. 242-261; et J.-K. Huysmans et le journal bruxellois « l'Actualité », *ibid.*, 1er avril 1933, p. 205.
(7) VANWELKENHUYZEN, *J.-K. Huysmans et la Belgique* (Paris, Mercure de France, 1935), p. 28.

à dompter des amours. L'Académie y prend la figure d'un vieux Monsieur coiffé d'une casquette à longue visière comme en portent les aveugles, et couronné de lauriers. A gauche, un éphèbe ailé, assis sur des in-octavo, s'appuie sur un violoncelle. A droite, un autre éphèbe, armé d'une plume, sous son talon belliqueux, foule les œuvres de Lebrun, La Harpe, Winkelmann, étagées en pile. Dominant la composition, un gamin nu, d'un geste de révolte, brandit une palette, entre des bandelettes flottantes où s'inscrivent les mots « Naturalisme, Modernité » (1).

Céard y donna vingt et un articles ou courts essais littéraires, et sept poèmes en plus des dix parties de son roman *Une belle journée*. La dernière resta inachevée quand à la fin de 1878 *l'Artiste* en fusionnant avec *le Samedi*, et en changeant de tendance, perdit ses principaux collaborateurs (2). Quant aux vingt et un articles cités précédemment deux seulement dans l'ensemble offrent pour nous un intérêt particulier. Dans le premier en une étude sur l'Exposition des Impressionnistes à Paris en 1877, il analysa ce qu'il considérait comme une alliance entre les Impressionnistes en peinture et les Naturalistes en littérature. De bonne heure il fut le chaud partisan d'un effort vers une peinture plus exacte de la vie réelle :

Parlez-moi de ceux-là qui, dédaignant d'étaler une érudition mensongère ou douteuse, tourmentés seulement du désir de faire vrai, de montrer juste, se mettent naïvement à leur fenêtre, s'asseyent sur un banc de square, s'établissent sur un quai, au coin d'une rue et nous rendent dans leur intensité morbide et charmante toutes les agitations variées de la grande ville en travail. Ce sont ceux-là que je regarde, ceux-là seuls, et je constate que le talent manque plus que les motifs et que si la campagne ou l'histoire a cent peintres pour un paysage ou une citation, Paris n'en a pas trente, pour ses tristesses, pour ses misères, pour ses grandeurs.

Et pourtant, c'est un monde, c'est une atmosphère, c'est un milieu, monde surmené, atmosphère lourde, milieu spécial, soit; mais cela est, cela vit, et je m'étonne, qu'au mépris de toute observation, ce qui est tous les jours sous les yeux entre si peu dans les cerveaux...

Le mouvement artistique correspond au mouvement littéraire. Impressionnistes, naturalistes, sont les champions différents d'une même idée (3)...

Le second article se trouva être en complet désaccord avec une déclaration de Victor Reding, ancien directeur de *l'Artiste*, qui écrivait auparavant dans *la Fédération artistique* : « Je continuerai à combattre énergiquement l'intervention d'un élément étranger dans nos écoles nationales. » La mordante réplique de Céard eut un résultat bien inattendu, puisque très vite son adversaire l'invita à joindre leurs efforts. M. Vanwelkenhuyzen, dans sa très belle œuvre sur l'influence du naturalisme en Belgique (4),

(1) Henry CÉARD et Jean de CALDAIN, J.-K. Huysmans intime, *la Revue hebdomadaire*, 21 novembre 1908, p. 384.
(2) VANWELKENHUYZEN, *J.-K. Huysmans et la Belgique*, p. 57.
(3) *L'Artiste*, 22 et 29 avril 1877.
(4) VANWELKENHUYZEN, *l'Influence du naturalisme français en Belgique de 1875 à 1900* (Liège, Vaillant-Carmanne, 1930), pp. 58-61.

a jugé, lui aussi, que les quelques lignes de Céard valaient d'être retenues. Après avoir souligné le goût des intellectuels belges pour certains compositeurs allemands et auteurs dramatiques français, Céard écrivit :

Il me semble impossible de nier que les naturalistes, ces observateurs, ces constateurs, si vous voulez bien accepter ce mot, sont les successeurs exacts des Flamands. Comme eux osaient tout peindre, ils osent tout écrire; comme eux, ils ne conçoivent pas le beau sans la vérité, sans la vie... Que vous le vouliez ou non, vous ne pouvez repousser le naturalisme. Que si vous vous élevez maintenant contre cette nervosité qui tremble dans les œuvres nouvelles, songez qu'elle est la caractéristique du temps et du milieu actuels. Songez qu'elle a fait le talent de deux peintres, sans contredit, les plus remarquables de vos « écoles nationales » contemporaines, Alfred Stevens et Félicien Rops. Ceux-là aussi sont nos maîtres, et vous voyez quel mot imprudent vous avez prononcé en dénonçant « l'intervention d'une influence étrangère », puisqu'au fond vous nous accusez de ce crime d'être trop de notre époque, et surtout trop de votre pays (1)...

L'*Artiste* était sur le point de sombrer. Céard se vit offrir une correspondance au *Slovo* de Saint-Pétersbourg et y traita, de septembre 1878 à février 1880, du drame, de la poésie et de la jeunesse dans la France contemporaine. C'est là qu'il publia aussi sa nouvelle « la Saignée », recueillie plus tard dans *les Soirées de Médan*, et *Mal-Éclos*, roman dédié au rédacteur D. Koroptchewsky, et repris en France dans deux revues. Il semble que son travail ait été du goût de Koroptchewsky (qui par ailleurs refusa un article de Huysmans) car la prose de Céard fut plus abondante dans le *Slovo* que celle des autres naturalistes. Elle voisina avec des œuvres telles que *Nana* et *Une page d'amour*, par Zola; *les Frères Zemganno*, par Edmond de Goncourt; « les Ballades en prose » d'Alphonse Daudet : 1. « la Mort du Dauphin » et 2. « le Sous-Préfet aux champs », extraites des *Lettres de mon moulin*; un abrégé des *Sœurs Vatard*, de Huysmans; et *la Dévouée*, par Léon Hennique, que précédait une longue lettre de Huysmans sur la bataille littéraire livrée par les naturalistes (2).

C'est quatre ans après avoir quitté l'équipe du *Slovo* que Céard entama sa dernière collaboration suivie avec une publication étrangère. En 1883, Paul Groussac, Français expatrié et futur directeur de la Bibliothèque Nationale d'Argentine, visita la France et y fit la connaissance d'Alphonse Daudet, qu'il admirait beaucoup. L'année suivante, se trouvant avec Lucio V. Lopez à la direction littéraire du *Sud América* de Buenos Aires, il offrit à Daudet la charge de recruter des collaborateurs français, pour des articles sur la vie intellectuelle et littéraire de leur pays. Une lettre de Daudet à Groussac, publiée dans le numéro du 5 novembre 1884, nous apprend que Daudet n'avait pas réussi à obtenir la collaboration de Coppée ni celle de

(1) L'*Artiste*, 14 octobre 1877.
(2) Voici les dates respectives de ces publications : novembre 1879-juillet 1880, février-octobre 1878, mai-août 1879, novembre 1880, juin 1879 et janvier-avril 1879.

Maupassant, mais qu'il s'était assuré celle de Henry Céard (1). Deux fois par mois, celui-ci eut à fournir des articles qui parurent du 9 janvier au 2 août 1885.

Quand Jules Laffitte prit la direction et l'administration du *Voltaire*, le 17 mai 1879, Zola et son jeune groupe pensèrent avoir enfin trouvé un organe au service de leurs idées. Il semble toutefois que Laffitte ne se soit réellement intéressé qu'à Zola, dont l'indéniable valeur pécuniaire n'était plus à prouver; et, bien qu'à cette époque les autres fussent en principe collaborateurs et cités comme tels, il faut noter qu'ils ne figuraient déjà plus dans un spécimen gratuit offert à l'occasion de la publication de *Nana* en feuilleton. Ils avaient sans doute cessé d'être un élément d'importance pour le journal (2). La contribution de Céard se limita à trois articles : selon Laffitte, il n'écrivait pas comme un journaliste. « Qu'est-ce que cela, écrire comme un journaliste ? » demandait-il dans une lettre à Zola, le 30 mai.

Entre janvier et juin 1880, Céard donna au *Grand Journal* une série de quatorze articles d'un intérêt inégal. Trois d'entre eux furent écrits immédiatement après la mort de Flaubert; il y exprima à la fois sa profonde admiration pour l'œuvre du Maître et ses regrets de trouver si peu de célébrités littéraires à ses funérailles. Il y fut aussi critique dramatique d'avril à juin, mais s'il publia peu, c'est sans doute parce que le journal changeait continuellement de rédaction. Puis le 15 janvier 1881, E. A. Spoll fonda *l'Express*, et Céard y tint chaque semaine une colonne en première page. Il commença une série de critiques sur quelques écrivains du XIXᵉ siècle qui figurent parmi les plus intéressantes qu'il ait écrites. Ces articles montrent un grand soin d'exécution et plusieurs d'entre eux furent assez bons pour paraître sous des titres différents dans *la Revue littéraire et artistique*, *l'Union républicaine* et *la Vie moderne*, ce journal artistique illustré fondé par Georges Charpentier en 1879, qui, peut-être un peu élevé pour le public moyen, fut par là même menacé dans ses moyens d'existence. C'est surtout dans ces derniers articles que se trouvent les principaux éléments de la doctrine littéraire de Céard, doctrine qui sera discutée dans la deuxième partie de ce chapitre (3).

Puis, au début de 1885, Piégu, directeur de *la Vie populaire*, acheta *le Télégraphe* et entreprit d'en faire une sorte de *Times* parisien : aucun article

(1) Alphonso de LAFERRÈRE, Notices préliminaires, *Páginas de Groussac* (Buenos Aires, Rosso, 1928), pp. XVIII-XXI.
(2) Pierre LAMBERT, *J.-K. Huysmans : lettres inédites à Émile Zola* (Genève, Droz, 1953), pp. 24 et 33.
(3) Il est intéressant de noter en passant qu'en novembre et décembre 1886 deux notes parurent dans *la Revue indépendante*, informant les lecteurs que Céard allait écrire dans la chronique musicale; mais comme il ne donna pas ses articles régulièrement, le directeur dut changer de collaborateur.

n'était signé. D'après le sujet et le style, il en est que nous pouvons attribuer sans hésiter à Céard. Il tint aussi les chroniques dramatique et musicale du 16 avril jusqu'au début d'août, époque à laquelle le journal changea encore de mains. Céard écrivit à Zola, le 12 du même mois : « Je trouve malheureux que *le Télégraphe* soit décédé si vite : jamais nos idées et nos personnes ne retrouveront dans la presse un aussi charmant accueil. »

Trois ans après, Piégu obtenait pour Céard une place au *Siècle*. D'août 1888 à octobre 1890, il donna à ce journal une série de chroniques hebdomadaires. Il y fut aussi chargé de la critique dramatique jusqu'en mai 1891. Concurremment, le 25 novembre 1889, il commença une série d'articles dans *l'Événement*, mais nous voyons qu'il lui retira son concours d'octobre 1890 à juillet 1891, période où il se chargea de la critique dramatique du *Siècle*. De juin 1891 à janvier 1894, la critique théâtrale à *l'Événement*, de même qu'une chronique purement littéraire. On se rappelle que Victor Hugo fonda ce journal le 1er août 1848 avec l'épigraphe : « Haine vigoureuse de l'anarchie, tendre et profond amour du peuple. » Une décision d'en haut l'avait supprimé en 1866, laissant le champ libre au *Figaro*, qui évolua lentement vers le soutien du régime. C'est en 1872 que Dumont, pour faire pièce à Villemessant, fit paraître un autre *Événement*, dont il entendait faire « un *Figaro* républicain et honnête », et choisit pour rédacteur en chef Edmond Magnier. « Le nouvel *Événement*... devint un des plus zélés défenseurs de la république (1). » Céard y resta jusqu'en juin 1905.

La collaboration de Huysmans et de Céard ne prit pas fin avec la double disparition de *l'Actualité* et de *l'Artiste*. Ils apportèrent tous deux leur contribution à *la Vie littéraire, la Vie moderne* et *la Revue littéraire et artistique* (2); cette dernière revue était dirigée par Jean de La Leude et Edmond Deschaumes, qui recherchaient avec ardeur la collaboration des écrivains naturalistes. Zola, Goncourt, Daudet et Maupassant envoyèrent des articles et des nouvelles. Malheureusement, la revue ne vécut pas plus de quatorze mois. Comme il arriva plus d'une fois dans les débuts du mouvement, les naturalistes étaient à nouveau dépourvus d'un organe. Les noms de Huysmans et de Céard se trouvèrent si souvent associés que l'on n'est pas surpris de trouver le 20 novembre 1889 une note informant les lecteurs de *l'Événement* de l'arrivée de Céard au journal et une autre le 24 les informant de celle de Huysmans. Le premier article de Céard parut cinq jours plus tard et il est curieux de noter que Huysmans n'en écrivit aucun.

C'est en 1892 que Fernand Xau fonda *le Journal*, Céard y présenta

---

(1) Cf. René Dumesnil, *l'Époque réaliste et naturaliste* (Paris, Tallandier, 1945), pp. 227-228, 242-243, et Avenel, *Histoire de la presse française*, p. 681.

(2) Henry Jouvin, La collaboration de Huysmans à « la Cravache », etc., *Bulletin de la Société J.-K. Huysmans*, septembre-octobre 1938 et mars 1942.

seulement quatre articles. En 1894 il assuma une collaboration au *Matin*, fondé dix ans auparavant par Alfred Edwards, et y écrivit jusqu'en novembre 1895, à la fois dans la critique dramatique et la chronique littéraire. Quittant *le Matin* il se joint au *Paris* pendant six mois en 1896, et puis en juin 1897 passe au *National* où il reste jusqu'en 1899. Entre 1905, année où il quitta *l'Événement*, jusqu'en 1919 où il s'associa au *Petit Marseillais* il contribua très peu au journalisme. Entre cette dernière date et les quelques mois précédant sa mort il apporta régulièrement son concours à la feuille méridionale.

LES IDÉES PRINCIPALES

Jamais Céard n'eut la moindre intention de se poser en chef d'école; il le déclara à plusieurs reprises, et ses articles attestent suffisamment sa sincérité. Les véritables opinions de Céard ne se retrouveront point, dans des affirmations souvent amorties d'un « je crois... », ou « il faut que... »; c'est bien plutôt le jeu de ses sympathies et de ses antipathies dans le cours du temps qui nous révélera ses idées et tendances personnelles. Ce sera notre méthode de recherche dans ce chapitre, et il reste bien entendu qu'en ce qui nous concerne, nous ne chercherons pas dans ses articles un élément de justesse objective, mais bien plutôt la ligne de conduite sur laquelle ses idées se sont appuyées. Nous essaierons de trouver, non de justifier.

« Ceux-là ne vivent pas en littérature, écrit Céard, qui n'ont pas eu les idées de leur temps (1)... » Ainsi Victor Hugo sera encore lu quand les livres de Barbey d'Aurevilly seront recouverts de poussière et relégués sur les dernières planches des librairies. Ceci, bien sûr, en raison de son génie, mais aussi dans une plus faible mesure par sa faculté d'adaptation aux événements : il devint successivement « libéral, constitutionnel, républicain, démocrate, même socialiste. Barbey d'Aurevilly, immuable en ses idées premières, demeurait obstinément fidèle aux principes du romantisme originel de 1825, un romantisme religieux, gothique, troubadour et monarchique, essentiellement différent du romantisme humanitaire et libre-penseur à nous familier pendant les années du Second Empire et qui inspira les dernières œuvres de Victor Hugo » (2).

Les idées peuvent changer avec le temps, mais les sujets demeurent. Pour Céard, le sujet capital est l'homme dans la société, surtout la société contemporaine. Celle que Céard connut le mieux fut la société parisienne de la Troisième République, monde d'intellectuels, d'ouvriers, de bourgeois. Il eut peu d'estime pour les quelques écrivains qui firent de la vie parisienne

(1) *Revue littéraire et artistique*, 15 juillet 1881, p. 321.
(2) *Le Siècle*, 26 avril 1889.

un conte de fées et n'eut que désapprobation pour Fervacques (1), romantique presque inconnu aujourd'hui. Pour Fervacques, Paris commence au faubourg Montmartre et finit au parc Monceau. L'humanité dans son ensemble ne l'intéresse pas, mais seulement les quelques privilégiés qui peuvent mener la vie à la mode. Dans ce monde, les hommes ne sont pas des hommes, mais de dociles marionnettes évoluant dans la sphère de leurs préjugés, dont ils sont plus ou moins les victimes; toutes les filles y sont jolies, toutes les femmes désirables et tous les hommes naturellement braves. Quant à ce que nous appelons esprit, conscience, sentiment personnel, tous les personnages de Fervacques en sont totalement dénués. « Mais ce qu'ils ont, par exemple, ce qu'ils ont à un haut degré, c'est la blague, l'ironie railleuse et la satire à courte vue. Cela est cruel sans justice, brutal sans élévation (2). »

A l'Exposition de 1878, Céard visitait la section scientifique en compagnie de Huysmans et de Rops, quand ce dernier, séduit par la puissance et l'harmonie de toutes ces machines en mouvement, demanda pourquoi peintres et écrivains s'intéressaient si peu au monde industriel. Pourquoi les poètes hésiteraient-ils à se servir de termes purement techniques tels que bielles, régulateurs, excentriques; après tout n'est-ce pas le langage de l'avenir ? Dickens, lui, a bien su nous montrer la lente transformation de la nature par la civilisation (3).

Céard, tout en approuvant Rops, rappela que Gavarni, Daumier, Furetière et Restif de La Bretonne n'ont pas laissé de nous présenter un clair mais peut-être un peu partial aperçu de leur milieu. Ce fut sous toutes ses faces que Balzac décrivit la société de la Restauration ; et Zola n'hésita pas à pénétrer jusqu'aux plus basses couches de la société. Daudet, enfin, défendit avec éloquence la dignité de la vie laborieuse comme thème littéraire.

Au lendemain de l'inauguration du monument de Flaubert, à Rouen, tout en félicitant Edmond de Goncourt, son vieil ami, du discours littéraire prononcé par lui en cette circonstance, il ajoutait cependant : « Ne croyez-vous pas que nous, tant que nous sommes, nous accordons trop d'importance à la pure littérature ? Et tenez, à Rouen, dans cette grande ville industrielle, n'imaginez-vous pas combien il eût été généreux et supérieur de ne pas l'isoler de l'œuvre de Flaubert ? Ils sont là dans les ateliers, des milliers d'ouvriers qui, pour en retirer moins de gloire, font un travail d'intelligence équivalant au travail d'encrier dont vous avez loué l'auteur de *Madame Bovary*. J'aurais aimé à vous entendre rendre justice à ces efforts différents, mais égaux en noblesse. Pourquoi n'avez-vous pas dit que, dans cette patiente production de toute une cité, Flaubert n'était peut-être pas autre chose que la flamme que l'on voit, la nuit, en haut des cheminées d'usines (4) ? »

(1) Pseudonyme de Léon Duchemin.
(2) *L'Express*, 25 avril 1882.
(3) Céard, *l'Événement*, 14 avril 1900.
(4) *Revue bleue*, 25 décembre 1897, pp. 808-811.

Ceci posé, il n'en reste pas moins qu'un tel sujet doit être traité avec mesure et rester dans les bornes de la simple réalité. Ce que Céard appelle le « Murgerisme » en est exactement l'opposé.

Paresse, ivrognerie, escroquerie, prostitution, dans sa terrible *Vie de bohème*, Murger avait tout idéalisé. Son poétique paradoxe avait donné au terre à terre, je ne sais quoi de désirable et d'éthéré, c'est de là qu'est venu le contagieux danger du livre. Il exaltait les lâchetés de cœur, les capitulations de conscience, les défaillances de l'honnêteté, faisait en riant l'apothéose de toutes les bassesses, étouffait les remords sous le cliquetis des verres et le refrain des chansons.

Pourtant, si on avait bien voulu s'y prendre, le remède n'était pas loin. Il se trouvait dans un autre volume du même auteur, un volume moins lu, naturellement, parce que celui-là ne farde pas la vérité, et montre la réalité jusqu'aux extrêmes de son épouvante et de son navrement. Il faut lire ce livre où les lettres de Murger sont réunies, un livre malheureusement devenu rare.

Dans ces pages, la *Vie de bohème* nous est révélée nue et sinistre. Là, ce sont les petits pains rongés dans la nuit d'une soupente, les hivers sans paletot, les chambres sans feu, les poches sans argent, l'expulsion des logements dont on ne paie pas le terme, et les propriétaires qu'on ne désarme pas avec un calembour et qu'on n'éconduit pas avec un bon mot. L'amour même, l'amour qui, dans les phrases des romans, les couplets des chansons, mettait, je ne sais quelle auréole aux indignités, l'amour ici n'est plus qu'une affection épouvantable, une contagion, une action à la fois lente et cadavérique : l'amour c'est la maladie vénérienne (1).

La description d'une telle vie est évidemment la réalité présentée dans son sens le plus brutal. Néanmoins elle reste d'une présentation plus juste que celle faite par Fervacques. Elle devra cependant éviter toute amertume destructive et toute vulgarité douteuse. Imitée ou naturelle, la grossièreté demeure toujours de la grossièreté, et en même temps qu'elle paralyse tout vrai concept philosophique, elle enlève aux idées leur sens élevé. Remplacer la profondeur d'un raisonnement par une raillerie superficielle, un argument par de l'ironie, est un procédé facile qui n'apporte avec lui aucun élément de valeur (2). En revanche, si l'écrivain est positiviste, voyez comme par l'étude patiente de la réalité, par l'étude profonde de l'homme et de ses défaillances, il donne à celui-ci une plus grande « densité » et comme une sorte de renouveau. Si, en outre, l'écrivain est un écrivain de « conscience », il devra montrer, pour prendre un exemple, que la sensibilité n'est pas une question de classe ni de milieu, que la misère de Marie-Antoinette n'a pas pesé plus lourd que celle de Germinie Lacerteux (3).

Pour atteindre ce but, quelle méthode devra-t-on appliquer ? Céard aimait à citer Baudelaire qui écrivit, trente ans avant *le Roman expérimental* : « Le temps n'est pas loin où l'on comprendra que toute littérature qui se refuse à marcher fraternellement entre la science et la philosophie est une

(1) *L'Express*, 19 avril 1882.
(2) *L'Express*, 21 juillet 1881.
(3) *Les Droits de l'Homme*, 23 novembre 1876.

littérature homicide et suicide (1). » Céard pensait aussi qu'à son époque la science était la force dominante, inconcevable sans l'objectivité et sans l'honnêteté : c'est à partir d'elle que la littérature en évolution pourrait atteindre son idéal le plus haut; un idéal fondé sur les continuelles découvertes bien plus que sur les dogmes et les vérités reçues. La science affirme que tout est mouvement, que l'existence se manifeste seulement par son caractère de constante mobilité. Les idées se modifient, elles aussi, la vérité d'hier devient l'erreur d'aujourd'hui, chaque jour qui passe détruit un concept et le remplace par un autre, plus sage en apparence, qui lui-même sera remplacé par un autre plus jeune. Une assertion, à sa naissance, connaît la fortune, puis vient la discussion et en dernier lieu le discrédit (2). Néanmoins la science sait que même la preuve variable est plus juste que l'espérance aveugle. Comme les anciens alchimistes qui, incapables de fabriquer l'or, trouvèrent les lois secrètes de la vie organique, ainsi, à travers de lentes découvertes, l'homme, hier victime sans défense de forces inconnues, reconnaît ces forces à travers la logique, ou même le hasard, et les combat. La science se refuse à donner des formules toutes faites pour la conduite de la vie, elle se refuse à duper l'humanité par des promesses sans fondement, et permet ainsi aux idées une certaine souplesse dans la patiente étude de la réalité; elle encourage la foi en la puissance de l'intelligence qui d'étape en étape conduira l'humanité vers une destinée meilleure (3). Pourquoi l'écrivain n'aurait-il pas la même discipline que le savant, dont l'observation est toujours sans idées préconçues ?

Le naturalisme, école littéraire fondée sur les méthodes scientifiques, n'a pas créé un nom, n'a pas la prétention d'innover une formule. Il y a environ quarante ans, Deffoux et Zavie remirent en lumière un article (4) dans lequel Céard donnait le développement historique de la doctrine naturaliste. Cet article est digne d'être cité dans son intégrité.

C'est en dehors des définitions passionnées de la polémique excitée contre Zola qu'il faut chercher la formule du naturalisme. Le naturalisme n'est point un dogme littéraire, c'est une méthode scientifique. Ce n'est point non plus un terme nouveau, un néologisme créé pour les besoins de la discussion. Le mot se trouve déjà dans les *Essais* de Montaigne, et c'est surtout au XVIIIᵉ siècle qu'on le rencontre fréquemment.

Une brochure de 1736, intitulée : *la Suceuse convulsionnaire ou la psylle miraculeuse*, brochure médicale où se combat l'empirisme d'une illuminée du temps, cite à plusieurs reprises un auteur qu'elle ne nomme pas, mais qu'elle désigne sous le nom de *l'Auteur du naturalisme*. Il en est question au livre II des fables de Lamotte, et Diderot l'a écrit au nº 9 de sa *Suffisance de la religion naturelle*.

(1) *L'Express*, 24 mai 1882
(2) *Le Paris*, 26 mars 1896.
(3) *Le Matin*, 5 janvier 1895.
(4) Léon DEFFOUX et Émile ZAVIE, *le Groupe de Médan* (Paris, Payot, 1920), pp. 271-275.

Plus récemment, on le voit employé par Taine dans son étude sur Balzac; par MM. de Goncourt dans leur salon de 1856, et par le critique Thoré dans l'étude qui précède l'édition complète de ses salons. En 1870, Gustave Flaubert s'en est servi dans la préface des *Dernières chansons* de Louis Bouilhet.

On remarquera que chez tous ces écrivains séparés de temps et de théories, naturalisme signifie invariablement observation de la nature en dehors de toute philosophie et de toute religion préconçue. C'est l'étude désintéressée du jeu des forces de la nature et des diverses modifications ou physiques ou cérébrales de la substance matérielle.

M. Zola, malgré les critiques, n'a donc ni inventé un nom, ni révélé un système. La curiosité de son œuvre consiste à avoir appliqué à la littérature une manière de faire employée seulement jusqu'alors dans les sciences physiques. On peut assurément discuter sur la façon dont la physiologie et la pathologie doivent intervenir dans le roman, et si l'analyse quantitative et qualitative peut s'appliquer également aux êtres intelligents et aux êtres moins bien organisés. Il est permis aussi de rechercher si la théorie du roman expérimental, laquelle repose sur le contrôle d'un *a priori* et sur la vérification d'une hypothèse, découle essentiellement du naturalisme, qui, par construction, est tenu de ne jamais procéder que par pure observation. *L'Intermédiaire* ne peut servir de champ à ces combats d'esthétique.

Donc le naturalisme est le transfert dans la littérature et l'art des moyens d'investigation employés par la science pour l'étude des phénomènes terrestres. C'est une méthode, un plan de travail qui réserve essentiellement l'expression et la réalisation. Le style ne fait pas le naturalisme, mais seulement la manière de concevoir l'existence des êtres et d'envisager le roman. Ceux-là se trompent qui voient expressément dans le naturalisme l'emploi des expressions populacières et la mise en œuvre du catéchisme poissard. La crudité de langue des écumeurs littéraires qui exploitent à leur profit le succès de M. Zola, dissimule souvent des idéalistes pratiques, essentiellement ignorants du reste, des conditions primordiales du naturalisme et de sa raison d'être. Diderot n'est point du tout un naturaliste parce qu'en maintes pages de ses œuvres et notamment dans *Jacques le fataliste*, il a relevé bien haut les jupes d'une femme; M. Zola n'est pas un naturaliste parce qu'il a écrit *l'Assommoir* ou *Germinal*, non, ils le sont, parce que, dans l'exécution de leurs livres, tous deux ont suivi un système d'observation identique à celui dont se servent les spécialistes dans l'étude des productions de la nature (1).

La définition ci-dessus, encore qu'elle ait de l'intérêt en ce qu'elle reflète non seulement la pensée de Céard mais encore l'état d'esprit de son époque, est étymologiquement fausse. Quand les écrivains du xviiie siècle se servaient du mot naturalisme, c'était, soit en se fondant sur un système philosophique qui rapportait tout à la nature conçue comme premier principe, soit en niant, d'un point de vue matérialiste, toute direction extérieure ou transcendante dans la marche des choses. Au xixe siècle, le mot *naturalisme* prend un sens plus proche du mot *naturaliste*, « c'est-à-dire, celui qui s'occupe spécialement de l'étude des productions de la nature » (2).

_____

(1) Naturalisme, *l'Intermédiaire des chercheurs et des curieux*, 10 mai 1885, pp. 281-282.
(2) Pierre Martino, *le Naturalisme français, 1870-1895* (Paris, Colin, 1923), p. 3.

En ce dernier sens, il n'est pas question d'une unité statique de la nature, mais d'une transformation continuelle; l'artiste ne fait pas seulement le portrait de la chose qui est, mais il voudrait aussi montrer comment cette chose est venue à l'être. Il y a entre ces deux conceptions une différence fondamentale, qui est l'activité. Et la définition de Céard ne saurait s'entendre exactement que dans le sens en honneur au XIXᵉ siècle.

Le roman, dans son essence même, est par-dessus tout une étude de caractère. Si l'écrivain est réaliste, il appuiera ses observations et documentations sur les phénomènes physiologiques par lesquels sont dominés ces caractères. Pour Céard, un romancier digne de ce nom ne se borne pas à une simple énumération des faits sans en chercher les raisons secrètes, à une analyse de personnages sans essayer de leur donner une apparence de vie. S'il n'agit de la sorte : « Il écrit une monographie au lieu de nous montrer un individu bien en chair et en os. Il a eu beau entasser les observations, citer des faits, les notes les mieux ordonnées restent froides et sans mouvement. Quelque chose manque, la vie fait et défait, et vous êtes peut-être un érudit bien renseigné, un curieux patient, vous avez écrit un traité intéressant, mais vous n'approchez pas des qualités qu'on cherche avant tout dans un romancier (1). »

Michelet a donné de l'histoire une interprétation fondée sur cette même analyse, et ces qualités, jointes à un style éclatant, firent que, tout en jouissant d'une liberté plus grande, peu de romanciers purent l'égaler. « Le premier, il cherche l'origine des événements dans la constitution morbide des personnages, les causes des comédies politiques dans la santé de leurs acteurs. Trouvant aux faits moraux des prodromes physiques en même temps que des diagnostics cliniques, il tâche à démêler au travers des âges l'influence des tempéraments, l'autorité des milieux; et il apporte dans ce travail la perspicacité d'un histologiste avec la divination d'un poète (2). »

Dans le roman, Céard donne donc une place prépondérante à la toute-puissante physiologie, la place qu'elle tient en réalité chaque jour dans notre vie à tous. Le cerveau humain cesse d'être considéré arbitrairement comme un mécanisme supérieur, mais simplement comme un organe parmi les autres, soumis aux mêmes exigences du sang et des nerfs. Par l'étude des phénomènes de la vie, l'écrivain dotera son œuvre d'une optique nouvelle et plus intense, surtout s'il reste dans le domaine de la simple et vraie humanité (3). Céard explique combien cette méthode est plus proche de la science médicale que de la chimie.

(1) *L'Express,* 29 juin 1882.
(2) *L'Événement,* 8 mai 1898.
(3) *Ibid.,* 4 juin 1890.

Le romancier ne se trouve pas dans la position du chimiste opérant sur des substances inanimées. Il ne peut rien provoquer en fait d'expérience. Ce qu'il observe, ce n'est plus le contrôle de la logique, de ses hypothèses, mais les effets de causes intellectuelles et vivantes dont il lui faut rechercher, physiologiquement et pathologiquement, les origines.

Le *chimiste transforme*, le *romancier reconstitue*; et vous voyez la différence capitale entre les deux opérations. Un malentendu, une situation constatée révèlent un caractère. Le souci est alors de rechercher quel est ce caractère, comment il a été conduit à dire ce mot, à provoquer cette situation.

Dans ce cas, il est de l'écrivain comme du médecin, lequel *n'invente pas la maladie*, mais par l'étude des phénomènes qu'elle présente retrouve le point de départ de la lésion et fixe les stades chimiques de sa proposition. Le roman m'apparaît ainsi comme une sorte de radiographie des âmes nécessitant moins d'imagination que de science des rapports. L'Art, ensuite, consiste à mettre en action dans les phrases, les *intérieurs*, les *paysages*, tous les mouvements décomposés des passions et de leurs secrets symptômes. Vaille que vaille, voilà l'idée que j'ai toujours conçue du « Naturalisme ». Quoique admirant fort les « affinités électives » de Gœthe, où les personnages sont si curieusement traités ainsi que des qualités chimiques, je ne suis pas dupe des qualités mêmes de ce roman. Il est trop évident que les rigueurs de la méthode et de la démonstration y sont arbitraires, toutes d'apparence, et que, dans ce livre, les individus s'aiment ou se haïssent, se rapprochent ou s'éloignent, non pas parce qu'ils obéissent à des formules et à des lois strictement scientifiques, mais parce que l'écrivain a voulu qu'il en soit ainsi (1)...

La méthode scientifique vue sous cet angle et son rôle dans l'évolution du roman n'étant plus à établir il reste à ajouter quelques vues qui complètent les idées de Céard en particulier sur l'art d'écrire. Pour les concevoir il nous faut prendre pour exemple Champfleury, un écrivain qui, tout en ayant une certaine valeur, négligea en partie la forme. Poussant à l'extrême le souci de la documentation, a noté Céard, son effort n'alla pas loin et jamais il ne chercha par un talent personnel à relier entre eux, à ordonner les éléments de cette parfaite documentation, jetée au hasard de la plume.

Avec plus de justesse Duranty, dans son journal *le Réalisme*, conseilla le retour aux systèmes du xviiie siècle, une application en quelque sorte des formules de Diderot et d'Helvétius. Idée juste en théorie, toujours selon Céard, mais fausse au point de vue historique en ce sens qu'elle néglige les modifications apportées au langage par la révolution romantique. En poussant à l'extrême son amour de la simplicité, Duranty alla même jusqu'à mépriser le style, cette expression colorée de la pensée, et son jugement sur *Madame Bovary*, ne dépassant pas la forme qu'il jugeait romantique, lui fit négliger tout le côté réaliste de l'œuvre (2).

Céard accepta cependant l'indépendance de la perfection scientifique

(1) Cité par Maurice VERNE (dans la rubrique le Dimanche littéraire : « Pourquoi Henry Céard avait incité Zola à lire Claude Bernard »), *l'Information*, 22 juillet 1918.
(2) *L'Événement*, 9 décembre 1889.

et de la beauté littéraire : l'intérêt d'une découverte ne réside pas dans sa description, mais bien au contraire dans son aboutissement, qui autorise un résultat matériel. Si un système est ridicule, il l'est dans sa conception même et non dans la manière dont il est présenté (1). Le style a un rôle presque nul en science, mais il tient dans la littérature une place capitale, même si cette littérature reste fondée sur l'observation impartiale. La beauté littéraire n'a pas nécessairement besoin de logique et l'on ne demande pas à un poème d'être conforme à la raison ni d'apporter avec lui une conclusion. Malgré cela, Céard pensait que la meilleure littérature est celle qui, ne négligeant aucune de ces deux influences, se maintient entre elles en un équilibre harmonieux. Se référant aux conseils de Bossuet, il écrivit : « Écoutez la définition de l'œuvre d'art telle qu'il l'a donnée dans son traité pour l'éducation du Dauphin. Il considère que l'art consiste à pénétrer par la science et à rendre sensible par le style (2). » Ce fut le maître de Croisset qui fournit la substance de cette doctrine.

Champfleury, dépassé par son disciple, fut définitivement vaincu par Gustave Flaubert. Avec *Madame Bovary* un art nouveau se manifeste, aussi réaliste que le réalisme de Champfleury, car lui aussi s'attaquait au rendu des existences modestes, tout aussi psychologique que Duranty lui-même le souhaitait, il donnait en plus la couleur, l'atmosphère, le milieu, reconstituant non seulement l'obscur travail de cerveau des personnages, mais aussi leurs intérieurs, leurs mobiliers, leurs vêtements. Un art nouveau se manifeste, qui donne la vie sous ses deux aspects, matériel et immatériel, et qui, sortant de l'étude abstraite et de l'observation sèchement consignée, fait palpiter et exister les personnages au point de les rendre sensibles pour le lecteur, familiers et presque coudoyés.

J'ai fait *Madame Bovary* pour embêter Champfleury, disait volontiers Gustave Flaubert. J'ai voulu montrer que les tristes bourgeoises et les sentiments médiocres peuvent supporter la belle langue et pousser aux belles phrases (3).

Il est rare que les historiens du naturalisme, ceux surtout qui se sont occupés de Céard, aient manqué de faire état d'une dette que le groupe de Médan reconnaissait envers Schopenhauer. C'est surestimer jusqu'à l'erreur l'influence du philosophe, d'autant que les Français qui le visitèrent après 1871 ont notoirement mal reçu sa pensée. Nous étudions ici une forme extrême de désenchantement : quelques mots sur la véritable fortune de Schopenhauer en France seront sans doute utiles pour rendre compte de ce que Céard en a compris, ou mal compris.

C'est plutôt sa réputation que ses œuvres qui fit d'abord connaître son nom en France. Après 1850, les visiteurs d'*Englisher Hof* réussissaient assez facilement à se ménager un entretien avec le philosophe — sauf s'ils étaient professeurs de philosophie — et, de retour en France, ils le décri-

(1) *L'Express*, 9 avril 1881.
(2) *L'Express*, 21 février 1881.
(3) *L'Événement*, 9 décembre 1889.

vaient comme un humoriste particulièrement amer, et comme un misogyne qui plongeait souvent les salons dans une consternation générale. De 1855 à 1880, une vingtaine d'articles seulement parurent dans les revues françaises (1), sur les théories d'un philosophe qui devait tant de sa clarté à La Bruyère, à Chamfort, à Helvétius. Ces articles parurent principalement dans *la Revue des Deux Mondes*, dans *le Journal des Débats*, et dans *la Revue germanique*. La grande œuvre de Schopenhauer, *le Monde comme volonté et comme représentation*, ne devait être traduite qu'en 1886.

On ne parlait guère de Schopenhauer que comme d'un philosophe désabusé, et c'était faire tort au théoricien de la Volonté et de la Pitié universelle. Son pessimisme seul lui attira un public, restreint d'ailleurs, et ordinairement prévenu. L'opposition à sa philosophie allait du partial au ridicule : « Certains enfin — M. Caro est du nombre — ont prétendu que la doctrine schopenhauérienne ne devait pas, comme la plupart des plantes exotiques, produire des fruits sous le climat français. Et M. Caro cite le témoignage d'un illustre chimiste qui déclarait péremptoirement que le pessimisme était la philosophie naturelle des peuples qui ne boivent que de la bière, ajoutant : « Il n'y a pas de danger que le pessimisme s'acclimate « jamais dans le pays de la vigne ni surtout en France; le vin de Bordeaux « éclaircit les idées et le vin de Bourgogne chasse les cauchemars. » (2). »

Quels purent être les rapports de cette philosophie et des préoccupations naturalistes ? Flaubert, qui ne savait pas l'allemand, ne se familiarisa que vers 1874 avec certaines œuvres de Schopenhauer : c'est à cette époque qu'on commença de la traduire, par fragments. Les premières critiques qu'il provoqua furent tout à fait arbitraires et témoignent de peu de compréhension; Flaubert devait revenir plus tard sur un jugement qui s'exprima parfois en termes bien sommaires : « Dire qu'il suffit de mal écrire pour avoir la réputation d'un homme sérieux ! » écrivait-il à une amie en 1874. Mais à la même personne, cinq ans plus tard : « Connaissez-vous Schopenhauer ? J'en lis deux livres. Idéaliste et pessimiste, ou plutôt bouddhiste. Ça me va (3). » Il est bon de noter qu'entre-temps il avait, pour la troisième fois, lu l'ensemble de l'œuvre de Spinoza.

Avec de si vagues et si lointains rapports intellectuels, comment expliquer l'identité des vues de l'Allemand et du Français en ce qui concernait la société ? D'où leur venait à l'un et à l'autre ce coup d'œil du mépris, cette pitié si pleine d'objectivité qu'elle en devenait impitoyable ? Les sources, selon M. Baillot, furent les mêmes : le brahmanisme, Spinoza, Kant et Strauss (4).

(1) Ainsi qu'il ressort des bibliographies d'André FAUCONNET, *l'Esthétique de Schopenhauer* (Paris, Alcan, 1913), et Ferdinand LABAN, *Die Schopenhauer-Literatur* (Leipzig, Brodhaus, 1880).
(2) A. BAILLOT, *Influence de la philosophie de Schopenhauer en France*, pp. 17-18.
(3) Lettres à Mme Roger des Genettes, le 17 juin 1874 et le 13 juin 1879.
(4) BAILLOT, p. 222.

Zola connaissait les œuvres de Schopenhauer; mais là encore nous n'avons guère lieu de penser qu'il y ait eu une influence directe : Zola lui-même ne le dit-il pas expressément ? Mais il n'est pas interdit de penser que cette influence l'ait atteint par quelque biais. Car si Zola présenta son œuvre comme essentiellement optimiste — le pessimisme lui apparaissant comme un danger social — il ne put jamais, au moment même où il déclarait ses plus ardents espoirs, cacher la mélancolie profonde de sa vision de la vie, où la peine quotidienne et la nécessité du perpétuel qui-vive occupent le premier plan. Il n'est pas jusqu'à l'enthousiasme du Dr Pascal qui ne dissimule un fond de tristesse. Doit-on attribuer ces dispositions à l'influence misanthropique de Flaubert ? Ou bien Zola ne fait-il que refléter certaine désespérance du paysage intellectuel à son époque ? Quoi qu'il en soit, cette tristesse toujours latente est en constant divorce avec la méthode scientifique.

Maupassant, d'autre part, déclarait avoir été sous l'influence de Schopenhauer, et de fait, il n'est que de soulever le voile de son ironie et de son apparente gaieté pour découvrir dans ses œuvres un démenti au bonheur, et l'affirmation que toutes les joies terrestres sont pauvres par nature.

Mais c'est l'auteur d'*A rebours* qui, tant par sa vie que par ses œuvres, s'approcha vraiment du philosophe :

Si les premiers ouvrages de Huysmans accusent l'influence d'outre-Rhin, les romans du converti sont peut-être plus près encore de Schopenhauer par l'ascétisme rigoureux qu'ils supposent. Ils nous révèlent un esprit de renoncement peu commun. Chez le Huysmans des dernières années, on ne sent plus d'inégalité entre le désir et l'effort, car l'anachorète a senti auparavant dans son cœur la Volonté s'éteindre. Ce triomphe de l'Intelligence sur la Volonté n'est pas dû au seul fait de la conversion, qui pouvait tout au plus renouveler la sensibilité étrange de l'artiste. Il a fallu l'intervention puissante d'une doctrine de négation du vouloir-vivre, en tout point semblable à celle de Schopenhauer.

Déjà l'auteur d'*A vau-l'eau* cherchait à s'évader d'un monde où les gens comme lui « n'ont qu'une part de fricot mesurée dans un bol ». Il lui fallait atteindre une satisfaction plus complète et plus durable. Huysmans a voulu, à travers les formes d'art les plus raffinées, vaincre la matière qui l'opprimait. Après être resté un instant *en rade* devant l'école naturaliste, il a levé l'ancre un beau jour pour aller aborder au pied d'une *cathédrale*. Nous le retrouvons dans le calme de la vie cénobitique : l'auteur de *l'Oblat* est arrivé au port. La mortification de la chair est un fait accompli : les besoins, comme les désirs, ont disparu. Évidemment Schopenhauer est passé par là (1).

Quant à Céard, notons seulement que dans le premier article par lui consacré au philosophe, dans *l'Express* du 8 août 1881, il mit l'accent sur le seul pessimisme de la doctrine, s'accordant en cela avec la plupart de ses

---

(1) Baillot, p. 231.

contemporains. Ses impressions premières lui vinrent des articles de vulgarisation, pleins d'inexactitudes, que donnèrent les revues mentionnées plus haut — ainsi que de *Parerga et Paralipomena* ou *Pensées, Maximes et Fragments* publiés par Baillière l'année précédente. Il a lu ce dernier ouvrage, ainsi qu'il l'écrit à Zola le 13 janvier 1880 :

> On vient de publier pour la première fois, en France, des extraits du pessimiste allemand Schopenhauer. Je les ai achetés : ils sont fort curieux. Contre l'habitude, la phrase est nette, acérée, incisive comme la phrase du XVIIIᵉ siècle, spécialement celle de Chamfort. C'est moins spirituel que ce dernier, mais plus profond. Je vous prêterai cela quand vous serez à Paris. Peut-être y trouverez-vous matière à un article. Le système littéraire actuel a des points communs avec la doctrine de ce philosophe. On le méprise du reste, parce qu'il manque de gaîté. Challemel-Lacour, qui l'alla voir quelque temps avant sa mort, eut avec lui un entretien d'où il avoue être sorti malade. L'autre, lui, avait tranquillement démoli toutes ses croyances.

Ceci dit, c'est sans doute M. Baillot qui nous donne la meilleure appréciation de l'influence schopenhauérienne sur les écrivains naturalistes :

> En substance, le réalisme et le naturalisme ne paraissent pas devoir beaucoup à la philosophie de Schopenhauer. Que certains de leurs représentants aient eu des accès de révolte et de désespoir, que les œuvres naturalistes contiennent des idées pessimistes éparses, cela n'est point douteux... Il est également hors de doute que la plupart des naturalistes ont connu, au moins de seconde main, les théories de Schopenhauer alors à la mode. Mais, de cette constatation, on ne peut déduire une influence certaine. Le pessimisme naturaliste, fragmentaire et inconsistant, a sans doute quelque rapport avec le pessimisme systématique du philosophe allemand, mais c'est un rapport assez lointain (1).

Particulièrement intéressante est l'idée que Céard se fait des théories de l'Allemand : il y voit un positivisme sceptique plutôt qu'un nihilisme absolu. Souvent considéré comme le créateur d'un système, le philosophe, écrit-il, a en réalité continué l'œuvre de ces défenseurs de la Raison, Diderot, Helvétius et Holbach, et, si vers le milieu du siècle il fut quelquefois tourné en dérision, ce fut simplement qu'il ne put concevoir la vie à la façon des vaudevillistes. Par une philosophie plus scientifique que spéculative, Schopenhauer chercha une méthode pour rendre l'homme moins misérable, ses épreuves plus supportables. Si cependant son but pouvait être admis par tous dans son sens le plus large, beaucoup n'acceptèrent pas sa méthode, et rejetant celle-ci, ils n'en comprirent qu'imparfaitement l'objectif.

Reconnaissant les misères du corps humain, les infériorités et la faiblesse des organes, même du cerveau, il ne leur demande que ce que leur capacité et leurs forces peuvent donner. Ainsi, acceptant aussi bien la faiblesse que la

---

(1) BAILLOT, p. 236.

puissance, Schopenhauer prend les hommes comme ils sont, les circonstances comme elles se présentent. « Sans enthousiasme, mais aussi sans colère, il contemple dans son effrayante mobilité le spectacle des erreurs terrestres et se tient placidement dans les limites d'indulgence nouvelle et de pardon particulier qu'impose à l'observation scrupuleuse la déconcertante étude des détraquements physiologiques et des troubles nerveux dont se compose, à son sens, l'humanité. » Jamais irrité par ce qu'il voit autour de lui, il est seulement touché par les conditions misérables de l'existence humaine. « Pour lui, le monde est une grande maladie dont il voit en chaque individu une manifestation pathologique intéressante et nouvelle », et, ajoute Céard : « Oui, Schopenhauer croit au mal dominateur du monde, mais j'insiste sur ce point essentiel qu'il n'a point la joie du mal, le plaisir de la calamité... C'est un pessimiste doux, et s'il ne recule pas devant les épouvantes de l'esprit et de la chair, c'est à la façon de ce grand chirurgien contemporain qui se relevait, les yeux en larmes, de la plaie opérée où son bistouri n'avait point tremblé (1). »

Par une profonde observation le philosophe arrive à la théorie que bien qu'il soit au-dessus de la puissance de nos facultés de contrôler ces lois inconnues qui dominent nos actes et notre volonté, il nous est possible, par la reconnaissance de notre néant, par notre résolution de n'être jamais le jouet de nos propres entraînements, d'extraire la plus grande somme de bonheur de cette misérable vie. Une telle philosophie n'est pas plus de la mélancolie qu'elle n'est du suicide; Schopenhauer ne se désespère ni ne se moque, il organise. En repoussant le principe d'une aide extérieure, en étant perpétuellement en garde contre lui-même, l'homme trouve en sa propre intelligence la possibilité d'un refuge et d'une consolation. Cette doctrine le flatte aussi dans son sens de la liberté, « elle lui apprend que lui seul, tous les jours, est l'artisan responsable devant lui du bonheur ou des malheurs de sa vie, et que son manque de savoir, l'obscurité de sa connaissance de lui-même constitue pour sa personne un danger immédiat, permanent. Elle est pratique, humaine, moderne » (2).

Céard est un des rares hommes de son époque à avoir, chose étonnante, saisi la théorie schopenhauérienne de la Pitié universelle. Toutefois, à qui sait en quel mépris le penseur allemand tenait le genre humain, cette comparaison du chirurgien en larmes peut sembler un peu poussée. Quant à cette autre idée, que la connaissance éclairera la misère de nos vies, est-ce vraiment là une interprétation fidèle du propos du philosophe, qui tenait que plus un homme est intelligent et plus il souffre, que pour être heureux, il faut être aussi ignorant que la jeunesse ? Abandonnons pour l'instant ces

(1) *Le Siècle*, 19 octobre 1888.
(2) *Ibid.*

questions, qui s'éclaireront mieux par l'étude de l'œuvre même de Céard, et tâchons d'examiner tout ensemble comment il comprenait et comment il appliquait les théories du philosophe.

Pessimisme courageux, scepticisme résigné, c'est cela qui donne à l'homme, disait Céard, sa plus grande maturité. En refusant de fermer les yeux, en analysant toutes choses, en cherchant à tout assimiler, l'homme ne sera pas seulement plus intelligent mais aussi plus compréhensif, donc plus indulgent. Il ne s'ensuit pas que la connaissance doive forcément éliminer toute valeur morale, que le savoir doive diminuer nos facultés de tendresse et de bonté. Au contraire le vrai pessimiste accepte avec résignation les imperfections de ce monde ; et si en s'ajustant lui-même à ces imperfections il en arrive à être amer et pince-sans-rire, « encore eût-il mieux valu pour lui de passer pour un ironique que pour un sot » (1).

Certaines erreurs commises par Céard, quand il s'essaie à interpréter Schopenhauer, présentent un certain intérêt pour l'étude de ses œuvres d'imagination. Il ne parle pas du philosophe comme du créateur d'un système, mais comme d'un descendant de Diderot, de Helvétius et d'Holbach. Rien n'est plus radicalement faux : les philosophes du xviiie siècle, traitant de l' « animal rationnel », voyaient dans la pensée et la conscience claire l'essence même de l'esprit humain; tandis que Schopenhauer faisait résider cette essence dans l'inconscient ou dans la *volonté* : sans doute l'homme peut-il être mené par l'intellect, mais, en dernière analyse, c'est la volonté qui mène l'intellect.

Céard parle du monde comme du lieu de la misère. Mais alors que le philosophe voyait la souffrance naître de la volonté, le romancier la regardait comme une force universelle, comme une force en soi. Ce qui, du reste, les fait conclure aussi bien l'un que l'autre à la nullité de l'effort, puisque rien ne vaut la peine d'être recherché; et tous deux aboutissent à la sagesse de la résignation. C'est sur la valeur de l'intellect qu'ils se séparent. Pour Céard, l'intellect, en donnant à l'homme la connaissance de lui-même, l'aidera à s'affranchir de la misère de la vie. Qu'on ajoute à cette idée celle du progrès dont l'homme est redevable à la science, et nous aurons une façon de voir à la fois subjectiviste et matérialiste. Schopenhauer nous emmène à un point de vue opposé : l'intellect d'un génie doit subjuguer la volonté, réduisant la misère dans la mesure où il y parvient; il ne recherche que l'objectif, l'essentiel, et surtout l'universel. La tranquillité se trouve dans le désintéressement total; ce qui doit avant tout préoccuper l'intellect, ce sont les idées, et non pas les motifs. Il y avait donc erreur à essayer de ramener aux théoriciens positivistes un philosophe qui était avant tout métaphy-

(1) *Le Siècle*, 25 juillet 1890.

sicien, à mettre du matérialisme dans la pensée de celui qui avait soutenu l'idéalisme. Nul doute que Céard mérite le nom de pessimiste; mais encore ne faut-il pas entendre par là qu'il ait pu être disciple de Schopenhauer — pas plus d'ailleurs que les autres visiteurs de Médan. Le pessimisme a son histoire en France — l'un de ses nombreux visages, le jansénisme, apparaît dans l'éducation de Céard — et s'il est exact que les naturalistes n'ont pas été indulgents envers la vie, ce tour d'esprit leur est venu sans doute, comme nous avons déjà eu l'occasion de le dire, de leur propre milieu et de leur propre époque.

Les mouvements réaliste et naturaliste en France, selon Céard, prennent avant tout leurs racines dans l'esprit celtique, et c'est dans ce passé que le cerveau français puisa son ironie naturelle et les éléments de son esprit critique. « Qu'avions-nous besoin qu'au lendemain des fabliaux goguenards si bien originaires de notre sol de bon sens et de libre-parole; qu'avions-nous besoin qu'après François Villon et sa poésie d'une observation si pieuse et d'une réalité si émue; qu'avions-nous besoin des gentillesses alambiquées de Pétrarque venant gâter jusqu'au grand génie lyrique de Ronsard (1) ? »

Mais si cet héritage celtique et cette grande évolution de vérité que fut en réalité le XIIIe siècle ont été altérés par l'invasion culturelle étrangère comme cela se produisit deux siècles plus tard avec le début de la Renaissance, et puis encore à l'époque de la Fronde et à celle de la Restauration, ce fut seulement parce que le Français voulut bien accepter une telle intervention (2). C'est surtout depuis le XVIe siècle que chaque mouvement littéraire, en cherchant à se renouveler, se tourna vers l'étranger au lieu de se replier sur lui-même; ainsi chacun d'eux détruisit un peu du patrimoine national.

La Renaissance a créé une école de scoliastes et de commentateurs. « En séparant la littérature d'avec la vie, cette école a fait des incapables de toutes sortes, aussi bien dans l'ordre moral que dans l'ordre physique. Elle a remplacé les faits par des actes, les observations par des phrases, le naturel par le factice. Elle a créé le pédant au lieu de susciter l'homme savant en toutes choses, et qui ne bornerait point sa science à la seule connaissance des livres. Surtout, elle a trompé l'esprit public sur ses vraies facultés, elle l'a détourné de sa voie originelle (3). »

Pour Rousseau, Chalier et Marat, Français d'origine étrangère, il ne fut pas moins sévère : « Ces sentimentaux et ces énergumènes ne sont point français. Ils ont pu venir momentanément gâter le génie de notre pays et

(1) *Le Siècle*, 6 mai 1890.
(2) *L'Événement*, 9 décembre 1889.
(3) *Le National*, 9 juin 1898.

déranger un instant l'équilibre des esprits de notre race ; nous les repoussons...
à leur Suisse, à leur Piémont, d'où ils nous ont rapporté les brumes des
montagnes et des lacs avec l'obscurité de leurs conceptions (1). »

Mais cet envahissement culturel n'était pas seulement un problème
du passé. Céard s'indignait volontiers de l'éternelle sottise des Français :
chercher l'exotisme et se tourner perpétuellement vers l'étranger. « On
dirait vraiment que matériellement, intellectuellement, le peuple est incapable de se suffire à lui-même... nous buvons allemand, nous mangeons
russe, nous nous habillons anglais (2). » Et, séduit par cette subtile méthode
d'invasion, ce peuple est amené en particulier à faire un meilleur accueil
aux collaborateurs étrangers (3) qu'à ceux de sa propre nationalité. Pourquoi
serait-il surpris du massacre de la langue française (4) ?

Mentionnant plus tard la faveur qu'a rencontrée dans son pays l'art
japonais, il déclare, pour sa part, ne le trouver ni raffiné ni subtil, mais
seulement primitif : naïveté pour naïveté, il préfère les missels enluminés
du Moyen Age à l'art des enlumineurs de kakémonos. Puis finissant sur la
plus haute note d'orgueil national, il écrit : « Que le Japon nous en montre
donc une de ces vastes et décisives constructions qui découpent dans le ciel
la dentelle de leurs tours et font passer le soleil au travers des mailles légères
de leurs rosaces : qu'on nous fasse voir une Notre-Dame de Chartres ou un
Saint-Gatien de Tours au pied de l'éternel Fuji-Yama, et ce jour-là, vaincus
et déférents, nous consentirons à nous intéresser par surcroît à la minutie
des breloques et à l'infinitésimale parcelle d'humanité contenue en la sculpture d'un mince bibelot (5). »

Ce résumé des idées de Céard, qui ne prétend pas être exhaustif, nous
indique les lignes principales de sa pensée telles qu'on peut les suivre au
travers de plus de mille articles ; ceux-ci, pour inégale qu'en soit la valeur,
représentent le travail de toute une vie, et donnent un aperçu des opinions
d'un intellectuel sous la Troisième République. Il va de soi que, parmi ces
articles de journaux, certains ont dû être écrits à la hâte ; cette considération
nous a engagé à tenir particulièrement compte des idées qui y reviennent le
plus souvent. Par ailleurs, les études plus longues, qu'il écrivit avec plus
de soin, nous montrent un écrivain réfléchissant à loisir, et pesant ce qu'il
entendait écrire. Nous croyons intéressant de donner un résumé cursif
de ces courtes œuvres.

(1) *Le Siècle*, 22 mars 1889.
(2) *La Revanche*, 12 novembre 1886.
(3) Voyez dans *le Siècle*, 17 novembre 1888, son article extrêmement critique sur Albert
Wolff du *Figaro*.
(4) *La Revanche*, 12 novembre 1886.
(5) *Le Siècle*, 6 mai 1890.

81

Dans son essai sur Victor Hugo (1), Céard rappelle une ancienne coutume égyptienne, que nous rapporte Hérodote. Dès qu'un homme mourait, il passait en jugement, et les rois eux-mêmes étaient traduits devant le tribunal : car s'ils étaient au-dessus de tout jugement humain leur vie durant, la mort venait les réduire au niveau de tous les autres hommes. Victor Hugo, méconnu, insulté même aux premières années de son épanouissement, avait fini par devenir un véritable Pharaon littéraire, au point que les témoins objectifs et les critiques désintéressés avaient eux-mêmes peine à juger son œuvre. Le poète avait si bien su personnifier tous les préjugés du commun qu'il avait fini par être réputé philosophe; résumant en sa pensée toutes les pensées de ses contemporains, il était l'homme du siècle, l'incarnation même de la République. Comment cela avait-il pu se produire ?

C'était, selon Céard, un metteur en scène de grande classe. Depuis la première d'*Hernani*, il avait toujours eu soin de s'entourer de ses claqueurs et de ses joueurs de flûte — non point pour se rappeler qu'il n'était qu'un mortel, mais pour marquer qu'il était un prophète, et qu'il pourrait même devenir un dieu. La double qualité de poète et de prophète semble avoir été l'ambition suprême de sa vie. Il imaginait avoir à jouer un rôle comparable à celui des grands hommes de la Bible, qui reprenaient des rois et conduisaient les peuples. Hugo, du haut de cette position élevée où il s'était hissé de lui-même, n'hésitait pas à donner des avis à la reine d'Angleterre, au président du Mexique, au Kaiser; mais il n'en était guère tenu compte : tel condamné était exécuté, Maximilien était tué, les Prussiens bombardaient Paris. Et pourtant, il y avait des gens pour croire en sa mission, car il savait habiller d'un langage somptueux les préjugés les plus courants et les vérités les plus usées, que seuls les êtres dénués d'imagination pouvaient prendre au sérieux. Citons par exemple ce vers si connu de *Ruy Blas* :

J'ai l'habit d'un laquais, mais vous en avez l'âme

Ce qui fait que l'âme d'un laquais est inférieure, il se garde de le définir; il se complaît à magnifier un jugement tout partial. Dépouillés des parures du langage, voici ses thèmes poétiques : la nature révèle Dieu; la richesse ne fait pas le bonheur; mourir pour son pays est une belle chose; nous sommes tous mortels; tous les hommes sont frères; le vice est toujours puni; il y a une Providence — toutes conceptions métaphysiques qui ne mettent guère en danger les idées de tous les jours et de tout le monde. Mais il détient le pouvoir du verbe. Ses écrits, plutôt remplis d'images que d'idées, font

---

(1) Victor Hugo, *Fortnightly Review*, July 1, 1885, pp. 17-31.

grande impression à cause d'une diction assez magnifique pour avoir fait croire à de la profondeur de pensée.

Yes, but the words come. What richness of developments the poet finds to express an idea without variety and to give interest to a fixed subject ! The vocables present themselves in multitudes; a chance and passing rhyme brings on another; extraordinary consonances attract and rejoin each other; the precise terms in which the idea is at first propounded are succeeded little by little by synonyms; when the synonyms are exhausted then come analogies and relations of the most distant kind; and in the formidable crescendo of this ransacking of the dictionary, mounting from image to image, the indefatigable poet reaches a dazzling resplendence of metaphors. Finally, in the midst of this coruscation of substantives and adjectives, clashing, crossing, rebounding, approaching, receding intertwining, and diverging in a colossal reticulation, the reader is seized by a dizziness, with a sort of hallucination (1).

C'est donc là que réside tout l'art de Hugo : il a été le souverain des mots, le seigneur incontesté des rythmes.

En résumé, estime Céard, il y a dans le monceau de livres par lesquels Hugo a pesé sur son siècle quelques ouvrages qui résisteront à l'usure du temps et aux variations du goût, et ils le devront à cette incomparable beauté. Mais pour les lecteurs — et ils sont le nombre — en quête d'une plus exacte vérité et de conceptions plus humaines, la silhouette sombre de cette grande et superbe pyramide, qui cherche à cacher les limites d'une époque, se découpera longtemps à l'horizon, et tombera lentement en ruine — mot par mot.

Sans nous abuser sur la valeur que pourrait avoir une comparaison entre les deux écrivains, nous croyons intéressant de donner, après ce coup d'œil sur une critique de Victor Hugo, un aperçu des appréciations portées par Céard sur Alphonse Daudet, son ami intime, et sur son rôle littéraire (2). Daudet, nous dit-il, considérait la vie et la littérature comme inséparables; il cherchait avant tout à dépeindre la vie quotidienne telle qu'il la trouvait autour de lui. Il a peut-être été le premier écrivain français à deviner quelle

(1) *Ibid.*, p. 18. Le texte français de cet article n'a pas été conservé; nous traduisons de l'anglais :
« Oui, mais les mots sont là. Quelle richesse de développements le poète ne trouve-t-il pas pour rendre une idée simple et sans variété, pour donner de l'intérêt à un sujet tout immobile ! Les vocables se présentent en multitudes. Une rime de hasard, fugitive, en amène une autre; d'extraordinaires consonances s'attirent et se répondent; l'idée, proposée d'abord en des termes précis, est reprise de proche en proche dans une suite de synonymes; les synonymes épuisés, voici les analogies, les parentés les plus lointaines; et dans le crescendo formidable de cette mise à sac du dictionnaire, s'élevant d'image en image, l'infatigable poète atteint à un resplendissement, à un éblouissement de métaphores. Enfin, au sein de cette coruscation des substantifs et des adjectifs, qui vont s'entrechoquant, s'entrecroisant, rebondissant, qui s'approchent et se quittent, s'entrelacent et se déprennent en un réseau colossal, le lecteur est pris de vertige et comme halluciné. »
(2) *Essai de biographie littéraire*, *Œuvres complètes d'Alphonse Daudet* (Romans, t. I; Paris, Houssiaux, 1899).

poésie insoupçonnée pouvait recéler l'intérieur d'une usine, et n'hésita pas à rendre ces aspects nouveaux, à exprimer cette vision de la vie pour laquelle le langage littéraire n'avait encore aucun vocabulaire consacré. « Et qui donc, avant Daudet, avait parlé des souffrances ignorées de cette chambre de chauffe qui met dans la cale des grands navires l'atmosphère embrasée d'un enfer pire que l'enfer catholique, et promène sur les mers qu'ils ne voient pas une moderne cargaison de damnés du labeur (1) ? » Avant lui, seul Victor Hugo, dans son poème intitulé « Pleine Mer » *(la Légende des Siècles)* s'était penché sur la beauté secrète d'une machine en mouvement. Mais Hugo, remarque Céard, était en flagrante contradiction avec les lois de la science physique en appelant une hélice : « Une espèce de vis à trouver l'infini (2). » La littérature n'avait point encore rompu ses liens métaphysiques.

L'indépendance, continue Céard, dont Daudet a fait preuve en s'opposant à la tyrannie des mots, résultait naturellement et de toute évidence de l'indépendance de son esprit, ennemi de toute sujétion intellectuelle. Et il tenait en haine les idées toutes faites autant que les expressions toutes prêtes. Conscient de la nature toute passagère des choses du monde, et du peu de vérité qu'offrent les impressions du moment, il se gardait bien de donner à l'événement d'un jour une signification théorique rigoureuse, et de l'enclore en quelque formule rigide. Il avait trop bien pénétré les fins scientifiques pour ne point comprendre que les systèmes et les dogmes ne sont rien d'autre qu'une manière d'incertitude; il évitait avec soin de s'en remettre aux définitions précises, car une définition ne lui semblait être qu'un moyen terme entre un savoir qui se trouve mal à l'aise et un désir de sonder l'inconnu. La définition contient d'infinies possibilités d'erreur : il prenait donc toutes les précautions contre leur développement.

Répétant volontiers cet axiome de Boileau : « Rarement un esprit ose être ce qu'il est », Daudet était toujours surpris de voir à quelles servitudes certains écrivains se condamnaient d'eux-mêmes; ils semblaient moins attirés par le spectacle de l'existence que requis par le souci de plier l'existence à leurs propres vues théoriques. Il les accusait d'assujettir l'imagination pour le plus grand profit de leurs idées. Il fallait, pensait-il, dénoncer la confusion dont ils étaient cause, eux qui n'apercevaient pas la différence entre les phénomènes humains, essentiellement variables, et les phénomènes fixes qu'on peut mesurer dans les laboratoires. Puisque la science, sous quelque forme que ce soit, n'est rien autre qu'une explication approximative de la vie, et ne peut pousser jusqu'à la pleine et entière compréhension, elle ne peut donner aucune réponse définitive. C'est pourquoi il ne

(1) *Ibid.*, p. 20.
(2) *Terrains à vendre*, p. 55. Nous n'avons recours à cette référence hors du texte étudié que pour montrer l'opinion de Céard sur Hugo, inchangée après vingt années.

faut pas espérer en tirer des vérités, car ces vérités ne seraient jamais que transitoires. Tout ce que l'artiste est en droit d'en attendre, c'est de nouveaux sujets de s'émouvoir et de nouveaux points où fixer son intérêt.

On a saisi ici, bien entendu, quelques allusions aux théories de Zola, et l'on peut se demander, lorsqu'on se rappelle ses précédents articles et *Terrains à vendre au bord de la mer*, si Céard n'a pas attribué à Daudet des idées qui lui appartenaient en propre; s'il n'était pas, en effet, moins attiré par la pensée de Daudet que par le souci de la plier à ses propres vues théoriques. Nous savons qu'à cette époque il avait complètement rompu avec Zola, et que ses relations avec Daudet avaient toujours été très intimes.

J.-K. Huysmans, lui aussi, avait cru en la liberté de l'intelligence, avait cherché à délivrer l'imagination des concepts où les principaux tenants du naturalisme la gardaient prisonnière. Dans l'essai qu'il lui consacra (1) peu après sa mort, Céard expose, sous un angle tout personnel, la doctrine du mystique en matière d'art, et les raisons de sa conversion. Une bonne partie du matériel d'information dont ce premier essai fait état se retrouvera dans l'étude plus proprement biographique publiée en 1908 (2). « Je fais ce que je vois, ce que je sens, et ce que j'ai vécu, en l'écrivant du mieux que je puis, et voilà tout », avait écrit Huysmans, dans sa préface à *Marthe*. Ses premiers romans mirent surtout l'accent sur ce qu'il avait vu; après *A rebours*, il fut surtout question de ce qu'il avait senti. Et cependant, avance Céard, les deux périodes sont tout aussi pleines de préoccupations scientifiques l'une que l'autre. A tort ou à raison, le naturalisme s'était toujours prévalu de son accord avec la science, mais la science, elle, dans son fondement doctrinal, n'était pas demeurée dans le même état. Les théories matérialistes et empiristes des années 1850, qui avaient fait état de phénomènes pratiquement invariables, avaient cédé insensiblement du terrain à la fin du siècle, où l'on reconnaissait volontiers la réalité de ce qui n'est pas encore connu. La science était devenue théorie pure autant que pratique; malgré ses remarquables découvertes, c'est à peine si elle était en mesure de pénétrer les mystères sur lesquels reposent l'électricité, les rayons Roentgen, ou la lumière inextinguible du radium.

Le credo proclame l'existence des choses visibles et des choses invisibles : Zola, tels les premiers chercheurs scientifiques, s'était attaché aux choses visibles, et Huysmans, comme ceux qui vinrent plus tard, aux invisibles. Et bien qu'il eût assigné un autre but à ses études, il n'était pas moins naturaliste que le maître. Il avait, lui aussi, commencé par chercher

(1) J.-K. Huysmans, essai de biographie littéraire, *la Grande Revue*, 25 mai 1907, pp. 618-631.
(2) Henry CÉARD et Jean de CALDAIN, J.-K. Huysmans intime, l'artiste et le chrétien, *la Revue hebdomadaire*, I : 25 avril; II : 2 mai; III : 9 mai; IV : 14 novembre; V : 21 novembre; et VI : 28 novembre 1908.

le sens des aspects matériels de la vie, mais dégoûté par l'ignominie de ce qu'il avait considéré, il s'était tourné vers les monastères, où les derniers vestiges de dignité semblaient avoir trouvé un abri. Mais, dit Céard, cette conversion n'est en rien imputable à quelque influence ecclésiastique : le guide de l'écrivain en vérité, ce fut l'Art. L'Art fut pour lui le véhicule de la connaissance du Sauveur.

Huysmans, naturaliste et chrétien, fut semblable, dans son œuvre puissamment réaliste et profondément religieuse, à ces hommes d'un génie à la fois pieux et plein de vie que furent Franz Hals et Memling.

Huysmans a transporté de la palette à l'encrier les conceptions des grands artistes de Hollande et de Flandre, qui, dans leurs tableaux, mêlent l'observation la plus matérielle, la plus extérieure, la plus colorée aux délicatesses du mysticisme et le plus naïf et le plus surhumain. Vierges et kermesses, cabarets et descentes de croix, viandes et poissons qui s'étalent, âmes qui s'évaporent dans des corps émaciés, mains qui s'égarent sur les seins luxurieux ou qui vers le ciel élèvent la prière, comme les maîtres qu'il respectait la fixaient sur la toile, il fixa sur papier, cette double vie de l'esprit et de la chair. Habile à se servir des mots et à en faire jaillir des lumières et des sens imprévus, à l'extrémité de tous les styles connus dans la littérature française, à force d'observation, de conscience, de vérité, il s'est créé un style personnel souple à rendre les émotions, favorable au comique comme à l'éloquence, à l'invective contre la laideur, à l'acclamation pour la beauté qu'il vénéra jusqu'à la chercher en Dieu (1).

Ainsi, presque par héritage, Huysmans était devenu le champion moderne de l'idée de la coexistence du réel et du spirituel; dans une ère de positivisme et de pessimisme, il s'était fait poète de la passivité, qui s'abandonne à l'inconnu, à une direction toute extérieure à sa propre raison. Dépassant alors cette période particulière pour s'élever à un jugement d'ensemble, Céard conclut : « Et puisque réalisme il y a, beaucoup estimeront avec moi que maître du réalisme du passé, le temps n'est pas éloigné où il sera considéré comme le prophète du réalisme de l'avenir : celui où, selon son rêve et son exemple, entreront l'art et la science et l'histoire (2). »

Les études de Céard nous en apprennent plus sur lui que sur les écrivains qu'il présente : un papier écrit en hâte pour la prochaine édition du journal, un article de revue plus étudié, témoignant de son admiration pour un proche ami, nous apportent les mêmes idées prédominantes. Il était à la recherche d'une littérature fondée sur la science et la philosophie positiviste, d'une manière d'écrire où les idées et le langage soient empreints d'une même modernité. Il se plaisait à découvrir des affinités de pensée

---

(1) J.-K. Huysmans, essai de biographie littéraire, pp. 623-624.
(2) Ibid., p. 631.

dans les œuvres de ses amis, tout en les louant d'une indépendance qui leur permettrait d'aborder avec originalité tous les sujets possibles, depuis la grisaille industrielle jusqu'aux réalités inexplorées des conceptions immatérielles. Il trouvait chez eux l'application de ses vues sur le naturalisme : située et assise sur la réalité du moment, l'idée dispose en fait du champ d'expression le plus vaste. Cette manière propre à Céard de présenter le naturalisme est singulièrement moins limitée que la notion qu'on s'en fait communément. Et si ses idées n'eurent pas la chance de prédominer dans l'école dont il faisait partie, cela est dû partiellement au caractère de ses œuvres d'imagination. Celles-ci, à cause de leur variété, sont examinées à part.

CHAPITRE III

ROMANS ET NOUVELLES

« Ce qui existe réellement, disait Céard, c'est le fait de voir les choses telles qu'elles sont, dans l'atmosphère que leur donne la science du moment (1). » Il y a certes des constantes, mais si les vices et les vertus sont des données invariables, ils s'expriment et se présentent différemment selon l'époque et le caractère des divers milieux (2). L'artiste réaliste, qui a pris grand soin de se documenter, offre aux yeux la vérité du moment; en relevant les variations du thème universel, en leur conférant une physionomie, il donne à l'œuvre sa couleur originale.

Avec de semblables vues il n'est pas étonnant que dans ses trois premières œuvres Céard se soit penché sur son existence passée et vécue, c'est-à-dire tout ce qu'il y avait de plus réel à ses yeux : le cadre familier de sa jeunesse, l'Université, la guerre. Évoquant ses années de lycée et de pension, le temps de ses illusions dans la garde nationale, il fit passer dans ses écrits le découragement qui lui avait arraché, comme à tant de ses contemporains, ses premiers idéaux. Dans son œuvre de début, *Une attaque de nuit* (3), il mêle les brutalités guerrières à la cupidité et à la lourdeur des paysans de l'Aube, qu'il avait si bien connus. Dans *Mal-Éclos*, l'existence morne et précaire d'un pion, les événements quotidiens de la vie des étudiants, sont rapportés avec une impassibilité, une froideur quasi chirurgicales. *La Saignée* nous montre la vie de Paris pendant le siège.

Un soir de novembre 1870, ainsi commence la première œuvre, une foule est assemblée sur la place de l'Église à Nimperlois, toute au souci d'avoir à héberger les Prussiens. A peine un télégramme a-t-il annoncé que l'ennemi se trouve à moins de cinq lieues, que déjà deux cavaliers font irruption, vont détacher le manipulateur du télégraphe, et repartent sans

---

(1) Jules HURET, *Enquête sur l'évolution littéraire* (Paris, Charpentier, 1891), pp. 196-205.
(2) CÉARD, *l'Express*, 15 août 1881.
(3) *La vie littéraire*, nos 31-33, 1877. C'est la première œuvre que Céard ait publiée en France, donc antérieurement à *la Saignée*, contrairement à ce qu'en écrit DEFFOUX, *Mercure de France*, 1er novembre 1924.

avoir été inquiétés, après avoir fait main basse sur une douzaine de paquets de cigarettes au bureau de tabac. Quels soldats, sont-ce là, demande un homme à son voisin : uhlans, dragons, cuirassiers ? Les attaquer ? Personne n'oserait, personne n'a d'idées belliqueuses. Avait-on seulement voulu la guerre ? On se souciait fort peu que le prince de *Haute-Luzerne* — ainsi prononçaient-ils Hohenzollern — fût ou non roi d'Espagne. Et quel bon sens y avait-il dans les arguments de M. Gambetta, dit *Grand-Bêta*, qui voulait poursuivre la guerre ? Ils pardonnaient généreusement à l'empereur, tout le monde peut se tromper, et y a-t-il plus grand embarras que de garder à la main les plumes du coq enfui ? Bazaine n'était pas assez stupide pour l'oublier. Ainsi, que la République voie bien qu'un homme s'il n'est pas fort doit rechercher un traité, et qu'autrement l'honneur n'est qu'une misère qui présente bien.

Et pourtant la ville avait les moyens de combattre; la garde nationale avait été constituée convenablement, bien qu'elle fût née d'une rivalité électorale plutôt que d'un patriotisme ardent. Le maire n'avait été élu que caporal; le curé s'était mêlé des élections, s'acharnant sur la demi-douzaine de libres-penseurs que comptait le voisinage; le maître d'école, ayant eu la majorité bien contre son attente, se trouvait être sergent-major. Seul de son avis, un nommé Thomas Gueurlette se répandit en railleries sur ces militaires qui préféraient attendre l'ennemi au lieu d'aller le chercher au Nord et le harceler. Mais qui peut écouter un gueux de cette espèce, surtout quand il vit du gibier d'autrui ?

Dans cette grave situation, le conseil municipal se réunit, pour une délibération longue mais précise. On pouvait, certes, gêner l'ennemi en coupant le pont sur l'Aube, mais l'ouvrage était neuf : on résolut de n'y pas toucher. Défendre la ville était inconcevable, car les bombes et le feu la détruiraient de fond en comble. Finalement, on invita la population à bien accueillir les Prussiens, car, dit un orateur, ils ne pouvaient guère être plus mendiants que les francs-tireurs venus au village la veille au soir, et qui, n'ayant pu obtenir d'être logés et nourris par l'habitant, avaient pillé un certain nombre de fermes avant de disparaître dans la forêt. Seul Gueurlette leur avait ouvert sa cave, et la petite assemblée n'en parla pas sans aigreur.

Quant aux fusils de la garde nationale, l'affaire se révéla des plus délicates. Selon l'un, il fallait les jeter dans le bief du moulin; selon l'autre, dans la mare d'une ferme voisine. Meunier et fermier de protester bien haut, ne tenant ni l'un ni l'autre à se faire fusiller pour avoir caché des armes. On décida de former les faisceaux sous la halle en attendant l'arrivée des Prussiens, et de les abandonner alors. Puis le conseil se sépara, non sans avoir voté une indemnité au marchand de tabac victime des deux cavaliers.

Les Prussiens, débarrassés de Metz, et courant écraser l'Armée de la Loire, trouvèrent à Nimperlois une réception officielle pleine d'égards.

Le maire rendit les fusils, et se mit à discourir sur le bon-vouloir de la population, offrant d'ailleurs sa propre chambre d'amis (avec une armoire à glace) au commandant du détachement; il n'était pas au bout de sa première phrase que l'officier l'interrompit, lui donna tout juste deux heures pour ramasser tout ce qui était arme blanche ou fusil de par la commune; sinon, ajoutait-il dans un français très correct, « j'aurai le chagrin de vous faire fusiller, comme un chien ». On eut bientôt mis tous les fusils en place, sauf celui de Thomas Gueurlette, qui fit passer au maire quelques moments désagréables; le fusil et son propriétaire avaient mystérieusement disparu.

L'ennemi prit donc ses quartiers, posta ses sentinelles; les soldats se détendirent un peu et sortirent leurs pipes de porcelaine pour passer la soirée. Quelques filles du village, pour qui ces jeunes hommes ne manquaient pas du tout de charme, allèrent se donnant le bras par les rues, avec des coups d'œil par-dessus l'épaule, jusqu'à en oublier les bouses de vache du chemin. Les officiers les appâtèrent avec de l'argent, leur adressèrent des compliments dans un demi-français hésitant. Quant aux soldats, moins argentés, ils se contentèrent de regarder et n'en désirèrent que plus fort. Les filles les plus prudes répondaient : *nicht*; les plus savantes : *fahrt geschwind*. « Elles refusaient par l'unique crainte du qu'en-dira-t-on (1). »

A la tombée de la nuit, le lieutenant Hans Pfepffel von Krassbamberg rentre à son confortable logement après avoir posté la garde. Soudain une brouette lui coupe le passage, débouchant d'une ruelle. Il s'arrête, face à Scolastique Tiéfin, et n'ose croire à sa chance; barrant le chemin à la plantureuse beauté, puis lui emboîtant le pas, il plaide son affaire, double ses offres, et sa conversation le mène jusqu'à la maison de la fille; voyant qu'elle n'a toujours pas compris, il s'écrie alors en désespoir de cause : « Wollen Sie mit mir schlafen ? »

Schlafen ? Voilà au moins un mot qu'elle saisit : son père, en mettant son bonnet de nuit, le prononce volontiers pour rire. Cela veut dire dormir, et elle répond ingénument, « Ja, Ja, tu as raison, dors bien, ne fais pas de mauvais rêves, ce n'est pas moi qui te bercerai » (2), et le lieutenant pense avoir abouti.

La nuit est avancée; il vient de faire sa ronde d'inspection; tout à son rendez-vous, il n'a pas remarqué que la rivière est guéable, et n'a pas pris garde aux ombres insolites qui hantent la rive opposée. Le voilà frappant à la porte des Tiéfin. Point de réponse. A coups légers d'abord, puis de moins en moins discrets, il finit par éveiller le père Tiéfin, qui pense d'abord à quelque soldat ivre et se tient coi. Un coup plus fort le fait sauter du lit,

(1) Une attaque de nuit, *la Vie littéraire*, n° 32, p. 2.
(2) *Ibid.*, n° 33, p. 1.

et, muni d'une chandelle et d'un bâton, il ouvre brusquement la fenêtre. Les deux hommes se taisent, étonnés. Le Prussien demande la jeune fille, le père le croit en peine de son gîte. Comme le dialogue s'envenime, Nicolas Tiéfin veut couper court, lève son bâton, donne sur le casque de l'officier, qui fait feu de son pistolet.

Le coup a retenti dans la nuit, les soldats se croyant attaqués courent aux armes et tirent en tous sens, et bientôt la panique est complète. Soudain, le son des trompettes annonce les francs-tireurs, qui nettoient méthodiquement le village. Çà et là, des formes indistinctes se traînent à genoux, les bras au ciel, en proie à la terreur et suppliant encore avant de tomber. La rage de tuer gagne les maisons; les Prussiens sont sans défense, les paysans peuvent être braves à présent. Tout ce qui peut servir d'arme sort des cachettes, et les couteaux de cuisine eux-mêmes servent bientôt à l'horrible besogne.

Impitoyablement, ils saignèrent les gorges qui râlaient des invocations à la pitié, ils firent taire des voix qui parlaient de femmes laissées au pays et d'enfants qu'on voulait réembrasser encore. Sur les éviers, au coin des *mêts* [*sic*], comme sur un étal de boucher, les cadavres gisaient, reins cassés, entrailles pendantes, plaies ouvertes, et quand l'aube parut, par toutes ses chaumières et par toutes ses rues, Nimperlois poussa, vers le soleil levant, la fumée et l'odeur d'un immense abattoir (1).

Aux nouvelles de ce désastre, les Prussiens reculèrent de deux lieues, et ils n'approchèrent plus d'une ville où tant des leurs avaient trouvé la mort. Le maire fit un très beau rapport pour la délégation de Tours, vantant ce qu'il appelait l'héroïsme de sa commune. « Il s'y donnait le beau rôle et s'intitulait « le modeste organisateur de la résistance » (2). Le gouvernement lui répondit qu'il n'avait fait que son devoir. Les héros en furent bien décontenancés; mais on envoya un autre rapport à M. Thiers, et après enquête le maire eut la croix.

Quant à Thomas Gueurlette, qui avait aidé les francs-tireurs quelques jours plus tôt, qui les avait prévenus de l'arrivée des ennemis, qui avait conduit l'attaque, il ne fut point oublié : une fois l'ennemi parti et la justice rétablie, le Procureur de la République, invoquant la loi sur la réglementation de la chasse, réclama pour ce « braconnier récidiviste et incorrigible » deux mois de prison et deux cents francs d'amende. Dans une éloquente péroraison, il exprima son regret sincère de ne pouvoir demander le maximum de peine.

Voilà une nouvelle, qui est loin d'être la moins intéressante des œuvres de Céard, et que la quasi-totalité de ses amis ou critiques ont pourtant

(1) *Ibid.*, p. 2.
(2) *Ibid.*

méconnue. Il y étale tout son mépris du paysan (1), son dégoût si profond qu'il a voulu en agrandir l'effet en assortissant la brutalité paysanne de l'espèce de violence qu'il haïssait le plus : celle du militaire allemand. A la vérité, quelques passages ici et là ne sont d'aucune utilité pour la marche générale du récit, mais il y a lieu de noter un certain agencement des faits, qu'on ne retrouvera pas toujours dans la manière de Céard. Si l'on passe sur l'improbable retraite du détachement prussien, cette histoire est tout à fait vraisemblable, surtout sous ce double éclairage de la cupidité des paysans et de leur simplicité sans déguisement. Dans sa lente accumulation de détails et son enchaînement progressif d'incidents, l'œuvre est loin d'être indigne de Maupassant. On sait qu'elle fut écrite trois ans avant *Boule de Suif*.

Le premier roman de Céard, *Mal-Éclos*, fut publié trois fois, dans trois revues, en France et en Russie (2), mais ne parut jamais en volume. Bien que plus d'un passage soit d'une écriture incontestablement soignée, l'ensemble manque d'équilibre, tout n'y est pas très sûrement choisi, au point que l'intérêt sympathique de Charpentier lui-même a dû s'en trouver découragé. Tout comme la nouvelle exposée ci-dessus, cette œuvre n'est guère trouvable, ce qui rend nécessaire un résumé suffisamment circonstancié. L'histoire comprend huit parties, et se déroule comme suit.

Martial Moaclar, laid et peu sympathique, fils d'un ivrogne et d'une actrice itinérante, a été élevé dans une pension religieuse. Étudiant médiocre et malchanceux, il recherche le travail, mais presque uniquement pour échapper à l'ennui (3) et aux railleries cruelles de ses condisciples, qui le savent bâtard : la crainte des punitions ni l'espoir d'une récompense ne sont pour rien dans son application. Solitaire jusque dans ses jeux, ne rêvant que de revanche, il déteste la religion, qui prêche la résignation pour les humbles, et sourit avec amertume quand les autres garçons répètent

---

(1) Céard écrit à Louis Desprez, après avoir lu *Autour d'un clocher* : « ... Oui, je les juge très exacts, vos habitants de Vicq. Avec la mesquinerie de leurs rancunes, la bassesse finaude de leurs intérêts, la grossièreté de leurs vengeances, l'épique médiocrité des aventures qui les divisent et les passionnent, vous m'avez représenté les villages du département de l'Aube tels que je les connais. Les voilà bien comme me les montrent mes souvenirs de collégien en vacances, les voilà avec le drame politique et religieux qui les secoue toute l'année, la burlesque tragi-comédie qui les bouleverse d'une façon continue, les uns à côté des autres, tout le long des grandes routes...

« Je voudrais bien ne pas dire de gros mots, mais toutes proportions gardées, il me semble que depuis *les Paysans* de Balzac personne n'a écrit sur les mœurs rurales en France un volume aussi exact et intéressant que le vôtre... » Voir Guy Robert, *la Terre d'Émile Zola*, p. 133.

(2) Première publication dans le *Slovo* de Saint-Pétersbourg, janvier-février 1880. A propos de cette date, voir *supra*, p. 16, n. 3. Le roman a paru également dans *la Revue littéraire et artistique*, août-septembre 1881, et dans *la Vie populaire*, nos 9-19, 1892.

(3) Céard dit ailleurs, de ses propos études : « ... je devins studieux, moins par tempérament que pour échapper aux remontrances et à l'ennui ». *L'Événement*, 23 janvier 1904.

chaque soir : « Pardonnez-nous nos offenses, comme nous pardonnons à ceux qui nous ont offensés. »

Son éducation terminée, il saisit la première occasion qui s'offre et entre comme maître d'études à l'Institution Mercanson, où on le surcharge de travail tout en le payant mal. En outre, les élèves n'ont pas tardé à voir en lui une cible de choix. Un jour, il gifle un élève qui lui a fait une farce : « Recommence donc, Mal-Éclos ! » crie le garçon humilié. Et le nom reste. Il n'est pas jusqu'à la gravité affectée du directeur qui ne laisse échapper un sourire involontaire.

Julien Rossignol, inventeur du surnom, est le fils d'une pauvre et digne femme, dont le mari purge une peine pour attentat aux mœurs. Comptable chez un chocolatier, elle ne vit que pour la journée qu'elle peut passer avec son fils, un dimanche sur deux. Elle est donc la plus atteinte quand Julien, puni pour ses mauvais tours, est consigné le jour de son congé. Ne sachant comment améliorer les relations entre l'élève et le maître, elle décide d'inviter celui-ci à déjeuner (1).

Ils déjeunent donc à trois de temps en temps ; un jour Mme Monarquet les aperçoit à la promenade. Mme Monarquet, c'est une femme entretenue qui s'était montrée si capable d'amasser, qu'un de ses amants, attiré par l'argent, lui proposa le mariage. Après quelque temps d'une vie oisive, elle fit fondre ses économies et chercha du travail, dut en changer plusieurs fois à cause de son caractère désagréable, à cause aussi de la respectabilité qu'elle s'était mise à affecter, et elle finit par trouver une place dans la chocolaterie. Les deux femmes eurent d'abord des rapports amicaux. Mme Rossignol l'invitait régulièrement à dîner : Mme Monarquet était tout aise de faire des économies ; quelle ne fut pas sa colère quand son amie lui dit un soir qu'elle ne pourrait l'inviter le dimanche suivant. Elle se crut insultée, et l'idée de débourser pour son repas la mit dans un tel dépit que rencontrant Mme Rossignol en compagnie d'un étrange garçon, elle se complut à imaginer le pire. Le lendemain, elle accusait déjà la comptable de se conduire d'une façon immorale.

Cependant, Julien était devenu le grand favori, et son travail s'en ressentait comme sa conduite. Il suivait alors des cours dans un lycée voisin (2) ; mais son cahier de correspondance ne portait que mauvaises notes et réprimandes. C'est le directeur, cette fois, qui en vint à le consigner ;

(1) L'auteur transpose ici une histoire vraie, dont il inverse pourtant la donnée maîtresse. C'est ainsi qu'il parle d'un pion qu'il a connu, et d'une mère beaucoup moins en peine de son fils : « M'a-t-il assez intéressé ce maître d'études, qui s'évertuait à copier de la musique pour la mère d'un de nos camarades. Elle était veuve, à peu près séparée de son mari, qui s'en était allé faire le filou, quelque part en Amérique. *Musidora*, polka mazurque, la séduisit, et le dimanche suivant, le pion alla chez la mère et le gamin ne sortit pas. » *Le Grand Journal*, 17 avril 1880.
(2) De même Céard, interne à l'Institution Savouré, rue de la Clef, suivait les cours du lycée Louis-le-Grand. Voir *l'Événement*, 23 janvier 1904.

et Mal-Éclos, qui espère toujours obtenir les faveurs de Mme Rossignol, s'engage à arranger les choses à l'avenir. On se procure un autre cahier, et l'un des jeunes camarades de Julien contrefait la signature du professeur. Le même garçon demande un jour à Julien pourquoi le pion est si partial à son égard. Et Julien de répondre : « Parce que Mal-Éclos vient chez maman, voilà ! » Le bruit circule, les jeunes gens s'imaginent que Moaclar a une maîtresse, les imaginations s'enflamment : elles vont rechercher le licencieux dans la littérature la plus anodine; quelques grands vendent même leur dictionnaire pour pouvoir monter chez les filles.

Mal-Éclos avait eu une prostituée pour maîtresse (1), mais elle avait été arrêtée. Il avait pris le pli de satisfaire régulièrement ses besoins physiques, et plein d'une impatience sans espoir, il se rend un soir au logis de Mme Rossignol. Elle le prie d'entrer, pensant qu'il vient annoncer quelque accident arrivé à son fils : quel n'est pas son étonnement d'apprendre qu'il veut seulement lui déclarer son amour; il essaie de prendre un ton enjoué, mais il n'y gagne qu'un coup sur la tête. Humilié, aveugle de chagrin et de rage, il est éconduit, mais ne quitte pas les lieux sans avoir brisé à terre les objets auxquels elle tenait le plus : une vitrine pleine d'objets en verre. Les voisins, qui jugent d'après le bruit, concluent que Mme Rossignol a un amant.

La septième partie est la mieux écrite. On y voit Mme Rossignol, redoutant pour Julien les suites de sa malencontreuse entrevue avec Mal-Éclos, rendre visite à M. Mercanson pour essayer de justifier son fils, et surtout pour dévoiler la conduite du pion. Venue pour attaquer, elle repart complètement battue.

Car elle a d'abord trouvé le directeur en train de réprimander sévèrement un élève qu'on a pris à lire *le Christ au Vatican*; il soupçonne fortement Julien d'avoir introduit le livre dans son institution. Et tandis qu'il disserte longuement sur sa propre visite au Vatican, Mme Rossignol l'interrompt, et émet l'idée qu'on a peut-être été trop dur pour son fils. Mais Julien s'est-il plaint ? Non, pas du tout; elle veut seulement soumettre quelques observations.

— Mais soumettez donc, chère Madame, soumettez, dit-il d'un ton exagérément poli.

On ne s'est pourtant pas plaint de lui.

— Peut-être quelqu'un ne se montre-t-il pas juste envers lui, dit le

(1) Un pion, raconte CÉARD, leva un petit impôt sur chacun des pensionnaires certain jeudi après-midi; puis il les laissa jusqu'à quatre heures, pour courir à ses plaisirs. Au retour de la promenade, le soir, « les plus rapprochés, quand il donnait ses ordres, pour tourner au coin des rues, sentaient passer sur eux le souffle de son haleine empoisonnée d'absinthe, respiraient l'odeur de son linge dont la fétidité naturelle s'aggravait encore des parfums âcres d'un Bully frelaté, une pauvre odeur rapportée de l'étreinte économique d'une prostituée du voisinage ». *Le Grand Journal*, 17 avril 1880.

directeur, en tirant deux cahiers de son tiroir. Mais il produit accusation sur accusation, preuve sur preuve : mauvais élève, conduite déplorable, appréciations très sévères des professeurs, il ne fait grâce de rien. Et voilà l'exemple que les demi-boursiers donnent aux élèves payants. Tout en appréhendant un avenir sombre pour le jeune homme, le directeur lui demande de retirer son fils de l'institution.

Elle est en larmes; tous ses espoirs s'anéantissent; elle supplie M. Mercanson de garder son fils : les enfants sont parfois si insupportables, mais c'est elle en fin de compte qui portera la peine de cette mesure de discipline exemplaire. Rien à faire. Mais pourquoi donc son fils ne peut-il vivre en bons termes avec ses camarades ? Alors, un imperceptible sourire aux lèvres, et d'un air de condescendance, le directeur fait allusion aux rumeurs qui ont couru ce dernier mois. N'a-t-elle pas reçu l'un des maîtres attachés à l'institution ? Il lui faut donc comprendre qu'on ne garde pas des élèves dont la mauvaise conduite ne fait qu'être aggravée par le relâchement moral des parents. Elle répond très vivement qu'elle a en effet reçu M. Moaclar; les élèves sont martyrisés dans cette institution, et elle avait espéré qu'en l'invitant elle le rendrait moins sévère pour son fils.

Tout à coup des cris interrompent l'entretien. Julien vient de pénétrer dans la cour, et les autres élèves, qui sont depuis peu de temps au courant de la falsification du cahier de correspondance, l'accueillent avec colère. La mère, qui n'a plus rien à dire, retire son fils de l'institution.

Et à la maison, elle trouve un papier de son propriétaire, qui l'invite à vider les lieux : c'est l'effet de la scène du soir précédent, et des rapports des voisins. Elle s'évanouit, on la porte au lit. Et bien qu'elle se trouve dans un état grave, Mme Monarquet refuse de venir l'assister; les voisins, indifférents, l'abandonnent, et c'est enfin la concierge qui se dévoue. Puis ayant perdu sa place à cause des machinations de Mme Monarquet, elle tombe de plus en plus bas, jusqu'au jour où, incapable d'exécuter plus longtemps les travaux domestiques qui assuraient strictement sa subsistance, elle ne peut plus trouver refuge que dans la mort, qui la prend au terme d'une seconde longue maladie. Seul son fils l'accompagne au cimetière.

La huitième partie nous montre Mal-Éclos en relations suivies avec Casanot, pion de son âge, plein d'idées socialistes à moitié digérées. Dénué d'esprit critique, Moaclar s'imbibe comme une éponge des théories égalitaires, des revendications pour le travail, la propriété et les jouissances de la vie également réparties entre tous (1). Comme il est sans travail après la scène du renvoi de Julien, Casanot lui procure une place de gérant dans un journal de gauche, où il est bien payé, où il a des loisirs. Condamné

(1) Dans sa préface à *Un communard*, de DEFFOUX, CÉARD raconte comment lui et ses condisciples lisaient les chroniques de DELESCLUZE dans *le Réveil* : « Nous ne les comprenions pas, mais, obscurément, elles correspondaient à notre goût de vague rébellion. »

en justice à cause de l'attitude politique de son journal, il obtient un délai grâce aux manœuvres de l'avocat, mais dans son casier judiciaire, les mois de prison et les milliers de francs d'amende se font de plus en plus nombreux.

Un soir, Moaclar et Casanot, assis au café, évoquent leurs souvenirs, et il est question des circonstances dans lesquelles Julien inventa le surnom de Mal-Éclos. Une femme, qui a surpris un lambeau de conversation, demande qui est ce Mal-Éclos. Casanot désigne son compagnon, et pour chasser le malaise et rasséréner son compagnon, il s'adresse à l'assistance, lui met devant les yeux un homme qui, par ses traits et par son surnom, symbolise les souffrances et les aspirations du prolétariat. Quel nom magnifique à hurler quelque jour face au peloton chargé d'exécuter ce martyr révolutionnaire : *Mal-Éclos* !

Casanot ne parlait guère sérieusement, et pourtant on l'écoute comme s'il disait vrai. De ce jour, Moaclar devient une célébrité.

Les délais expirés, sur le point d'être arrêté, il tire sur le commissaire. C'est la prison. Les journaux sont pleins de son procès, et il personnifie bientôt le peuple criant à la vengeance. Tiré de prison le 4 septembre, acclamé de toutes parts, nommé président d'honneur d'une foule de clubs, les journaux recherchent sa collaboration, les bataillons de la garde nationale le supplient de se mettre à leur tête (1). Pendant tout le siège, il ne cesse de s'en prendre à l'Hôtel de Ville. Un des journaux auxquels il collabore vient-il à être supprimé, il aide à en faire paraître un autre. Et quand la Commune s'organise, il se trouve parmi les chefs.

Ses rêves se sont réalisés contre toute attente. Il ne demande rien de plus que la paix avec Versailles; mais la chose est impossible, et menacé dans sa haute position, il se dévoue à la Commune, avec une sorte de rage. Le succès est impossible, il fera donc tout pour détruire la propriété, fait arrêter ceux qui le critiquent, brûler les registres de l'état civil, mettre le feu aux bibliothèques et aux musées. La Commune est anéantie, il disparaît.

Quelques mois plus tard, Casanot, qui vient d'épouser la fille d'un riche provincial, lit dans *le Figaro* le récit des derniers moments d'un communard : arrêté et fusillé, l'homme a crié en tombant : « Je m'appelle Mal-Éclos ! »

— Imbécile, dit Casanot en haussant les épaules. Et il ajoute : On ne fait pas d'omelette sans casser d'œufs.

Ce premier roman met en application les théories exposées dans *l'Artiste* par son auteur la même année (2). On y trouve un tableau de la

(1) Au témoignage de Francisque SARCEY, un homme se trouvait être chef d'un bataillon de Mégy, qui « n'avait d'autre titre à la confiance de ses soldats que d'avoir tiré un coup de pistolet sur un sergent de ville de l'Empire ». *Le Siège de Paris* (Paris, Lachaud, 1871), p. 149.
(2) Cf. *l'Artiste* (Bruxelles), 22 et 29 avril, 6 mai, 1877.

misère du peuple, des scènes de la vie quotidienne à Paris. Moaclar, désirant contraindre par la force ce qu'il n'a pu diriger par l'intellect, est le produit d'une lourde hérédité et d'une condition sociale très basse, orienté par une doctrine socialiste très mal assimilée. C'est là un des visages du monde contemporain, tel que Céard le voyait.

Toutefois, *Mal-Éclos* n'est pas sans quelques graves défauts. Le plus visible est certainement l'absence de proportions. La première partie du roman, qui se subdivise en sept chapitres, présente la vie et les gestes d'un maître d'études, et l'effet subi par son entourage ; la seconde partie, qui tient en un seul chapitre, retrace hâtivement l'ascension et la chute d'un communard. Si l'objet de cet écrit était de dépeindre la misère et la ruine de deux vies, la seconde partie est sans nécessité. Si d'autre part il s'agissait de montrer par quel enchaînement de faits un petit incident — en l'occurrence, l'invention d'un sobriquet — mène à des conséquences lointaines extrêmement importantes pour le porteur du surnom, et à travers lui, pour une entreprise telle que la Commune de Paris : alors la première partie compte de nombreuses pages sans utilité.

La seule justification qu'on puisse trouver à cette seconde partie, telle que nous la voyons surajoutée à la première, c'est que l'auteur a peut-être voulu montrer comment l'ignorance de Mal-Éclos a jeté une personne dans la misère avant de l'acheminer lui-même vers sa perte. Même en admettant cette dernière interprétation, on a peine à justifier les longueurs, les digressions, les détails superflus qui alourdissent les sept premiers chapitres. Quel est, par exemple, le rôle de Mme Monarquet ? Non seulement un exposé aussi circonstancié de son passé n'était pas nécessaire, mais il y avait peu de raisons pour qu'elle achevât de détruire la vie de Mme Rossignol, si bien brisée par Mal-Éclos (et par Julien, naturellement). Doit-on penser qu'elle se trouve là pour ôter à Moaclar la responsabilité des derniers moments de la malheureuse ? Et pour quelles raisons l'auteur en aurait-il décidé ainsi ? Tout un côté de l'esprit bourgeois, que Céard méprise tant, s'exprime dans cette cruauté et cet égoïsme, et il semble donc que le romancier se soit laissé entraîner par le désir d'en rendre tous les traits, et de donner au lecteur exemple sur exemple. Ou encore, ne serait-ce pas pour montrer les dessous de la vie de pension qu'il avait si bien connue, que Céard se lance hors du sujet et décrit si longuement l'état d'excitation sexuelle où tombent les élèves, quand le bruit court que Moaclar a une maîtresse ? (Notre résumé ne donne aucune idée de l'importance de cette digression : nous avons mentionné tout au plus la visite aux prostituées. En réalité, l'insistance est beaucoup plus forte dans le roman.) En bref, toute la première partie est une description méticuleuse des événements, des gens, des conversations, de tout ce qui a pu entourer la vie de Moaclar à l'Institut Mercanson.

Le dernier chapitre, en revanche, est comme une vue cavalière du reste de sa vie. Moaclar demeure, figure quasi solitaire dans une sorte d'atmosphère de déclin, dans un décor vide et indéterminé, que le lecteur ne peut guère repeupler qu'à demi : encore lui faut-il une connaissance peu ordinaire de la période de la Commune. Même les références historiques ont quelque chose de trop vague pour que cette dernière partie du roman en reçoive vraiment un air de réalité vécue.

Notons au passage que Mme Rossignol est de loin la figure la plus attachante de toutes. (Ici une remarque : Céard a visiblement assorti les noms aux êtres qui les portent : « Moaclar » veut être laid; Mme Rossignol est douce et sans défense; Mme Monarquet est despotique; M. Mercanson est sensible aux différences de fortune, et ainsi de suite.) Il y a une telle vie dans le personnage de Mme Rossignol, qu'on sent tout le soin avec lequel Céard a dû étudier quelque vivant modèle. Il semble que ce soit le terme d'un processus analytique, où le type observé a été réduit à ses éléments constitutifs avant de renaître en Mme Rossignol. En revanche, Moaclar est probablement le produit d'une synthèse où se rejoignent un certain nombre de traits communs à tous les pions; sa personnalité, pratiquement créée par l'induction, en garde quelque chose de beaucoup moins affirmé.

La Saignée est une histoire du temps du siège de Paris, et bien qu'aucune date n'y soit donnée, on peut en situer l'action au matin du 31 octobre 1870. Bazaine a capitulé à Metz quelques jours plus tôt, une maladresse a causé la veille la perte du Bourget, Thiers vient d'arriver à Paris et veut négocier un armistice. La foule et les bataillons de la garde nationale de la banlieue, surtout de Belleville, manifestent contre cette triple atteinte à l'orgueil national, et marchent sur l'Hôtel de Ville. Le général commandant, informé de ces soulèvements, réunit son état-major, et tous s'étant accordés pour dire que rien de ce qui pouvait être fait n'avait manqué de l'être, il rédige une proclamation. Dans l'après-midi, il lit son texte tout haut, d'une voix bien timbrée, tandis qu'on entend la rumeur populaire montant de la place publique; soudain l'entrée de sa maîtresse l'interrompt. Mme de Pahauën (1) nous apparaît comme une femme aux charmes près de passer, et qui laisse derrière elle « un fumet de femme mûre... et de chair amoureuse délicieusement faisandée » (2); et cette femme a non seulement l'audace de pénétrer à l'improviste dans une réunion d'état-major, mais encore le front de s'en prendre aux hommes présents, et de railler leur inertie face à l'ennemi et face à la populace. Humilié, le général la confine à Versailles.

(1) Mme de Pahauën semble être faite sur le modèle de la Païva, c'est-à-dire Thérèse Lachmann, qui épousa d'abord le marquis de Païva et ensuite le comte de Donnersmark, et tint salon aux Champs-Elysées.

(2) « La Saignée, *les Soirées de Médan* (édition de cinquantenaire; Paris, Fasquelle, 1930), p. 183.

Puis, sans tenir compte des événements de la nuit du 31 : l'Hôtel de Ville envahi, la Commune réclamée, la conduite courageuse des membres du gouvernement, dont la vie était menacée, les renforts arrivés du Finistère (1), Céard entame son second chapitre : « Le lendemain, l'émeute vaincue, les chefs emprisonnés, les journaux supprimés (2) », Mme de Pahauën passe les lignes françaises avec une escorte. L'auteur donne alors un aperçu de la vie passée de la courtisane et du général. Ce dernier rappelle par plus d'un trait le général Trochu. Quant à Mme de Pahauën, son ascension laisse voir un des visages de la corruption à l'époque du Second Empire, telle que Céard put l'observer. Les deux personnages sont créés à partir d'une documentation riche, mais visiblement choisie avec la plus grande partialité. C'est un point qui sera examiné plus loin.

Un soir, après de longs jours d'ennui à Versailles, Mme de Pahauën contemple Paris, des hauteurs de Meudon; c'est une grande masse sombre entre les collines, une étendue d'obscurité où passe de temps à autre quelque fugitive lueur. « Malgré elle, elle la comparait à ces bougies qu'on allume pieusement au chevet des morts (3). » Comme honteuse d'avoir quitté la ville, elle ne songe plus qu'à y retourner, et le moyen en sera des plus simples, ce qui ne saurait surprendre dans un ouvrage d'imagination. Un Allemand haut placé, aveuglé par des appâts d'une extrême maturité, consent à lui faire ouvrir le passage en échange d'une nuit avec elle.

Quelques jours plus tard, le gouverneur de Paris, qui n'a cessé de regretter sa vivacité, reçoit à sa très grande joie, un télégramme demandant la cessation du feu pendant une demi-heure, afin de faciliter le passage de sa bien-aimée. Conduite à l'Hôtel de Ville, elle ne tarde pas à gronder le général de son inaction continuelle, mais elle ajoute cette fois à ses remontrances toutes les rumeurs qui courent sur la faiblesse des Prussiens, et qu'elle a pu recueillir parmi les civils de Versailles. L'enthousiasme gagnant, le général décidera bientôt de risquer une sortie. Il se rappelle les mots d'un de ses officiers, penché à la fenêtre et regardant la foule sur la place de l'Hôtel de Ville : « Ces bons escargots de remparts, il faudra qu'on finisse par leur faire une saignée, autrement, ils ne seront jamais contents (4). »

Eh bien ! cette saignée il est décidé à la pratiquer largement. Qu'importe si la fortune s'acharne à se montrer contraire : on ne pourra lui reprocher d'avoir

(1) Francisque SARCEY, le Siège de Paris, pp. 155-158.
(2) Les Soirées de Médan, p. 198.
(3) Ibid., p. 235.
(4) Ibid., p. 180. SARCEY rapporte le propos d'un général, au moment de la dernière sortie : « Ces blagueurs de gardes nationaux veulent absolument qu'on leur fasse casser la gueule; on va les y mener ! » Les journaux tournèrent la chose en un langage moins pittoresque et plus académique : « La garde nationale veut une saignée, nous allons la lui faire faire. » Le Siège de Paris, p. 319.

négligé quelque chose des moyens à sa disposition. Si la ville doit capituler, au moins, son honneur à lui sera sauf.

. . . .

Huit jours après, la sortie avait lieu, à tâtons, par le brouillard. Le soir, après toute une journée d'angoisses et d'attente, à la lueur rapide d'allumettes, sur les murs des mairies on lisait des dépêches précises annonçant l'insuccès définitif, la reddition inévitable. En même temps elles demandaient des renforts, des hommes, des chevaux, des voitures, pour tâcher d'arracher à la boue où ils gisaient les morts et les blessés de la garde nationale écharpés, qui, là-haut, dans les bois saignaient à pleines veines (1).

La Saignée est donc, pour une large part, animée d'un esprit de critique très virulent, et ceux mêmes qui louèrent l'œuvre ne le firent pas sans certaines réserves. Par exemple un critique inconnu : « M. Céard a tenté de reproduire l'un des coins des vilenies nées de l'empire... Il nous vient un regret en lisant *la Saignée*, c'est de trouver dans un conte à tournure historique des apparences de vengeance personnelle qui n'ont rien à faire dans une œuvre littéraire et qui n'ont jamais élevé un écrivain (2). » Un autre anonyme, signant A. T., trouve parfaitement écrit ce qui se rapporte au niveau moral de Paris vers la fin du siège, ainsi qu'au caractère du général; mais c'est pour ajouter : « ... l'auteur a trouvé moyen d'être injuste même envers ce personnage, en attribuant plusieurs de ses fautes à des motifs de pure ou plutôt d'impure fantaisie (3)... » Et Frédéric Plessis, sur le même propos, dira : « M. Céard a été mal renseigné : mais il y a des choses sur lesquelles on n'a le droit de parler qu'à coup sûr (4). »

Quelque excellentes qu'aient pu être les raisons de Céard (5), sa critique du général Trochu demeure-t-elle, du point de vue artistique, au-dessus de toute atteinte ? Sans doute écrivait-il à Levallois que son général était un général *Boum* « et qu'il faut être bête comme un critique pour ne pas s'en apercevoir » (6). Mais on ne peut qu'apprécier la justesse dont M. Dumesnil fait preuve en notant que « le défaut de la nouvelle vient surtout de ce qu'il a mêlé la réalité historique et la fiction, fait intervenir dans le personnage imaginaire de Mme de Pahauën, campé auprès de celui très réel de Trochu, des souvenirs de la Païva qui convenaient plus ou moins bien » (7). Dans un roman historique l'auteur est libre d'agencer à sa guise les faits et les événements : il en a encore le droit quand il romance la biographie

(1) *Ibid.*, pp. 255, 257.
(2) Les Soirées de Médan, *le Globe,* 30 avril 1880.
(3) Bibliographie : Soirées de Médan, *le Courrier de l'Eure,* 18 juin 1880.
(4) Frédéric Plessis, Causerie littéraire, *la Presse,* 6 septembre 1880.
(5) Gabriel Hanotaux, qui ne fait pas la moindre réserve sur l'intelligence du général, en parle pourtant comme d'un homme « dont les belles qualités sont gâtées par le pire défaut que puisse avoir un général : l'abus du sens personnel ». *Histoire de la nation française : histoire militaire et navale* (Paris, Plon, 1927), p. 410.
(6) Levallois, les Soirées de Médan, *le Télégraphe,* 26 avril 1880.
(7) René Dumesnil, *la Publication des Soirées de Médan,* p. 159.

d'un personnage historique. Mais ridiculiser le personnage dont on fait le portrait, seule la satire sociale peut se le permettre. On tient du reste pour responsable de ses propos l'auteur d'une satire qui y fait entrer des intentions d'ordre politique. Lorsqu'il s'agit d'une œuvre qui se donne pour assujettie à des canons purement esthétiques, et qui par là élude toute responsabilité sociale, l'auteur se rabaisse et rabaisse son art. La chose est d'autant plus vraie dans le cas qui nous occupe, que l'homme qui avait servi de modèle pour le portrait du général était encore en vie quand le roman fut publié.

Le chapitre II nous raconte l'histoire du général : « Jadis, mis à l'écart par les soupçons de l'Empire, boudeur, dans sa retraite irritée d'écrivain et de soldat (1), il avait fiellé des articles nombreux contre les turpitudes et les hontes du règne (2). » Et si les corruptions du Second Empire avaient parfois réussi à tenter le général, l'orgueil l'avait toujours préservé d'y céder. « Il se croyait né pour les avenirs éclatants, taillé pour les immenses célébrités, musclé pour les efforts considérables, et renforçant ses besoins de domination, luttant contre ses appétits, il avait attendu, honnête par calcul, incorruptible par volonté. Si bien que le peuple, sans rien deviner de ses impatiences et de ses fièvres sourdes, l'admirait comme un martyr, et lui, soupçonnant des capacités excessives ainsi que des talents méconnus, s'apprêtait à le saluer comme une puissance (3). »

Le voilà soudain dans une situation qui passait de beaucoup ses plus hautes espérances. « Or, comme il arrive à tous les théoriciens dont la brusquerie des faits contrarie toujours la lenteur savante des combinaisons, il ne sut pas tirer le parti convenable des éléments nerveux qu'il trouvait autour de lui. » Il était « correct, précis mais savant sans profondeur, intelligent sans élévation, et tenace jusqu'à la sottise... » (4).

On remarquera aussi que Céard choisit à dessein, parmi les événements historiques, ceux qui peuvent tendre à discréditer le général. Comme nous l'avons rappelé plus haut, il ne tient aucun compte de la nuit du 31 octobre, où le général fit preuve, non seulement d'un grand courage personnel, mais encore, à la venue des renforts de Bretagne, d'une prompte maîtrise de la situation. Est-ce à dessein que Céard confond les émeutes du 8 et du 31 octobre ? Et il n'a pas un mot pour la sortie très réussie du 29 novembre, quand L'Hay et le plateau de Villiers furent pris, et défendus contre plusieurs retours en force. Les Français se retirèrent par cette seule considération tactique, qu'il ne pouvait être question d'avancer sans l'assurance d'une

(1) On sait que c'est son livre, *l'Armée française en 1867*, qui par son ton extrêmement critique força TROCHU à se retirer prématurément et avec demi-solde. Ses vues de 1867 firent en 1870 figure de véritables prédictions, et nombreux furent ceux qui voulurent voir en lui une manière de prophète.
(2) *Soirées de Médan*, p. 198.
(3) *Ibid.*, pp. 199-200.
(4) *Ibid.*, pp. 200-201.

aide extérieure. Trochu n'était pas le seul à peser les chances, de sang-froid, et à comprendre que quatre cent mille hommes ne sont pas forcément quatre cent mille soldats, et qu'il n'est détermination patriotique qui tienne contre des troupes aguerries, confiantes en elles-mêmes et aussi dans les bataillons qui les couvrent et les appuient (1).

Toujours à la lumière de cette critique de l'inaction de Trochu, on remarquera avec intérêt que Céard devait revenir plus d'une fois, dans les années qui suivirent, sur cette idée que jamais la stratégie ne fut une science, et que jamais elle ne le serait, l'issue des batailles dépendant non point de la tactique, mais du moral des troupes à l'instant critique (2). Avait-il complètement changé d'avis en deux ans, ou croyait-il que les Parisiens n'avaient pas rencontré l'occasion de remporter une victoire ? Ou bien n'était-ce chez lui qu'un ressentiment de cette amertume que connurent tant de Français à l'aube de la Troisième République ? Pour rendre justice à Céard, rappelons le propos qu'il tint à Deffoux en 1920, à propos de *la Saignée* : « Excepté le début, le Siège de Paris, qui me plaît encore par son écriture au présent, le reste me fait hurler par sa fausseté et je n'en suis pas fier (3). »

Ce sont là les plus gros défauts du roman. On pourrait y ajouter encore tout l'invraisemblable de l'entrée d'une dame dans une réunion d'état-major, ou de ses éclats, de son animosité, de son mépris. L'auteur a beau munir ses deux principaux personnages d'un passé qui puisse les expliquer, on sent qu'il les manœuvre à son idée au lieu de les laisser agir comme ils feraient probablement dans la vie. Le propagandiste a la main assez lourde pour que le lecteur en soit indisposé, de la première jusqu'à la dernière phrase.

Dans ses trois premiers ouvrages d'imagination, Céard nous a donc présenté ce qui lui apparaissait comme éminemment réel. Il avait partagé la vie des paysans de l'Aube, des pions, des assiégés de 1870. Ses paysans brutaux, son Moaclar mal dégrossi, sa Mme de Pahauën corrompue sont là pour montrer les effets de l'éducation et l'influence du milieu; mais il demeure assez sensible que les scènes sont restituées avec un aspect particulier dû au recul du temps et à la richesse des impressions personnelles, plutôt qu'à une documentation scientifique utilisée systématiquement. Il ne saurait être question d'en faire le moindre reproche à Céard, n'était la présence inopportune de préventions et d'animosités toutes personnelles. Quant à savoir ce qu'il y entre de scepticisme, de pessimisme, de résignation — le premier est assez ostensible, le second, si l'on met à part le portrait de Mme Rossignol, ne se prouvera pas aisément, et la troisième n'existe absolument pas.

(1) SARCEY, *le Siège de Paris*, pp. 210-211 et pp. 225-230.
(2) Cf. *l'Express*, 17 janvier et 3 juin 1882; *le Siècle*, 5 octobre 1888.
(3) Léon DEFFOUX et Émile ZAVIE, *le Groupe de Médan*, p. 110.

Et le grand Zola a dit au jeune Céard : tu es le bien-aimé dans la foule de mes disciples, qui sont quatre. A toi mes préférences, car aucun des autres n'a montré une soumission si complète. L'un laisse pénétrer dans ses romans un rayon de sentiment, l'autre un rayon de poésie, le troisième, y met justes dieux ! une apparence d'intrigue, on y sent à quelques instants un soupçon d'émotion : avec toi jamais de ces infractions. *Une belle journée* réalise ma formule dans sa simplicité et son intégrité. Ni poésie, ni sentiment, ni intérêt, rien, rien, absolument rien ! Bravo ! Embrasse-moi, jeune Céard ! Et rien, pas dans une nouvelle de quelques pages, mais rien dans tout un volume, voilà le beau, le magnifique, le triomphant (1).

A la vérité, cette opinion fut celle de bien des lecteurs, et qui ne la manifestèrent pas de moins véhémente façon : « Un comble », déclarait un critique (2). Mais le roman remporta aussi des suffrages : « Une œuvre saine et forte », assurait un autre critique (3). Zola jugea qu'il serait difficile de dépasser Céard à l'intérieur de limites aussi rigoureusement tracées (4). Quelques années plus tard, Geffroy écrivait que « le livre ne ressemblait à rien de ce qu'on connaissait » (5). Pour chaque détracteur, il se trouvait un approbateur convaincu.

Mme Duhamain, respectable bourgeoise de Bercy, ne peut se remémorer sans un sourire amer la tentative qu'elle fit un jour pour échapper à l'ennui d'une vie par trop paisible. Un soir, son très solennel mari la conduit au bal du « Salon des Familles ». Il avait fait prendre les billets par leur voisin M. Trudon, célibataire et marchand de vins. Une sympathie toute innocente existait entre Mme Duhamain et M. Trudon; et le mari ayant ouvertement affiché sa préférence pour le billard, c'est tout naturellement que Trudon se trouve être le cavalier de sa voisine. La griserie des valses, les compliments enflammés de Trudon, l'amènent presque à oser penser à une aventure; et comme son mari s'entête à vouloir quitter le bal, la contrariété la pousse à donner un rendez-vous à son danseur.

Le dimanche suivant, M. Duhamain, architecte de son métier, projette d'aller visiter ses chantiers. Les deux candidats à l'amour se rencontrent à onze heures, au pont de Bercy. Trudon a bientôt raison des protestations de sa voisine, qui n'était venue que pour lui demander de ne plus penser à elle. Ils décident de partir pour la campagne. Mais comme cette journée lumineuse de mars n'est pas encore assez chaude pour qu'ils puissent déjeuner sur l'herbe, la jeune épouse et son galant compagnon se retrouvent bientôt dans un cabinet particulier de restaurant. Le silence règne tout

(1) M. GAUCHER, Causerie littéraire : « Une belle journée », *Revue bleue*, 7 mai 1881, p. 604.

(2) Henri MORNAUD, Une belle journée, *Revue littéraire et artistique*, 1 mai 1881, p. 212.

(3) Une belle journée, *l'Express*, 2 juin 1881.

(4) Émile ZOLA, Céard et Huysmans, *le Figaro*, 11 avril 1881.

(5) Gustave GEFFROY, Revue littéraire : Henry Céard, « Une belle journée », *la Justice*, 25 janvier 1886.

d'abord. Puis Trudon, ne sachant comment engager son affaire, touche le pied de la jeune femme, cherche son genou ; elle se souvient des premières importunités de son mari, invinciblement. Nouveau silence, qu'elle peuple en se récitant les noms des fleurs de la tapisserie. Le voici parti dans un discours sans intérêt sur l'importance des prénoms. De là il passe aux détails un peu particuliers de la toilette et aux dessous féminins, comptant sans doute que de tels propos ont quelque pouvoir de stimulation sexuelle. Puis il explique pourquoi il préfère le café-concert, qui est plus démocratique, au théâtre qui est trop conventionnel. Elle est bientôt « stupéfiée comme par un opium de bêtise » (1). S'apercevant soudain qu'il est un peu loin de son premier propos, il cesse de s'écouter parler ; essaie de porter la main à ses genoux ; lance de petits morceaux de papier sur sa robe ; tente de l'embrasser ; là elle s'indigne, et d'un coup de sa serviette le marque au visage. Enfin le repas s'achève et les stupidités prennent fin. Mme Duhamain ne songe plus qu'à rentrer chez elle, pour finir la journée dans le mécontentement et dans l'ennui, quand tout à coup éclate un gros orage, qui menaçait déjà depuis un moment.

Et tous deux, l'un déçu par l'autre, demeurent là trois longues heures durant, dans cette petite chambre où la pluie les confine. Un moment ils se divertissent à la vue d'un groupe de soldats escortant un prisonnier, puis ils retombent dans un long silence, tandis que le crépuscule descend. On apporte des journaux, mais M. Trudon prétend n'en pas vouloir ; Mme Duhamain les parcourt avec un profond ennui. Le crime du jour et un accident horrible voisinent avec des réclames pour les corsets, les articles de toilette et d'hygiène féminine. Pendant ce temps, Trudon pense à ses maîtresses : elles prennent, dans son imagination, une incontestable supériorité sur cette prude avec qui il se trouve enfermé. On a envoyé chercher un fiacre, et chaque bruit leur fait tendre l'oreille ; mais le temps passe et rien ne vient. Ils finiront tout de même par monter en voiture. Ils décident d'aller jusqu'à Charenton, où Mme Duhamain pourra prendre le train pour Paris. Et pour son mari, elle aura passé la journée avec une amie d'enfance.

L'un contre l'autre dans la pénombre du fiacre, ils sont chacun à ses propres pensées. Trudon regarde défiler cafés et restaurants, et se rappelle tous les repas qu'il a pris ici ou là, les rendez-vous d'affaires, et les chopines vidées. Au passage de la barrière, Mme Duhamain pense à tous les crimes de l'endroit, dont les journaux ont tant parlé. C'est avec un certain soulagement qu'elle entend soudain la voix de Trudon : « Ainsi, dit-il, nous allons nous quitter ? »

A ce mot, de « quitter », ces deux êtres, qui se sont rendus insupportables

---

(1) *Une belle journée* (Paris, Charpentier, 1881), p. 159.

l'un à l'autre, ressentent pour un instant une sympathie mêlée de tristesse. Mais cet élan qui les a rapprochés est tout fugitif, et retombe bientôt sous les banalités : elle était venue lui dire seulement qu'il ne devait pas penser à elle, même si jamais auparavant il n'avait aimé aussi fort, etc. Les mots sonnent faux dans le vide des cœurs, et tout tourne court quand le fiacre touche à la gare. Le temps de se serrer la main, et il faut déjà qu'elle monte dans le train.

A la maison, son mari est déjà au lit, le nez dans son journal, et c'est à peine s'il lève les yeux pour un baiser tout conjugal. Et tandis qu'elle se glisse dans le lit, elle entend un bruit de talons hauts à l'étage; c'est Trudon qui a ramené chez lui un amour d'occasion. « Telle était l'aventure au souvenir de laquelle Mme Duhamain souriait ironiquement, avec une sorte de pitié aiguë (1). »

Ce n'est là, d'ailleurs, que l'aspect le plus banal du récit, et bien des critiques se contentèrent de cet aspect pour juger. Pourtant, Céard avait introduit dès le début un thème de conflit, où s'affrontent l'idéalité et la réalité, où l'on voit le désir naître de la première, pour finir, par la force de la seconde, dans une inéluctable déception. De regret momentané, les sentiments se font insensiblement conscience d'une perte irrémédiable, « d'une diminution des facultés, d'un appauvrissement des cœurs ».

Bien avant le jour du bal, Trudon avait invité Mme Duhamain à entrer chez lui; elle avait refusé. Deux mois plus tard, « le souvenir de cette entrevue leur apportait souvent à tous les deux la tristesse d'un regret, le trouble d'un grand désir » (2). C'est alors, après cette préparation psychologique, l'un recherchant une femme plus délicate, l'autre rêvant d'être délivrée de son ennui, que l'idée d'une journée au grand air s'épanouit dans leur esprit. Pour eux, voir l'herbe nouvelle sortant de son lit d'humidité à la chaleur d'un soleil printanier, aller en se donnant le bras le long des sentiers inconnus, parmi les feuillages bruissants; prolonger cet après-midi jusqu'à l'heure où un lointain et doux angélus les rappellerait; ou bien flotter au fil d'une petite rivière, dont l'eau se riderait sous leurs doigts, tandis que chaque détour leur offrirait la surprise d'un nouveau tableau, l'enchantement d'un horizon différent : pour eux tout cela serait l'après-midi idéal.

« Quelle belle journée ! pensant moins à la journée présente, qu'à celle-là, moins précise, qu'ils rêvaient (3). » Mme Duhamain désire de tout son cœur ce répit d'un moment, mais elle ne peut s'empêcher de ressentir les craintes qu'impose une réalité brutale : si son mari découvrait la chose ?

(1) *Ibid.*, p. 346.
(2) *Ibid.*, p. 27.
(3) *Ibid.*, p. 90.

Si quelqu'un, sans qu'on y ait pris garde, les voyait et s'en allait ruiner sa réputation ? Plus tard, au restaurant, elle s'attache si fort à son rêve qu'aux approches de l'orage, dont elle est pourtant bien capable de saisir les signes avant-coureurs, elle ne voudra voir que le soleil. Et de même, en tête-à-tête avec un être lourd et épais, elle ne pensera qu'à une liaison supra-charnelle avec une sorte de « bon frère ». Et tout comme l'orage symbolique a tué ce beau jour, la découverte de ce que signifierait en fait une telle liaison, d'abord imaginée comme la pure et simple amitié, dissipe soudain le rêve et la laisse à d'amères désillusions. Quant à Trudon, dont la « technique » n'est appropriée qu'à une seule espèce de femme, il rationalisera son échec en concluant qu'il est tombé sur une prude. Tous deux sentent « le ridicule de leur situation, l'écroulement de leurs rêves » (1).

Mais la chute n'est pas si complète que le chagrin du moment le leur donne à penser. Le cœur de Mme Duhamain n'est pas dur, elle ne perd pas complètement des yeux un tel idéal. Ainsi, dans le fiacre :

> Ce mot « quitter » éveillait dans son cœur des tristesses illimitées... elle sentait maintenant pour Trudon elle ne savait quelle inerte sympathie... certes, elle ne l'aimait pas, elle persistait à le trouver sot, stupide, insupportable, l'idée qu'elle aurait pu devenir sa maîtresse lui semblait exorbitante; pourtant, ... par sa présence même, Trudon lui laissait encore un restant d'espérance. Tout n'était pas définitivement fini, puisque, bête et mal appris, il demeurait auprès d'elle. L'idéal amour qu'elle avait tenté d'atteindre lui paraissait moins lointain, et elle le distinguait encore à travers l'épaisse sottise de l'individu, à peu près comme elle distinguait des lumières là-bas, à travers le brouillard (2).

Trudon, lui aussi, espère que le trajet va durer encore, qu'ils n'arriveront pas trop vite. Il se retrouve aussi profondément sentimental que certain soir, où sortant de chez des amis avec une jeune fille qu'il s'était chargé de raccompagner chez elle, il n'osa pas lui faire le moindre brin de cour :

> Ainsi, tous les deux, Trudon et Mme Duhamain, éloignés l'un de l'autre par la réalité, se rejoignaient dans une même dilatation de tout leur individu, dans une même aspiration vers des tendresses inaccessibles, et ce mot « quitter » leur semblait douleureux non pas tant que [*sic*] parce qu'il allait séparer leurs personnes que parce qu'il allait mettre un terme à leurs rêves (3).

Ainsi, chacun reste indifférent à la personnalité de l'autre, et bien que tous deux ressentent cette affinité née du mouvement qui les a portés l'un vers l'autre. Il se séparèrent.

Puis, quand avec un roulement de tonnerre, le train tout entier s'engouffrant sous la voûte obscure d'un pont, ils ne virent plus rien ni l'un ni l'autre, tous les

---

(1) *Ibid.*, p. 254.
(2) *Ibid.*, pp. 300-304.
(3) *Ibid.*, p. 310.

deux, séparés, éprouvèrent en eux la sensation d'un vide immense, la désolation d'une tristesse illimitée. Ils connurent la mélancolie des choses finies, dont la médiocrité même ne recommencera pas. Ensemble, ils regrettèrent de n'avoir point su mettre à profit l'occasion qui s'était offerte. Trop préoccupés d'atteindre à l'idéal, peut-être, avaient-ils laissé échapper un bonheur qu'aucune volonté et qu'aucune circonstance ne leur ramèneraient jamais. La sagesse, sans doute, aurait consisté à ne point s'en défendre, et à en jouir désespérément, tel qu'il se présentait, sans chercher de raffinement, ni exiger trop de délicatesse. Et fatigués par les efforts mêmes où ils s'étaient dépensés, courbatus par l'excès de leurs désirs que ne suivait aucune satisfaction, ils sentirent en eux quelque chose de définitivement faussé, constatèrent avec épouvante, pour l'avenir, une diminution des facultés de leur individu et comme un irrémédiable amoindrissement de leur cœur (1).

Avec quelle clarté ne voit-on pas à présent que le drame n'est point dans les actions ou les paroles des personnages, mais dans la lutte dont leurs deux cœurs et leurs deux esprits sont le théâtre ? Ils se demandent s'ils n'ont pas été mal inspirés de céder à la force de la réalité : mais s'ils avaient persisté dans leur désir, n'auraient-ils point de même perdu toute illusion, quand la médiocrité de la satisfaction des sens leur serait apparue, au regard de l'idéale perfection dont ils avaient rêvé ? L'auteur l'entend bien ainsi, qui fait naître en Mme Duhamain, quand elle rentre au logis, la première lueur d'une solution qui est la seule possible. Cette solution tient en un mot, que Céard répète tout au long de cette histoire, qui ne cesse d'accompagner et le dilemme, et la tentative avortée, et qui en quelque sorte les affecte comme un signe musical et leur confère une tonalité : se résigner. On peut douter que cette simple bourgeoise ait eu en elle de quoi résoudre son grand problème; on ne peut nier cependant que les plus médiocres esprits soient visités, quand c'est leur heure, par de soudains éclairs de conscience. On ne peut être surpris de la voir découvrir « dans sa tentative du matin des profondeurs nouvelles d'inutilité, de sottise », et de voir que « la facilité avec laquelle elle avait pu exécuter sa tentative vers l'idéal lui semblait aggraver encore la déplorable médiocrité du résultat » (2). Toutefois, quand il met dans les réflexions de la jeune femme toute la substance de sa thèse, Céard outrepasse peut-être légèrement les bornes du probable. Ainsi :

Pendant qu'elle coiffait son filet de nuit où ses cheveux tout blonds tombaient retenus par les larges mailles blanches, des philosophies s'éveillèrent dont elle eut obscurément conscience. Elle comprit que la misère des cœurs résulte non pas de la douleur continue qui les poigne, mais de l'effort qu'ils font pour échapper à leur condition. L'idéal qu'ils réclament ainsi qu'une délivrance se montrait plus meurtrier encore que les vulgarités auxquelles ils tentaient de se soustraire,

(1) *Ibid.*, pp. 321-323.
(2) *Ibid.*, p. 333.

et puis, il y avait en plus les dangers, les craintes, les pertes d'habitudes, et aussi, et invariablement, les retours plus douloureux, après les aspirations non réalisées. Elle devina quelle ampleur de sottise se manifeste dans les continuelles révoltes contre cette loi de la médiocrité universelle qui, pareille à la gravitation et despotique autant que la pesanteur, ploie le monde et le soumet à son ordonnance : cette nécessité lui apparut qu'il fallait se tenir à sa place et tâcher de s'y faire tout petit pour diminuer les risques d'aventures et provoquer le moins possible les déconcertants déclenchements de la fatalité.

Et puis l'ennui dont elle croyait souffrir n'était sans doute point si considérable et rien ne le différenciait du bonheur qu'une plus longue accoutumance. L'imagination, toujours, aggravait les tristesses naturelles et puisque les réalités s'imposaient, sans cesse moindres que le rêve, le mieux consistait à s'étendre dans une platitude définitive. Autant valait rechercher par inclination un état où elle serait inévitablement ramenée par force. C'était le calme assuré, d'abord, et peut-être que de la continuité même naîtrait à la fin une jouissance (1).

Une belle journée possède donc son propre caractère, qui tient en un but unique et en des règles établies en vue de cette œuvre et d'elle seule. La critiquer d'après cette dissemblance fondamentale d'avec toutes les autres œuvres romanesques, ne semble guère plus raisonnable que de reprocher à une estampe de ne point ressembler à un tableau. Céard transporte dans son œuvre, avec une exactitude photographique, mille et un détails insignifiants de la vie ordinaire, et la façon dont ils entourent les personnages ou naissent de leur contact rend presque vraisemblable le développement de leur état d'esprit.

Par un procédé qu'Apollinaire comparait au « ralenti » cinématographique (2), il suspend en quelque sorte le cours du temps, assez pour pouvoir détailler à loisir ce qui dans la réalité passe trop vivement et défie l'analyse. Tout en cherchant à donner, selon le précepte de Zola, une page de l'existence, l'exposé d'un fait unique (3), Céard, creusant plus que tout l'analyse des sensations et des idées, lui donnant aussi la place centrale, ne laisse pas de montrer un aspect nouveau du naturalisme, car celui-ci n'avait fait jusqu'alors que considérer les facteurs matériels et extérieurs de la vie.

Les personnages n'y gagnent pas en clarté, n'y perdent pas non plus, du reste : et en somme il n'est pas nécessaire qu'ils soient autres que nous les voyons. On n'éprouve pas de sympathie pour l'un ni pour l'autre, mais l'un et l'autre offrent assez d'intérêt pour que le but soit atteint. Et si le portraitiste ne les a pas traités sans quelque cruauté, ce n'est point que le roman fût conçu comme une sorte de plaisanterie, mais parce qu'il offrait l'occasion d'étudier avec minutie une situation toute banale; il permettait d'atteindre, à partir de cette situation et des mouvements de pensée qu'elle

(1) *Ibid.*, pp. 338-340.
(2) Guillaume APOLLINAIRE, Henry Céard, *l'Europe nouvelle*, 4 mai 1918, p. 816.
(3) Émile ZOLA, les Documents humains, *le Roman expérimental* (Paris, Bernouard, 1928), p. 211.

faisait naître, une conclusion logique. Et bien qu'on puisse voir là Céard interprétant Schopenhauer à sa façon (1), le roman est plutôt triste que pessimiste (2).

Pour notre part, nous bornerons à deux nos réserves critiques, toutes personnelles du reste. Une certaine crudité d'expression apparaît par moments, sans rien ajouter aux effets du roman : ainsi les huîtres sont comparées à des crachats (3), la Seine toute verte sous la pluie semble un fleuve de pus (4); trois allusions à l'acte d'uriner (5) ne choqueront plus guère aujourd'hui, mais sont sans nécessité aucune.

Quant à la construction, n'eût-il pas mieux valu qu'aux premières pages Mme Duhamain sortît de chez elle au matin, comme les dernières la montrent y revenant ? Tout ce qui précéda la « belle journée » eût trouvé place dans de légères digressions. La forme du roman eût beaucoup mieux répondu au titre, eût été en plus grand accord avec sa propre discipline.

Observateur misanthrope, peintre méticuleux, attentif à accumuler les plus petits détails, moraliste soucieux de rendre la totale inadéquation des rêves naïfs et de la réalité médiocre, Céard a pu être comparé à Flaubert, et maint historien a pris soin de montrer en lui quelque chose de mieux qu'un double inférieur du maître de Croisset. On a insisté surtout sur la parenté de *l'Éducation sentimentale* et d'*Une belle journée*. De fait, quand Mme Duhamain feuillette des revues et des journaux et quand l'auteur nous invite à en inspecter le contenu, on se doute bien qu'il reprend là une scène où Frédéric Moreau a quelque peu à se plaindre du *Flambard*. Le désir d'un « bon frère » n'est pas sans nous rappeler le chaste amour de Frédéric pour Mme Arnoux, charnelle représentante de l'idéal. De même pour les touches de désenchantement, pour le thème final de la résignation — qui se retrouvent d'ailleurs en chaque roman de Céard.

A la suite de Deffoux et Zavie, on a assez insisté sur la cadence et la distribution des phrases de Céard, sur son emploi de l'adverbe terminal, qu'il tient directement de Flaubert. Ces ressemblances sont grandes en effet, et pourtant on se gardera d'ignorer d'autres parentés. C'est Huysmans, dans une préface écrite pour *A Rebours*, qui dit l'impression que le roman de Flaubert avait produite sur lui et sur ses amis : ils s'en étaient fait une manière de Bible, un parfait modèle. Avec *Bouvard et Pécuchet*, *l'Éducation sentimentale* les encourageait dans la voie d'un humour tout particulier : c'était à qui, de lui-même, Céard, Francmesnil et Thyébaut, entretiendrait la plus riche

---

(1) Voir *l'Express*, 8 août 1881.
(2) On peut en dire autant de ses petites « esquisses » en prose, telles que *A la mer*, *Vieille Poupée*, *Coups d'œil et clins d'yeux* et *Idylles fausses*, qui laissent une impression de simple tristesse plutôt que d'abattement et de désespoir conscient.
(3) *Une belle journée*, p. 133.
(4) *Ibid.*, p. 201.
(5) *Ibid.*, pp. 70, 281 et 283.

collection de clichés et d'idées reçues — pour ne rien dire de leur aptitude particulière et supérieure à reconnaître le néant de tout (ils avaient tous lu Schopenhauer dans le choix superficiel des fragments de Bourdeau). Il est intéressant de comparer Huysmans et Céard à cette période : Berthe Jayant *(En Ménage)* trouve comme Mme Duhamain que sa vie conjugale manque déplorablement de romantisme : pour Jean Folantin *(A vau-l'eau),* le bonheur n'est qu'une pathétique illusion. Il y a une ressemblance plus grande encore entre les deux écrivains, mais qui cette fois-ci les sépare de Flaubert. Ils doivent là autant aux jugements portés par leurs jeunes amis qu'à la lecture de *l'Éducation sentimentale.* Flaubert se plaisait à choquer le bourgeois, mais il le faisait plus volontiers avec des idées qu'au moyen de descriptions, encore qu'il ne négligeât point tout à fait cette méthode. Huysmans et Céard heurtaient, mais avec des mots eux-mêmes, avec des spectacles ou des odeurs désagréables. Ici vient à la mémoire le nom d'un autre auteur, dont l'influence fut passagère mais vigoureuse. Telle réception de gala chez des petits-bourgeois — bal au « Salon des Familles », atmosphère surchauffée, transpiration, parquet bruyamment piétiné, poussière qui s'en élève, orchestre beuglant — cette peinture de plaisirs faubouriens et dénués de goût nous rappelle plus d'une scène de Zola, première manière.

Mais le roman de Céard nous offre l'exemple d'une discipline toute personnelle. Il convient d'insister un peu sur cette originalité, que trop de comparaisons avec des œuvres contemporaines risqueraient de faire oublier. Enfermer l'action principale dans l'espace d'un après-midi et d'une soirée, et en rendre compte dans le style indirect libre, c'était anticiper l'une des plus fascinantes expériences du xxe siècle littéraire. Après *Une belle journée*, il restait logiquement un pas à faire : Édouard Dujardin donna *les Lauriers sont coupés* (1888) où s'inaugure le « monologue intérieur » romanesque; l'action n'y occupe qu'une soirée, quelques heures. Dans *Leutnant Gustle* (1900), Arthur Schnitzler utilise, l'espace d'une journée, un monologue tout en associations d'idées. Il va sans dire que le sommet est atteint par James Joyce dans son *Ulysse* (1922), où le *stream of consciousness* nous entraîne et où nous vivons une odyssée de vingt-quatre heures. Nous ne savons si M. Michel Butor accepterait d'entrer dans cette lignée, lui dont *la Modification* (1958) nous fait vivre les pensées de son personnage, liées à une foule d'impressions et de détails matériels, le temps d'un voyage en train. Il n'y a pas lieu de poser, excepté pour Dujardin et Joyce, le problème d'une influence directe. Il convient cependant de noter que Céard trouva sa méthode dans l'air littéraire de son temps — nous ne parlons pas seulement de l'influence du drame classique — et qu'il fut le premier, à notre connaissance, à lui donner une forme matérielle, témoignant ainsi de son originalité de créateur.

Ni sentiment, ni poésie, ni intrigue, mais de l'originalité, de la logique, et une exacte fidélité à une règle choisie et imposée par soi-même.

L'action de *Terrains à vendre au bord de la mer* se situe à Kerahuel (1) en Bretagne, à l'extrémité de la presqu'île de Téhuen (2). C'est une petite ville retardataire, bretonne avec entêtement, ainsi qu'on en trouve sur toute la côte armoricaine.

Les habitants du pays ont les yeux en amandes, et l'auteur les présente comme les descendants de Mongols qui auraient fini par se mêler à la race plus ancienne des Celtes. Ils sont, apprenons-nous, hypocrites, trompeurs et farouchement « ethnocentriques ». Des siècles durant, ils ont vécu repliés sur eux-mêmes, remâchant et ruminant leurs préjugés; ils n'ont gardé aucun penchant à sympathiser, à pratiquer l'hospitalité ou même la simple politesse. Se mariant entre eux depuis toujours, ils se sentent tenus, comme une seule grande famille pourrait-on dire, de se défendre contre tous les « hors-venus », et ils se rebellent d'instinct contre toute loi ou toute idée de l'extérieur, qui risquerait de venir heurter leurs traditions ancestrales.

A la finesse, à la ruse tout asiatiques, à l'absence de scrupules en matière de commerce, s'ajoutent divers traits espagnols, légués par les soldats de Philippe II, qui s'arrêtèrent là à l'époque de la Ligue. C'est d'abord l'architecture qui révèle cette filiation, soit dans les vieilles maisons, soit dans le style compliqué, fouillé, des calvaires de la Renaissance, qui fait un si parfait contraste avec la sévérité bretonne des XIIe et XIIIe siècles.

Les vêtements l'attestent aussi : les filles portent la jupe ample sous une taille très serrée, ce qui rappelle telle peinture de Velasquez; et les hommes, en veste courte, pantalon qui s'élargit aux pieds, chapeau plat, font penser aux toréadors de Tolède, Séville ou Madrid. Mais plus encore que dans ces détails, l'Espagne se manifeste « dans l'extraordinaire vanité des cerveaux toujours curieux de louanges, se plaisant aux hâbleries, apathiques comme s'ils étaient à jamais lassés d'avoir rêvé la conquête des Grandes Indes, et prenant pour indépendance les soubresauts d'une paresse révoltée d'instinct contre toute discipline » (3).

Et la religion elle-même est sous cette influence : ainsi se propageaient ces pratiques dévotes toutes d'extérieur et d'idolâtrie qui ramènent la croyance à des manifestations machinales et mesquines, et créent dans l'Église une espèce de parasitisme de la foi. De plus, la confession, tirée hors de ses rigueurs par la casuistique des Jésuites, dépravait les âmes au lieu de les épurer. L'absolution accordée à des tempéraments frustes, incapables de se pousser à la contrition où

(1) Y a-t-il là un trait d'humour ? Le mot est fait de trois racines bretonnes : Ker (contraction de Kéar : village, bourg ou ville); a : de ou vers; huel : haut. S'agit-il d'une « Cité de Dieu » ? Cf. Victor Henry, *Lexique étymologique du breton moderne* (Rennes, Plihon & Hervé, 1900).
(2) En réalité Port-Haliquen, en Quiberon.
(3) *Terrains à vendre au bord de la mer* (Paris, Charpentier, 1918), p. 191.

se lassaient de les inciter les prêtres, devenait l'auxiliatrice des perversités et des crimes. Kerahuel, entre toutes les paroisses, se jugeait quitte envers sa vague conscience avec la rançon de quelques aumônes, la pénitence de quelques cierges brûlés. Les femmes, universellement grossières et querelleuses, sans cesse agenouillées aux confessionnaux et toujours en appétit de la Sainte-Table, se relevaient des sacrements avec un cœur seulement vivifié pour la chicane et pour l'injure (1).

C'est dans cet endroit que tous les étés, au mois d'août, des citadins accablés par la chaleur viennent chercher un peu d'air frais. Plusieurs familles partagent une même pièce, qui leur est louée à un prix exorbitant. Beaucoup préfèrent quitter l'endroit avant la fin des vacances, tant leur est insupportable l'absence de toute bonne grâce et la rapacité de leurs hôtes. Et ceux qui restent se résignent à réclamer patiemment une cuvette, de l'eau, un peu plus de serviettes : car les femmes de Kerahuel, qui se lavent les mains avec leur salive, ne peuvent pas comprendre ce goût de la propreté chez leurs locataires. Les prêtres leur ont enseigné que la crasse est un très sûr moyen de gagner le Paradis, et ils considèrent tubs et lavabos comme des instruments de damnation, et les femmes qui en font usage, comme étant de moralité douteuse. Ainsi, une propriétaire, furieuse de voir ses papiers peints tachés par l'eau, s'écrie : « Je ne me suis jamais lavée, moi, madame. Vous m'entendez, je ne me suis jamais lavée, parce que je suis une honnête femme, moi (2) ! »

Cependant, le plus terrible vice de l'endroit, c'est la boisson (3). Tout le monde boit; l'homme donne son vice à sa femme, et leurs nombreux enfants, pleins de difformités, sont là en victimes expiatoires des fautes des parents. Un capitaine rentre d'un long voyage, et au lieu de trouver en banque son salaire accumulé, se voit refuser ses chèques : c'est sa femme qui a tout bu. Chez les jeunes gens, continue Céard, la fibre morale est si affaiblie qu'une seule ribote peut en faire un alcoolique pour la vie (4).

Et pourtant, la vie des naturels est si rude, si héroïque, que l'auteur leur marque une certaine sympathie. La plus grande partie de la vie des

(1) *Ibid.*, p. 192.
(2) *Ibid.*, pp. 279-280.
(3) Céard nourrissait une profonde antipathie envers les Bretons, ainsi qu'en témoignent ces lignes, extraites d'une lettre à Huysmans (Menton, 17 mars 1903).

« Mon bien cher ami,

« La Bretagne avait fini par m'excéder. Trois mois de tempêtes quotidiennes compliquées de l'effroyable ignominie morale des habitants. Quand ils se sont mis à inventer la fausse misère, décidément le dégoût m'a pris. Car c'est une affreuse plaisanterie, l'infortune du pêcheur; comme toujours, cette année comme les autres, il a gaspillé tout entier son gain qui fut considérable, car malgré les légendes, la sardine n'a pas manqué, et s'il a faim, c'est qu'il a trop bu d'alcool. Voilà la vérité toute nue. Aucune race n'est plus répugnante et moins digne d'intérêt. Du reste, votre livre me prouve que vous les connaissez, les natures rustiques. Nous éprouvons chacun le même haut-le-cœur devant ces brutes vicieuses et malfaisantes. Ah ! les immondes vergognats de bonnes ! Leur incapacité et leur rapine finissent par tourner à la souffrance. » *Bulletin de la Société J.-K. Huysmans*, n° 13, décembre 1935.

(4) Céard expose encore la même idée dans un article de *l'Événement*, 5 janvier 1901.

hommes se passe entre ciel et eau. La fatalité, toujours présente, terrifie les imaginations et ne laisse pas reposer les prières. Il n'est pas de femme qui n'ait connu les anxiétés de l'attente sur la jetée, lorsqu'un coup de vent a surpris les pêcheurs en mer; et plus d'une a crié : « Ind Doué beniguet, hag gournet ind ar mor » (Dieu les bénisse et les garde à la mer) (1). A Kerahuel une catastrophe se signale toujours et immédiatement par le nombre des morts que chante le curé. Et les pierres tombales ne portent guère que des noms de femmes, car les hommes dorment sous les flots sans cesse mobiles. Et c'est ainsi que les enfants font la prière du soir : « Ayez pitié de mon grand-père mort en mer, de mon père mort en mer, de mon frère mort en mer. Et donnez-leur, ainsi qu'à tous ceux de ce pays qui sont morts en mer, le repos dans la vie éternelle (2). »

C'est dans ce milieu que l'auteur, pendant 775 pages, fait vivre cin-quante-neuf personnes, parmi lesquelles le savant Laguépie, Malbar le littérateur, et Mme Trénissan, soprano wagnérien : ces trois vies vont particulièrement exciter notre curiosité.

Le Dr Laguépie occupe durant les mois d'hiver une chaire d'ana-tomie comparée au musée d'Histoire naturelle (3). Connu pour son esprit indépendant, aussi bien que pour sa verve toute juvénile, il a la faveur des étudiants, qui se pressent à ses cours. D'un congrès en Allemagne, il avait rapporté le surnom de *der lustige Gelehrte* (le joyeux savant).

Entre tous ses titres, celui-là lui paraissait le seul enviable, parce que, disait-il, « dans ce monde mal organisé, le pessimiste que je suis se doit d'être un homme joyeux, autrement, j'ajouterais à la tristesse d'un univers qui n'a pas besoin de misère. »

Aucun maître n'était d'esprit plus large et de doctrine moins dogmatique. Prudent dans les affirmations, discret dans les négations, ne discutant pas les croyances puisque les scepticismes manquaient d'accord entre eux, et que, suivant son expression, « personne ne faisait ses zéros de la même manière », il étudiait la nature avec un pyrrhonisme élégant, travaillait de toute sa puissance à la rendre moins hostile à l'homme et plus adaptée à la société. Sa supériorité ne craignait pas d'accueillir les indications de l'empirisme. Il ne méprisait pas les traditions, tâchait de pénétrer leur enfantillage pour démêler ce qu'elles cachaient de sérieux sous les mots, quelles observations exactes se dissimulaient sous la naïveté des pratiques (4).

---

(1) *Terrains à vendre*, p. 112. CÉARD se souvient ici d'un certain soir d'orage, à Grand-Camp, en août 1881, où Zola et lui perçurent la voix d'une femme, appelant au secours dans des termes à peu près semblables. Cf. *l'Événement*, 13 juin 1896.

(2) *Ibid.*, pp. 163-164.

(3) Nous savons que ce Laguépie a été fait d'après un modèle, Georges Pouchet, titulaire de la même chaire, ami de Flaubert et rédacteur scientifique au *Siècle*. *L'Éclair*, 29 août 1924.

(4) *Terrains à vendre*, p. 52. On retrouve ici, à peu de chose près, les mêmes mots que dans *le Matin*, 31 mars 1894.

113

Mais à Kerahuel, on ne soupçonne guère le grand renom du docteur, et, appréciant l'incognito, il y passe toujours une bonne partie de l'année. Sous l'apparence d'un simple médecin de campagne, il se livre à une étude pathologique, dont les habitants de l'endroit sont les sujets. L'hystérie lui semble être leur mal héréditaire; entretenue par des générations de buveurs, elle se manifeste dans leur christianisme superstitieux et quasi païen, ainsi que dans leur hypocrisie et leur brutalité.

Un soir on l'appelle pour porter secours à une jeune femme que son père a frappée d'un couteau. Pour travailler en paix, il demande au curé, et à une sorte de bonne sœur laïque nommée Astérie, qui exerce illégalement les fonctions de médecin, de quitter les lieux; puis il nettoie les plaies de son mieux, et recommande qu'on ne dérange la blessée sous aucun prétexte pendant la nuit. A peine est-il sorti que le curé et Astérie s'en reviennent, et, malgré les défenses du docteur, on confesse la jeune femme. Et quand elle découvre ses membres pour l'application des saintes huiles, le froid la saisit. On la fait asseoir, pour qu'elle puisse s'exprimer plus facilement. Épuisée par l'administration des sacrements, Pénitence, Extrême-Onction, Eucharistie, elle meurt au matin. Et le docteur, furieux, qui demande pourquoi on ne lui a pas obéi, reçoit pour toute réponse cette phrase qui tient lieu d'explication pour toutes choses à Kerahuel : « Parce que c'est comme ça. »

L'année suivante, pour soulager la douleur d'un malade et lui procurer le sommeil, Laguépie lui administre de la morphine. Astérie, qui se trouve là, lève les yeux au ciel avec une expression de pitié mêlée d'indignation. Dans la nuit, inquiète de l'immobilité insolite du malade, elle le secoue, essaie de l'éveiller. Aucune réaction : la femme du malade comme la bonne sœur pensent qu'il est sur le point de mourir. La femme voudrait faire appeler le docteur, mais Astérie s'y oppose. A quoi bon ? C'est le docteur, avec sa seringue, qui a tué l'homme, et mieux vaut à présent qu'on aille chercher le curé. Une demi-heure plus tard, Astérie revient avec le curé, et un groupe de femmes qui s'apprêtent à veiller le moribond supposé. Tout autour du lit, elles l'adjurent de recommander son âme à Dieu, mais les mots n'entrent pas dans ces oreilles insensibilisées par la morphine. Il est donc impossible de lui faire recevoir tous les sacrements, mais le prêtre fait de son mieux, et, avant de quitter la maison, se borne à réprimander Astérie pour l'avoir appelé trop tard, empêchant ainsi toute contrition avant ces ultimes cérémonies.

Dans la chambre, un cierge brûle pour aider l'âme pécheresse à se dégager : on le passe au-dessus du corps immobile en décrivant le signe de la croix. Toutes les casseroles et tous les pots de la maison sont emplis d'eau et disposés autour du lit, pour qu'au moment de la délivrance l'âme qui cherche où se purifier n'aille point vers le lait des vaches, dans le voisinage impur des odeurs de l'étable.

Toute la nuit, les femmes chantent et s'abreuvent d'alcool, mais ce n'est qu'au matin que leurs bons offices semblent avoir de l'effet. La drogue cesse peu à peu d'agir; et quand Astérie saisira la main du malade, il la retirera et gémira. Il va donc vivre; c'était seulement un danger momentané, dont le docteur est responsable, et à présent Astérie a sauvé cet homme. Il n'y a aucun doute là-dessus dans l'esprit des femmes. Le malade doit la vie aux sacrements et aux prières. Et de ce jour, Laguépie passera pour un malfaiteur et un ennemi public, et, de son côté, il refusera toute aide médicale aux habitants du pays. Il est, dit Malbar, la victime d'un phénomène social du genre hydrostatique : « Un homme de valeur perd fatalement de son autorité en raison directe de la masse d'idiots à laquelle il se mêle (1). »

André Malbar (2), critique et chroniqueur, est venu chercher dans le vaste paysage de Kerahuel le libre épanchement de nouvelles idées, et la tranquillité nécessaire pour écrire un livre sur « les Rapports de la littérature et de la science ». Il envisage un idéal scientifique libérateur, qui, d'hypothèse en hypothèse et de recherche en recherche, jette la lumière sur les mystères auxquels l'homme a été assujetti, et l'en délivre par la vertu de la compréhension. Or, puisque la science est faite de mobilité calculée et de changements logiques, on ne saurait, selon Malbar, donner une formule définitive pour la conduite de la vie, une limite évangélique que l'esprit ne soit pas dans la nécessité de franchir. Ce qu'il admire surtout dans la science, c'est le soin scrupuleux qu'elle met à ne donner de définitions que provisoires et exemptes de toute arrière-pensée tyrannique (3).

Il ne se fâchait pas contre elle de n'avoir pas ouvert aux illusions du monde des paradis que, du reste, elle s'était bien gardée de promettre. Là-dessus, il se séparait nettement de ses amis et de ses maîtres, qui, par rancune de ne pas trouver dans les laboratoires de suffisants articles de foi, retournaient à l'église; et préféraient s'immobiliser dans une dévotion apaisante et bornée, plutôt que de consentir à l'effort de toujours s'enquérir et de toujours penser (4).

Ses préoccupations vont particulièrement au rôle de l'écrivain en tant qu'artiste, et tout en admirant un beau style, il avoue ne voir en lui qu'un mode d'expression, moyen et non pas fin en soi. Un sophisme demeure toujours un sophisme, si magnifique qu'en soit le manteau. Il ne suffit pas, par exemple, qu'un romancier réaliste dépeigne tels ou tels personnages, leur attribue telle ou telle sorte d'émotions. Il lui faut aussi se rappeler

(1) *Ibid.*, p. 490.
(2) A certains égards, Céard lui-même.
(3) Comparer les deux pages du roman, 47 et 48, à ses articles dans *le Matin*, 5 janvier 1895, et *le Paris*, 26 mars 1896.
(4) *Terrains à vendre*, p. 48.

que les personnages sont des êtres, au sens physiologique, et que leurs émotions sont fondées, comme il se doit, sur les conditions physiologiques et psychologiques inhérentes à ces personnes particulières. Un problème lui semble de première importance pour l'objet de son étude; c'est celui du vocabulaire hérité, des termes encore pleins de leur ancienne teneur métaphysique et par là même inadéquats à leurs nouveaux objets. Le roman moderne demande à être écrit en termes résolument scientifiques, du moins pour une large part. Un tel langage ne pourrait que gagner en exactitude, et il ne satisferait pas moins aux exigences du style que l'ancien vocabulaire philosophique.

Pour augmenter un revenu assez faible, Malbar écrit chaque semaine un article pour un journal de Paris. Un après-midi, se tourmentant l'esprit à la recherche d'un sujet, il laisse errer son regard sur les falaises et les amoncellements de rochers qu'on aperçoit au loin par la fenêtre, et qu'il appelle, à cause de leur allure féodale, le Vieux-Château. C'est certainement devant une silhouette de ce genre que Richard Wagner imagina le manoir de Kéréol, où Tristan avait poussé ses plaintes dans le désespoir et l'agonie, avant que la mer ne lui répondît, toujours profonde et jamais silencieuse. Voilà le sujet ! L'article va s'intituler : « Au Pays de Tristan » (Kerahuel, juillet 1897) (1).

Mme Trénissan, dès la lecture de cet article, se sent attirée vers ce château de Tristan que Malbar a si vivement dépeint. Jeune veuve, elle connaît bien Malbar, à qui l'a attachée une sorte de camaraderie intellectuelle, et dont elle appréciait l'esprit plus encore que la personne. Mais elle, de son côté, avait été plus qu'elle ne pensait pour Malbar, et c'était même une des raisons de son exil volontaire. C'est pourquoi, à l'arrivée de Mme Trénissan à Kerahuel, Malbar a beau ressentir un grand plaisir, il ne peut s'empêcher de songer que son repos et ses projets littéraires risquent d'être interrompus : et ils le seront en effet.

Elle est enchantée à la vue du Château de Tristan, qui tout à la fois l'attire et la repousse. « Elle s'attristait de le savoir tellement proche, tellement inaccessible, tant les cœurs les plus enthousiastes découvrent toujours un désenchantement et une amertume dans la difficulté de réaliser le plus simple de leurs rêves (2). » Mais le jour suivant, elle pourra voir de plus près l'entassement des rochers, et exaltée devant la majesté de ce spectacle démesuré, elle laisse libre cours à son imagination, et chante l'arrivée d'Yseult; et entraînée par l'habitude de la mise en scène, elle se laisse choir sur un rocher, comme Yseult sur le corps de Tristan. Malbar, transporté par son chant, se penche sur elle et lui baise la nuque. Elle lui demande alors, avec

---

(1) Cet article de Malbar reproduit ou suit de très près l'article que CÉARD écrivit pour *l'Événement*, le 18 septembre 1897.
(2) *Terrains à vendre*, p. 124.

froideur, de bien vouloir ramasser son chapeau. Ensuite, tranquillement, elle explique pourquoi une liaison n'offre que peu de chances de bonheur; c'est qu'ils sont l'un et l'autre incapables d'un amour infini. Wagner a nettement conçu et senti qu'aucune passion humaine, si vaste qu'elle soit, ne peut s'élever au degré d'exaltation que le compositeur lui fait atteindre grâce à la musique. Il a compris que pour porter Tristan et Yseult aux dernières extrémités du délire, au-delà de ce que peuvent les sens ou les autres ressources de l'homme, il aurait besoin d'un ressort dramatique supplémentaire, et il inventa de se servir du philtre magique (1). Et quelque dignité que l'art puisse donner à cet artifice et à cette substitution, il ne faut pas faire la folie de régler les mouvements du cœur sur l'exemple des chefs-d'œuvre qui nous ont paru beaux. Seul l'art est à même de donner aux aspirations des êtres réels une magnificence qui demeure inconnue dans la vie ordinaire. Lui ne serait jamais un Tristan, ni elle jamais une Yseult, ce ne serait qu'un amant et sa maîtresse. Ils trouveront un bonheur autrement appréciable dans une amitié étroite, mais qui préserve l'indépendance de chacun, et ne connaîtront pas les limites que chacun impose à l'autre dans une liaison. Il leur manque le philtre !

Ce même hiver, Mme Trénissan doit, pour la première fois de sa vie, chanter en entier *Tristan et Yseult*. Elle s'en retourne à Paris pleine de si grands espoirs que Malbar ne peut se défendre d'un sentiment d'inquiétude. L'expérience lui a appris de quelles déceptions s'accompagne toujours la réalisation du plus humble des rêves. Depuis longtemps, il s'est résigné à ne rien espérer, et vaille que vaille, à limiter son idéal à la recherche de quelque moyen propre à faire rendre leur maximum aux hasards de la vie.

L'échec attend Mme Trénissan, et bien plus tragique que Malbar lui-même n'a pu le pressentir. Tourmentée déjà par la mauvaise foi des critiques, qui l'ont jugée dès avant son apparition sur la scène, elle perd confiance en son pouvoir de faire ressentir, en passant des simples notes du papier aux vivantes intonations qui seraient nécessaires, la passion suprahumaine d'Yseult. Malbar la ramène à Kerahuel, accablée de chagrin; à Kéréol — cette maison toute neuve qu'elle avait fait bâtir dans la même disposition favorable où de si grands rêves lui semblaient permis pour son avenir de cantatrice — à cette maison élevée sur un de ces « terrains à vendre », et qui, dans ce jour de défaite, se dressait comme le symbole dérisoire d'un optimisme trompeur.

Alors Mme Trénissan aperçoit que ce même idéal, qu'elle tenait pour impossible à trouver dans l'amour, est aussi hors de toute atteinte quand on cherche à donner à l'ouvrage de sa vie la perfection d'un chef-d'œuvre. Elle découvre que les artistes, quand leur imagination atteint au sublime,

---

(1) Céard a tort : c'est dans le poème de Gottfried von Strassburg que Wagner a trouvé l'idée du philtre.

ne font jamais qu'un grand effort pour s'arracher à leur misère d'êtres humains; et qu'à tenter de se hausser au niveau des êtres imaginaires, idéalisés, on ne fait que prendre une conscience plus aiguë de son propre néant. La gentillesse de Malbar aura été sa seule consolation, et, plutôt par gratitude que par enthousiasme, elle se donne à lui.

Conséquence imprévue, cette union leur apporte un enfant. Malbar épouse Mme Trénissan, mais le mariage ôte à cette dernière la possibilité d'hériter de son ancien mari. Malbar, sans grandes ressources, se hâte donc de terminer son essai; mais le livre a peu de succès : original certes au moment de sa conception, il a beaucoup perdu de sa nouveauté avec le temps, car l'auteur en a trop ajourné la parution. Ce sont des idées qui ont fini par faire leur chemin dans le public, et bien que les critiques témoignent une parfaite déférence à un homme de sa réputation, les exemplaires restent sur les planches des libraires.

En proie aux tourments de l'intellect, il ne leur reste que leur chagrin, et ils vont portant avec eux les blessures de leur idéal, auxquelles ne convient aucun remède, et qui ne permettront aucune sérénité.

Tel est le roman, aux vastes proportions, où l'on entend le vent qui court dans ces « terrains à vendre », symboles de l'occasion propice, apportant le chant du tout-puissant océan, chant de désolation et de tragédie. C'est une épopée, où l'on voit une foule d'êtres du commun s'efforcer vers des buts à jamais inaccessibles, privés de force autant qu'épaves sur la mer. Le souffle vital du large entoure et baigne le roman d'un bout à l'autre : il est possible que Céard doive ici quelque chose à l'exemple de Zola.

Il avait parlé, dans l'un de ses premiers articles, des « symphonies » qu'on trouve dans les romans de son ami (1) : symphonie des fromages dans le *Ventre de Paris*, des roses dans *la Faute de l'abbé Mouret*, du linge sale dans l'*Assommoir*. Ajoutons, pour notre propos, le *leitmotiv* de l'océan dans *la Joie de vivre*. Bien qu'il exprime là et souffrance et misère, il est lancé par une voix qui peut aussi caresser, bercer et communiquer à l'âme une douce langueur. Il revient à chaque interlude, comme une musique de fond qui donne chaque fois le ton affectif de la scène qui va se dérouler. Quand Pauline arrivera chez les Chanteau, la mer démontée, toujours prête à franchir le rivage, et démolissant plusieurs maisons du village à son niveau, s'accorde déjà avec l'avidité d'une famille qui s'apprête à lui dévorer non seulement sa fortune, mais aussi son cœur. Enfant, elle passe avec Lazare des étés bienheureux, à jouer le long du rivage; plus tard dans la vie, un bref répit, un instant de bonheur leur est accordé encore : la mer a été belle, calme et apaisante. Un enfant est né; par la fenêtre entrouverte la fraîcheur

(1) *L'Express*, 3 août 1882.

de la mer apporte comme une respiration de vie, la même que Pauline a insufflée dans les poumons du nouveau-né.

Mais la mer est autre chose qu'un flux et un reflux : chacun des personnages réagit devant elle à sa façon. Pour Louise, c'est le vide, et la vue de ce désert liquide ne fait qu'ajouter à son ennui; pour Lazare, c'est l'immensité même, qu'il ne peut conquérir ni même comprendre, et qui l'irrite; pour Pauline en revanche, c'est une admirable variété de dispositions, c'est une profondeur infinie, pleine des mouvements incessants de la vie. A ses moments de colère, la mer détruit les maisons des villageois : mais Pauline ne maudit pas la mer, qui n'avait aucun dessein, elle s'occupe seulement de venir en aide à ses victimes. Pour Zola, la mer représente la vie, et l'attitude de Pauline, la sagesse en face des forces de la vie.

Dans *Terrains à vendre au bord de la mer*, nous trouvons aussi cette mer immense et pleine des flux de la vie, sa voix mugissante, éternellement profonde, parlant sans colère, exprimant plutôt dans ses inflexions une puissance indifférente et toute à son repos. Ce calme, pourtant, ne laisse point oublier que les mêmes vagues ont fait plus d'une veuve et plus d'un orphelin.

La mer s'est habillée de sa couleur d'hiver. Sous les nuages que le vent déchire et traîne, soir et matin, au long du ciel pluvieux, elle fait déferler sur les rochers ses flots d'un vert livide, comme si les lames avaient pris la teinte cadavérique des noyés qu'elles roulent incessamment dans leur flux et dans leur reflux.

. . . .

Le port de Kerahuel cesse d'être sûr pendant ces époques de coups de mer. Le ressac met entre les deux môles une manière de tempête intérieure; et les bateaux y sont plus secoués et plus dansants que les navires au large. Leurs mâts, à droite et à gauche, surmontés vers l'extrémité de petites poulies pour la manœuvre des voiles, s'inclinent, se redressent, s'inclinent à nouveau; et, dans leurs oscillations incessantes, donnent la silhouette et l'impression de croix funéraires balancées sur un cimetière toujours en mouvement (1).

Cette fatalité ne se discute pas, et le pêcheur sait qu'elle fait partie de sa condition. C'est du même œil que Malbar considère les vicissitudes de la vie. Il y a toutefois une différence essentielle entre Pauline et lui : ils acceptent, l'un par la raison, l'autre par le cœur; il se résigne, elle est héroïque.

Nous n'avons tiré de *Terrains à vendre* qu'une partie de la vie de trois des personnages. Ce résumé suffit déjà à nous donner quelques points de comparaison avec les œuvres précédentes de Céard. Dans *Une attaque de nuit*, l'arrière-plan était fait aussi d'une société de méchants et de stupides; mais l'auteur semblait voir les scènes avec un certain recul, gardait aux lèvres un sourire à la fois amer et détaché, tandis qu'à présent il laisse paraître son irritation. Et s'il vient au lecteur quelques doutes sur l'objec-

(1) *Terrains à vendre*, pp. 300-301.

tivité du narrateur, il y a au moins, dans cette suite ininterrompue d'incidents dramatiques, une vraisemblance des faits : quoi qu'on pense de l'histoire, on l'accepte. Le portrait des personnages est toujours le point faible chez Céard romancier : il s'entend mieux à présenter les vertus ou les vices d'un groupe social que ceux d'une seule personne. Et si les caractères ont ici plus de consistance et de vie que ceux de *la Saignée*, par exemple, nous savons aussi qu'ils réunissent des traits généraux communs à nombre de contemporains (1). Du reste, ils ne sont en rien des sujets de biographie.

Ici aussi, le thème du désespoir, et de l'impuissance de l'individu face aux vices de l'humanité, rend un son plus juste que dans *Mal-Éclos*; ici nous voyons le malheur de l'homme dépeint sous des couleurs réalistes, et non point seulement exposé ou mentionné. Le thème général, simple reprise sans doute de celui d'*Une belle journée*, mais plus largement traité, va plus loin dans le pessimisme. Nous avons là deux « sagesses »; celle d'hier, se faire aussi petit que possible, de façon à échapper aux risques et à la fatalité; celle d'aujourd'hui, borner son idéal à rechercher par quels moyens on pourra tirer des hasards de la vie leur maximum d'utilité. Il y a tout un monde entre la négation et la résignation.

La symphonie de l'océan, avec son flux et son reflux monotones, continue de résonner mélancoliquement : le monde sera toujours cruel, et ceux qui sont sensibles à ses coups auront toujours à désespérer et à souffrir de leurs blessures spirituelles. Il n'y a pas de terrains à vendre, ni de parcelles d'idéal.

---

(1) M. Hercher représente Daudet, avec peut-être quelques traits de Flaubert; le pilote Yvor n'est autre que le pilote Madec, ami de Daudet; M. Pascal, que le roman nous présente comme étant en fuite, porte le même nom dont se couvrit Zola quand il dut gagner l'Angleterre; on peut reconnaître, dans la famille Tréhendec, la famille Le Quellec, qui accueillit Céard à Port-Haliquen; quant à Mme Bourignat et à son fils Prosper, ils ont eu pour modèle, sans aucun doute, les personnages particulièrement vivants de Jack et de Mme de Barancy chez Daudet. Voir *l'Événement*, 21 juin 1898 et 3 juillet 1899; *Terrains à vendre*, p. 420; Essais de biographie littéraire, dans les *Œuvres complètes d'Alphonse Daudet*, p. 18.

CHAPITRE IV

POÉSIE ET PIÈCES DE THÉÂTRE

LA POÉSIE

Céard, nous apprend René Dumesnil, « a rimé toute sa vie, depuis le lycée jusqu'à son lit de mort » (1). Mais de tous les poèmes qu'il écrivit, quelques-uns seulement furent imprimés. Les premiers à paraître furent les sept sonnets publiés dans *l'Artiste* en 1877. « Égoïsme » (paru le 18 mars) et « Une charrette » (le 27 mai) donnent une bonne idée de ce genre de poésie, usant du langage de chaque jour, qu'à l'époque J.-K. Huysmans et Céard conseillaient à leur jeune ami et éditeur Théodore Hannon (2). On y chercherait en vain un seul mot abstrait.

Égoïsme

Ce soir je suis allé du côté des barrières
Les mastroquets criards regorgeaient d'hommes soûls,
Les blouses bavardaient avec les canezouts,
Des ouvriers passaient au bras des ouvrières.

Des enfants débraillés qui sortaient des carrières,
Jouaient à pile ou face en jetant des gros sous,
Le bréviaire en main, le regard en dessous,
Un vieux prêtre cassé marmonnait des prières.

Et me voyant aller triste et les bras ballants,
Prêtre, enfants, buveurs, tous, sauf les couples galants,
Ont voulu consoler ma peine et mon déboire.

Et le prêtre m'a dit : « Viens te mettre à genoux »,
Les enfants : « Viens jouer », les ivrognes : « Viens boire »,
Les amants n'ont pas dit : « Viens aimer avec nous. »

Le poème suivant, écrit dès 1873 (3), propose en termes pourtant bien communs, une véritable personnification; cette concession à l'imagerie était, semble-t-il, autorisée parmi les jeunes théoriciens.

(1) René DUMESNIL, *la Publication des soirées de Médan*, p. 58.
(2) Gustave VANWELKENHUYZEN, J.-K. Huysmans et Théodore Hannon, *Revue franco-belge*, décembre 1934, p. 566.
(3) CÉARD et CALDAIN, Huysmans intime, 9 mai 1908, p. 212.

Une charrette

C'est un chemin poudreux au fond de La Villette,
Plein d'ornières, de trous, les bas avec les hauts
Y causent aux haquets d'effroyables cahots,
Un arbre y pousse seul — maigre comme un squelette.

Hommes en bourgeron et femmes en toilette,
Dans un cabaret borgne, auprès d'un four à chaux,
S'en viennent les lundis, et, buvant des vins chauds,
Ébauchent des aveux que le baiser complète.

Or, depuis qu'elle voit des passages d'amants,
Sachant la vanité des éternels serments,
Sans voix pour exprimer sa tristesse secrète,

Dans un chantier voisin, par-dessus les plâtras
D'un mur moussu qui croule, une vieille charrette
Élève ses brancards au ciel — comme des bras.

Quatre ans après paraissait à Bruxelles un volume qui ne manque pas d'intérêt : *le Nouveau Parnasse satyrique du XIXᵉ siècle*, supplément au *Parnasse satyrique du XIXᵉ siècle*. Point de nom d'éditeur sur la couverture, mais on y voit Satan : l'emblème de Kistemaeckers. Les pages 121 à 124 sont consacrées à Céard : « Ballade des pauvres putains », « Ballade à la Vierge », et « Retour d'Âge ». La première strophe de la seconde ballade suffira à donner une idée de la teneur de ces pages :

> Vierge Marie, en ce temps vicieux
> Où chacun tourne au moindre vent qui vente,
> Je viens à toi, souveraine des cieux !
> Ma foi s'affirme et tenace et fervente,
> Henry Céard est chrétien et s'en vante.
> Mais Chair et Foi, souvent sont en conflit :
> Quand mes devoirs pieux sont accomplis,
> Sous son drapeau Paillardise m'enrôle;
> Porte d'Ivoire, en ces instants oublis,
> Préserve-moi de la Grande Vérole (1).

C'est peu de temps après que Céard devait trouver une situation aisée dans le monde du journalisme, et, plus spécialement, de la critique littéraire. Il ne publia aucun poème avant janvier 1892, et il ne le fit alors que sous le pseudonyme de Nicolas Kenlio. Des cinq sonnets qu'il soumit à la *Revue blanche*, « Euréka » est peut-être celui qui témoigne le mieux de ces inquiétudes qui l'avaient si longtemps troublé. Dans ces quatorze vers tient, au moins en gros, l'histoire de ses luttes intellectuelles.

---

(1) *Le Nouveau Parnasse satyrique du XIXᵉ siècle* (Bruxelles, Kistemaeckers, 1881), p. 122.

J'ai voulu tout scruter; j'ai voulu tout savoir,
Et comme le vieux Faust qui peine et s'exténue
A guetter jour et nuit au fond d'une cornue
La vérité qu'il craint toujours d'apercevoir,

J'ai cherché. Maintenant je suis lassé de voir
Quelle douleur en toute chose est contenue.
Dans mon cerveau grandi le respect diminue,
Et je tente d'aimer sans croire et sans pouvoir.

L'inconnu m'effrayait, le certain m'épouvante !
Voilà donc tes succès, ô science qu'on vante,
Tu nous montres les cœurs et tu fais douter d'eux.

Et la tristesse encore, aujourd'hui, me pénètre,
Car je ne sais lequel est le pire des deux,
Le regret d'ignorer ou celui de connaître (1).

Et comme ses efforts littéraires allaient lui rapportant de moins en moins, la désillusion assombrit encore des sentiments déjà pessimistes. Il « tente d'aimer », mais c'est bientôt avec une telle amertume que la haine se met aussi de la partie. Il réservera aux Bretons le trop-plein du désenchantement inspiré par l'homme en général, et les témoignages en sont *Terrains à vendre*, ses articles, l'une de ses préfaces; mais c'est encore dans ses poésies inédites que s'expriment ses plus profonds sentiments de dégoût. Le poème que nous donnons ici, sans titre, et probablement écrit aux environs de 1900, n'est pas le plus amer que contienne la collection manuscrite :

Sur la falaise sans passants
Où volent goélands et mauves
Dans les sables incandescents
Voici fleurir les œillets mauves

Rien sur la terre et sur les eaux
Ne vit dans la chaleur intense
Et seul un vol lointain d'oiseaux
Disent qu'il est une existence.

Ils sont pareils à des yeux bleus
Qu'auraient décolorés les larmes
Et qui ne trouvent plus de charmes
A rien regarder autour d'eux.

Sous le ciel en feu des juillets
Où tout dessèche sur la dune
Les bouquets des mauves œillets
Pourtant fleurissent une à une [*sic*]

(1) *Revue blanche*, janvier 1892, p. 44.

Issus de ces terres brutales
Sans éloquence et sans esprit
D'où vient le charme qui fleurit
Le parfum qui sort des pétales

Au milieu des Bretons hideux
Gracieux en la terre méchante
Mais leur beauté ne vient pas d'eux
Elle vient de moi qui la chante (1).

Enfin, en 1905, voici les vers de Nouvel-An qu'il adresse à la toute petite année, pleurant au spectacle qu'elle a devant les yeux :

D'autres que toi, petite année,
Virent un spectacle pareil,
Et plus d'une fut bien peinée
D'avoir paru sous le soleil.

Car depuis que le monde existe,
Chef-d'œuvre d'un ouvrier fou,
Le monde fut stupide et triste,
Et nous ne savons pas jusqu'où

De siècle en siècle, d'âge en âge,
De bêtise en insanité
Ira ce long dévergondage
Qu'on appelle l'humanité (2).

Quand la guerre éclata en 1914, Céard, en dépit du jugement cynique qu'il portait sur l'humanité, devait se sentir déchiré jusqu'au cœur par les luttes héroïques de tant de ses frères humains. La France fut à nouveau envahie, Paris à nouveau menacé, et c'est à ce danger qu'il consacre un sonnet, « Sur le Quai ».

Ville que je croyais ne pas aimer, en temps de paix,
Par la guerre, aujourd'hui, j'apprends combien je me trompais,
Tant ma tendresse craint pour toi le saccage et la flamme (3).

Mais ce n'était plus 1870, il n'était plus un jeune homme, et tout ce qu'il pouvait faire était d'attendre et de guetter, et de mettre tout son espoir dans une prochaine victoire. Il mit dans ses *Sonnets de Guerre*, toute l'étendue de son désespoir, toute sa tristesse à se sentir inutile. Étranges sonnets, où il use d'un vers de quatorze pieds : pour dire toute son horreur de la guerre il avait besoin d'un vers qui marcherait « d'un pas territorial », selon l'expression de G. A. Masson (4). Mais il

(1) Voir notre bibliographie, n° 58 (2).
(2) A la nouvelle année, *l'Événement*, 1er janvier 1905.
(3) *Sonnets de Guerre 1914-1918* (Paris, Librairie française, 1919), p. 13.
(4) Georges-Armand Masson, Sonnets de Guerre, *Carnet-Critique*, août 1920, pp. 34-37.

ne s'agissait pas d'un vers formé simplement de groupes juxtaposés de quatre, six ou huit pieds (1).

« Suivant l'accent, je place et je déplace la césure » (2), disait Céard, et le résultat était une poésie au mouvement aisé et libre. Comme dit à ce sujet Léon Daudet : « Le rythme du vers, classique ou non, n'est pas seulement calqué sur les pauses (longue et brève) respiratoires, comme le prétend la psychophysiologie, mais aussi sur la projection de l'image initiale. Cette image est un fanal, dont les feux doivent aller jusqu'au bout de l'octosyllabe, ou du décasyllabe, ou de l'alexandrin, ou du « céardin » de quatorze pieds. C'est pourquoi ce feu doit être plus vif et ardent au quatorze-pieds qu'à aucun autre de moindre étendue (3). »

Le poème suivant illustre assez bien cette théorie de Léon Daudet :

Ciel étoilé

Féroces comme les humains, les étoiles, là-haut,
Exercent dans le ciel leurs perversités naturelles.
Les plus robustes, sans pitié, saccagent les plus frêles,
L'astre mutile l'astre, et la comète est un fléau.

Elhabor hait Vénus et Bételgeuse hait Fomalhaut.
Sans cesse en flamme et mouvement pour s'assaillir entre elles,
La clarté des beaux soirs jaillit du choc de leurs querelles
Et la lune en pâlit de peur derrière son halo.

Au-dessus des blessés, Aldébarans, Cassiopées,
Nébuleuses, cendreux amas de sphères éclopées,
Survivant en débris aux attaques d'un soleil mort,

Tel l'avion de nuit, qui s'illumine et prend sa course,
La Croix du Sud armée en guerre et montant vers le Nord,
S'arrache à l'Équateur pour prendre en chasse la Grande Ourse (4).

Les vers qu'on vient de lire, si exquises qu'en soient les images, n'atteignent pourtant pas le ton personnel des deux autres poèmes que nous allons citer, où s'étalent dans toute leur vérité l'abattement et l'amertume de l'homme qui se sent inutile :

Au coin du feu

La guerre, hélas, à quelle humeur instable elle réduit.
Le jour grandit, le jour décroît : soit qu'il grandisse ou qu'il décroisse,
L'heure, avec elle, amène un siècle tout entier d'angoisse,
Et l'on a peur de tout — peur du silence, et peur du bruit,

(1) Contrairement à ce que reprochait un lecteur, qui, sans avoir pris la peine de lire le texte, considérait la tentative de Céard comme prétentieuse. Voir André Doris, Un poète, *la Démocratie nouvelle*, 20 juin 1920.
(2) *Sonnets de Guerre*, p. 68.
(3) Léon Daudet, Un poète érudit, *l'Action française*, 7 mars 1920.
(4) *Sonnets de Guerre*, p. 36.

D'un deuil plus grand que tous mes autres deuils, serai-je instruit
Par la lettre que j'ose à peine ouvrir, et que je froisse ?
Et l'Angélus qui tinte au clocheton de la paroisse
M'épouvante, et me semble un glas funèbre dans la nuit.

Près de mon feu, je vois l'obus tombant sur les tranchées,
De mes parents, de mes amis, faire maintes fauchées.
Combien sont morts, combien vivent encore, en ce moment ?

Mon esprit, tour à tour, ou trop sceptique, ou trop crédule,
Entre le doute, entre l'espoir, oscille; et tristement,
Va et vient, tout pareil au balancier de ma pendule (1).

Voici, encore, en quelques mots simples et clairs, intentionnellement
privés de couleurs trop voyantes, les souffrances morales du poète :

Propre à rien

O mes parents, ô mes amis, cadavres et blessés,
Ensevelis ou mutilés sur les champs de carnage,
Près de vos croix de bois, je fais un piètre personnage
En vos lits d'hôpital, je sens que vous me méprisez.

J'ai mon excuse, hélas, mes rides la disent assez.
Elle vient de ma décadence, elle vient de mon âge,
Et ma sénilité se constate en mon verbiage,
Radotant et sonore amas de propos ressassés.

Vous, dont je pleure l'âme et la bravoure disparue,
Parmi vos rangs, je n'eusse été qu'une infirme recrue;
Quel secours espérer d'un vieillard à peine vivant ?

Dans la France, par vous sauvée, et par moi point servie,
Inutile partout, à l'arrière comme à l'avant,
Je reste un propre à rien, et pour la mort, et pour la vie (2).

Les vers les mieux tournés de Céard sont ceux de facture résolument
classique. On conçoit qu'il ait aimé André Chénier. En ce sens on ne peut
pas voir en lui un novateur, et si sa poésie garde de l'intérêt, c'est toutefois
sans rapport avec l'évolution de la poésie dans son siècle. En effet, il s'est
produit à l'époque où Céard écrivait une véritable révolution (post-roman-
tique) : on pourrait dire que le fait capital a été l'introduction en poésie de
l'image, conçue comme une valeur nouvelle, douée d'un nouveau pouvoir,
et capable même de le conférer à la pensée qu'elle exprime. La limite de
cette évolution, ce devait être l'image, valeur suprême, naissant chez le
poète en même temps que la pensée; et cette pensée, pour sa part devait
s'en trouver radicalement changée : du côté des mots, un réseau subtil
de « correspondances » établissait de mystérieux rapports entre des vocables

(1) *Ibid.*, p. 18.
(2) *Ibid.*, p. 54.

qui ne semblaient jamais devoir se rencontrer; de l'autre côté, celui du contenu, se présentaient à l'esprit des associations d'idées étrangères l'une à l'autre, parfois contradictoires, et qu'en tout cas un jugement philosophique fondé sur l'identité ou la contradiction ne pouvait que condamner.

Or un esprit aussi positif que celui de Céard, analyste jusqu'à l'obsession, ne pouvait guère se complaire dans cette pénombre de l'irrationnel. Il a rimé certes, mais c'est bien « rimé » qu'il faut dire, dans un siècle où le mot « poésie » a pris un sens si différent, où, selon les mots d'un poète moderne, elle a cessé d'être un « moyen d'expression » pour devenir une « activité de l'esprit ». Il demeure certain qu'il n'a pas rimé sans bonheur, qu'il avait le sens du rythme et que ses vers, de l'ancien point de vue, ont de l'allure et sont bien tournés, surtout, répétons-le, quand il s'en tient aux vieilles formes classiques.

Cependant il y a un point encore à examiner. Il n'y a pas que de l'ancien dans sa poésie. Il y a aussi un parti pris, propre à l'école naturaliste, de n'exprimer les choses que d'une façon toute concrète, toute « réaliste ». Les images ont toujours existé chez les poètes, même quand elles n'y tenaient pas une place aussi grande que dans la poésie contemporaine. Il y en a chez Céard lui-même. Mais il semble qu'il ait voulu se raidir contre les entraînements nouveaux, et que là où le siècle cherchait le mystère, il ait, de parti pris, voulu faire une poésie d'où le mystère eût été banni, du moins cette sorte de mystère verbal qui devient la principale recherche des poètes à son époque. Et là même où Céard fait une « image », là où il risque plutôt la comparaison d'une charrette, brancards au ciel, et d'un pessimiste considérant les passions humaines, c'est une idée claire et distincte qui s'exprime, c'est le discursif qui s'affirme et se maintient face à l'intuitif qui envahit tout, même la raison.

On pourrait penser que le naturaliste parfait peut se passer de faire des vers. On pourrait affirmer que le pessimiste endurci n'a rien qu'il puisse chanter. Or Céard a éprouvé le besoin de faire des vers et de chanter, tout en se défendant de suivre le courant de l'époque, de répondre à l'appel des mots avec empressement. Il semble que cette double attitude soit à l'image d'une ambivalence dans la pensée elle-même, et peut-être n'y a-t-il rien d'étonnant quand on songe qu'il a pu être porté, d'un mouvement aussi spontané, vers deux hommes aussi différents que l'observateur Zola et le visionnaire Huysmans.

LES PIÈCES DE THÉÂTRE

Collègues au ministère de la Guerre, et tous deux débutants dans les lettres, Henry Céard et Charles Grandmougin écrivirent ensemble leur première pièce, *Pierrot spadassin*, un acte en vers. D'abord refusée par Augier au théâtre Saint-Germain, refusée aussi à l'Odéon par Duquesnel en dépit des bons offices de Porel, l'œuvre fut présentée finalement, grâce à Régot (1) (autre employé au ministère de la Guerre), au Cercle Artistique de Levallois-Perret, le 29 juin 1877 (2). La pièce n'ayant pas été publiée, et les quelques manuscrits étant perdus ou détruits (3), nous ne pouvons avoir une idée de l'intrigue que par trois documents (4); et puisque ce premier effort laisse déjà présager l'avenir, il ne nous paraît pas inutile d'en donner ici une idée : ce sera celle de Céard lui-même, dans une lettre envoyée à Zola quelques jours après la représentation. C'est le meilleur exposé possible du thème.

Nous descendons : quelques rires fusent encore dans la salle. Il paraît que la pièce a été trouvée gauloise. Gauloise ! Pourquoi non ? Nous avons pris tous les personnages dont l'arrivée en scène excite la gaîté des spectateurs. C'est Colombine pimpante, coquette, et donnant de la grâce à ses perfidies, de l'élégance à ses trahisons; c'est Pierrot philosophe et imbécile; c'est l'éternel docteur et son éternelle consultation à bâtons rompus; c'est un officier séduisant; quelque chose comme un chérubin raffiné et sceptique; tous ceux-là qui ont toujours fait rire par leurs propos, par leur costume, par la bonne humeur de leurs vices.
Et pourtant, en soi, notre Pierrot est lugubre. Il croit être trahi par sa femme et veut se venger. Mais comment faire ? Il est lâche; d'une lâcheté constitution-nelle et invincible. Le docteur qu'il appelle, devant ce mal chronique, confesse l'inanité profonde de ses remèdes, et lui donne l'adresse d'un spadassin. Le spadassin est un philosophe et conseille à Pierrot de se mettre dans une situation telle qu'il ait autant de péril derrière lui que devant lui. En ce cas il avancera certainement, puisque à danger égal son intérêt l'emportera. S'il ne tue pas le séducteur, lui, le spadassin, tuera Pierrot. C'est à choisir. Et Pierrot devient brave, d'une bravoure tremblante. Quand l'officier revient avec Colombine au bras, il le provoque, et il se bat, et il le frappe. Puis il se désole d'avoir mis un homme à mal.

Il est aisé de voir
Que c'est bien malgré lui qu'il a fait son devoir.

Mais Colombine lui saute au cou. Elle l'embrasse, son Pierrot sanglant, elle l'adore maintenant, ce mari qui, au besoin, met l'épée à la main. Croit-il donc qu'elle ait cédé ? Non pas. L'officier ? elle s'en moquait, mais ce qui l'attirait, c'était qu'elle le voyait doré sur toutes les coutures, portant une épée avec de grands airs d'importance et de vantardise. Ce n'était qu'une expérience. Pourquoi maintenant irait-elle chercher ailleurs une bravoure qu'elle a sous la main, près de ses baisers ? Et Pierrot, sachant ainsi que ce que l'on aime en lui c'est son apparence de courage, Pierrot, vaillant par occasion, devinant qu'à sa première

(1) Léon DEFFOUX, Pierrot spadassin, *Mercure de France*, 15 avril 1926, p. 506.
(2) Probablement écrite plusieurs années avant. Voir ZOLA, lettre du 16 juillet 1877 : *les Lettres et les arts*, p. 129.
(3) DEFFOUX parle d'un exemplaire de la collection Grandmougin : voir *Vingt-cinq ans de littérature française* (Paris, Librairie de France, 1920), t. I, p. 201; et C.-A. BURNS déclare que Céard en avait un exemplaire, souvent retouché : thèse, p. 413.
(4) En plus des comptes rendus par DESCAMPS et LIGIER, dans *la Gazette de Neuilly* et *la Vie littéraire*, on trouve un résumé de la pièce dans les six premières pages de la correspondance de Céard avec Zola. Voir notre bibliographie, nº 49.

lâcheté sa femme lui échappera encore, Pierrot, quand la toile baisse, s'attriste dans sa victoire. Il songe avec regret que le déshonneur un moment conjuré le menace toujours, et se lamente d'être condamné au courage à perpétuité (1).

Ce premier effort devait être bientôt oublié, Céard ayant entrepris de porter à la scène un roman des frères de Goncourt : nous savons quel fut le résultat. Mais en même temps que la regrettable histoire de *Renée Mauperin*, dont il est impossible de retrouver aujourd'hui le scénario ni le manuscrit, nous avons le mystère d'une autre pièce que Céard, avec la collaboration de Hennique, prépara sous la direction de Zola. Nous savons par la correspondance de Céard que vers la fin de 1879 ils avaient terminé cinq actes de *l'Abbé Faujas*, adaptation de *la Conquête de Plassans*. Puis un silence, jusqu'en 1886, année où Céard commence à récrire la pièce; en mai 1887, le second acte est achevé — et c'est de nouveau le silence (2). Céard a dû perdre de son enthousiasme chemin faisant. Et il n'est pas interdit de penser que l'opposition de l'esprit catholique et de l'esprit positiviste (3) n'était plus dans ses perspectives théoriques. Il est certain, en tout cas, que les trois pièces qui suivirent, et que le Théâtre-Libre donna toutes les trois, montraient de leur auteur un aspect plus personnel. Le manuscrit de *l'Abbé Faujas* a disparu; le seul scénario qui subsiste est l'un des deux qu'il envoya à Zola probablement en juin 1879 (4) : on ne peut donc savoir exactement pourquoi son intérêt s'est refroidi.

Toutefois, Céard mena à bien l'adaptation d'une œuvre de Zola : *Tout pour l'honneur* fut tiré du *Capitaine Burle*, et présenté au Passage de l'Élysée des Beaux-Arts le 23 décembre 1887. Cette pièce en un acte fut l'un des premiers essais d'Antoine, la cinquième à être donnée au nouveau théâtre, et la troisième de cette saison-là (5).

Le rideau se lève sur un coin de jardin, où Charles, jeune lycéen, lit les nouvelles du jour à sa grand-mère : Sa Majesté Charles X a choisi les lieutenants généraux pour l'inspection annuelle de l'Armée : nous sommes au 25 juillet 1825 (6). Et comme le garçon ne cache pas son ennui, sa grand-mère lui rappelle sévèrement que sa famille est une famille de militaires,

(1) Correspondance de Céard avec Zola, ff. 1-5.
(2) Lettres à Zola, le 27 juin, 1er et 13 septembre, 7 et 15 octobre 1879; 3 décembre 1886; et 12 mai 1887.
(3) Céard écrit à Zola le 27 juin 1879 : « J'ai essayé de mettre face à face l'esprit catholique et l'esprit philosophique. Bien entendu, c'est ce dernier qui triomphe à la fin. »
(4) Correspondance avec Zola, ff. 458-466.
(5) Cette pièce fut aussi jouée par Antoine au Théâtre Molière, à Bruxelles, le 26 janvier 1888. Il se peut qu'elle ait été donnée au Théâtre Michel à Saint-Pétersbourg ; et la correspondance de Céard avec Zola nous apprend sans doute possible qu'elle eut la faveur des publics de province. Voir VANWELKENHUYZEN, *l'Influence du naturalisme français en Belgique de 1875 à 1900*, p. 219; lettres de Céard à Zola en date du 27 janvier et 8 juin 1888 et du 14 juin 1892.
(6) Céard transporte l'action des environs de 1872 à la période de la Restauration, pour ne point heurter la sensibilité des patriotes. Voir lettre à Zola, le 3 décembre 1886.

qu'il est appelé à marcher un jour sur les traces de son grand-père et celles de son père, lequel a été mis par l'Empereur « à l'ordre de l'Armée à La Rothière et à Ligny, où il reprit aux alliés une batterie et un drapeau » (1).

Il faut dire que le capitaine Burle ne s'est pas maintenu à cette hauteur d'héroïsme. La seconde scène nous le montre qui reçoit les reproches de sa mère, et cherche à justifier sa conduite présente par les changements survenus dans l'Armée, où les vieux officiers de l'Empire ne sont plus en service, où les officiers de l'armée de Condé ont pris leur place. Désabusé, sans espoir d'avancement, sans courage puisque l'Empereur est mort et que les amis de son père sont si injustement traités, il ne lui reste aucune raison d'être vraiment fier de lui-même. L'Empereur, « tout l'honneur n'est pas enterré avec lui, mon fils », réplique Mme Burle (2); elle a pourtant bien abandonné tout espoir pour ce « juponneux », qui s'intéresse plus à Mélanie, cabaretière du voisinage, qu'à sa réputation de militaire. Elle espère seulement que Charles, son « rêve d'honneur », relèvera le prestige de cette famille d'officiers.

On apporte une nouvelle : le major Laguitte, un vieil ami, vient de se démettre de sa charge; Burle, en tant que capitaine-trésorier et second du major, doit se présenter sur l'heure chez le colonel.

Le major Laguitte vient rendre visite à Mme Burle. Non sans quelques hésitations, car il lui en coûte d'affliger la femme de son ancien ami, il lui apprend que son fils a détourné des fonds. Ce n'est pas la première fois le major avait déjà réussi à le couvrir. Cette fois-ci, il n'y a pas d'espoir de racheter le délit, et les inspecteurs vont venir. Le major démissionne, bien qu'il soit à la veille de la retraite, et de la sorte renonce à sa pension et à sa sécurité, plutôt que de dénoncer le capitaine et de porter le déshonneur sur une famille qu'il a en si haute estime. Mme Burle, voyant les siens en face de la honte, et par conséquent Charles dans l'impossibilité d'entrer à Saint-Cyr, déclare qu'elle préférerait voir son fils mort plutôt que déshonoré. Le major, plein de sympathie, lui tient la main un instant, puis l'envoie chercher son petit-fils à l'école. Il promet d'arranger les choses, de mettre la famille à l'abri du déshonneur.

Le capitaine, de retour, écoute les reproches du major, et ne peut guère alléguer que de faibles raisons. Il n'y a point d'excuse, sauf que Mélanie lui a tourné la tête. L'entretien en reste là, car voici venir des officiers que Mme Burle avait invités à déjeuner. Et comme la démission du major est le grand sujet de conversation du régiment tout entier, Laguitte se voit pressé de donner ses raisons. Qu'à cela ne tienne, puisqu'on est entre

(1) *Tout pour l'honneur* (Paris, Charpentier, 1890), p. 12.
(2) *Ibid.*, p. 15.

camarades, il s'en fait un plaisir : il veut épouser Mélanie; et comme au corps on risque de ne pas voir la chose d'un bon œil, il préfère ne point être un sujet d'embarras pour ses collègues, et il démissionne. Il propose qu'on boive à son mariage. Tous se dressent, sauf Burle. Laguitte entre en rage, le traite d'animal, de capon, veut le gifler. Le capitaine comprend de moins en moins, et il se retrouve au bout d'un moment avec un duel sur les bras. Quelques instants plus tard, il meurt.

Mme Burle arrive bientôt en compagnie de Charles, regarde Laguitte : « Mon fils ? »

— Tout est fini, Madame.

Mme Burle. — « Mon enfant, donnez la main au major. »

(L'enfant se recule. La grand-mère le fait passer devant elle et le pousse doucement vers le major, qui lui tend énergiquement la main...)

— Il vous a sauvé l'honneur (1) !

La seule grande différence, entre le conte de Zola et la pièce de Céard, c'est que dans le conte le jeune garçon meurt. Le romancier met par là très sérieusement l'accent sur l'inutilité absolue du sentiment de l'honneur tel qu'il nous le présente. Les personnages de Céard, insensibilisés par l'idéal, s'exposent suffisamment à l'ironie pour que l'absurdité du sentiment de l'honneur soit d'elle-même évidente.

Pour la scène, en outre, il a fallu choisir entre bien des détails. La pièce y gagne en valeur artistique. Par exemple, dans la progression chronologique du conte, le major devient le personnage central : c'est lui qui révèle au lecteur, dans leur enchaînement, les méfaits successifs du capitaine. La pièce, elle, ramasse toute l'action dans la maison de Burle, et de la sorte il est impossible de ne pas diriger tout l'intérêt sur cette famille, dont l'honneur menacé est bien ce qui est important dans l'affaire. Le problème de l'honneur et de ce qu'il peut valoir est posé d'une façon prépondérante, laissant au second plan le détail des actions d'un personnage. C'est-à-dire que l'absurdité de la solution y prend d'autant plus de relief, et que la pièce, allégée, est plus vigoureuse. Et si elle atteint son but, c'est sans avoir fatigué le sujet.

La seconde pièce écrite pour Antoine, *les Résignés*, fut donnée au Théâtre des Menus-Plaisirs le 31 janvier 1889. Commencée en 1879, l'œuvre, encore manuscrite, avait été lue d'abord à Huysmans; puis Daudet, en ayant entendu parler, demanda lui aussi à l'entendre. Par un soir d'hiver, tandis qu'il neigeait au-dehors, et que Léon était déjà couché, Céard prit place au coin du feu avec Alphonse et Mme Daudet. Il leur lut quatre longs actes. En souvenir de cette soirée d'hiver passée avec ses parents, la pièce

(1) *Ibid.*, pp. 42-43.

fut dédiée à Léon Daudet (1). Puis, laissée de côté pour un temps, elle fut un peu plus tard réduite à trois actes. Céard délaissa son œuvre une nouvelle fois, pour s'occuper de *Renée Mauperin*; enfin il la reprit définitivement et la retravailla à l'intention d'Antoine. Ce fut une belle réussite, et, le même hiver, une troupe du Théâtre-Libre la présenta à Bruxelles (2).

Les Résignés demeurèrent par la suite une de ces œuvres dont on a entendu parler, mais sans les avoir vu représenter. C'est en 1894 que le Vaudeville en donna quatre représentations en soirée, du 16 au 20 janvier. L'accueil dut être favorable, car le 23 et le 27 eurent lieu deux reprises. Finalement, la pièce connut l'obscurité des magasins chez l'éditeur, et, sous des appréciations flatteuses, la pénombre des anthologies.

Henriette Lalurange, jeune fille sensible, et nièce bien élevée de Mme Harquenier, apprend de sa tante qu'elle se mariera bientôt avec M. Piétrequin, un riche libraire. Révoltée à l'idée de ce mariage de convenance, elle en vient vite à comprendre que, n'était la nécessité du pot-au-feu, elle pourrait se choisir elle-même une façon de vivre. Sa tante, qui a renoncé à tant de choses en sa faveur, n'accepte pas de « sacrifier ses sacrifices ». A contrecœur, la jeune fille se résigne à échanger la loyauté d'épouse contre le bien-être quotidien dont elle aura la promesse. Elle s'entend dire par sa tante qu'elle n'est pas la première dans la famille à avoir été conduite par la froide main de la nécessité.

Tiens, quand tu ouvres cet album de photographies, tu ne t'es donc jamais demandé pourquoi tous les portraits de famille avaient une telle expression de tristesse ? C'est que ceux-là dont ils donnent l'image ont tout souffert, et d'eux-mêmes et des autres, sans jamais rien laisser paraître des blessures de leur vanité, ni des angoisses de leur cœur, et, désespérant de mieux, se sont définitivement résignés à accepter l'existence telle qu'ils la rencontraient. L'existence n'a pas changé. A ton tour (3) !

Cependant Charmeretz, littérateur sceptique et vieil ami de la famille, reprend Piétrequin avec froideur : il s'est cru en droit, lui dont on avait une fois requis les jambes pour une soirée dansante, d'imposer sa présence à la maison. Accusé d'être jaloux, le littérateur répond que si c'était le cas, il serait très simple de se débarrasser d'un rival qui paie si mal ses échéances. Et comme le libraire est pris de peur, il reçoit sur-le-champ l'assurance que le spectacle offert par son attitude n'est pas de ceux qu'un auteur abandonne aussi négligemment : il y a, bien au contraire, une intéressante étude à

---

(1) Henri de WEINDEL, Les Résignés, *l'Événement*, 17 janvier 1894. Voir aussi les indications de *Sonnets de Guerre*.

(2) VANWELKENHUYZEN, *l'Influence de naturalisme*, p. 233.

(3) *Les Résignés* (Paris, Charpentier, 1889), pp. 13-14.

mener. « Je vous contemple curieusement, ajoute Charmeretz, du haut de mon mépris, comme du haut d'un balcon (1). »

Il y a aussi Bernaud, fonctionnaire mal rétribué, qui a longtemps aimé Henriette, et qui ne la verrait pas de gaîté de cœur aux mains d'un homme tout à fait indigne d'elle. Et puisqu'il lui est impossible de l'épouser, il convainc Charmeretz, qui n'est pas sans fortune, d'en faire sa femme. Le résultat est un échec total. Henriette a d'abord refusé avec politesse, mais sans s'ouvrir sincèrement. Voyant ensuite qu'elle a fait de la peine à Charmeretz, elle donne ses véritables raisons. Elle a peur d'un homme qui, tout en étant incapable d'une vilaine action, ne ferait rien pour en empêcher une. Une âme souffrante, un cœur qui bat, ne sont pour lui qu'objets à étudier; il n'y voit que littérature. Pour lui, elle ne serait pas une personne, mais une nouvelle recherche à faire. Avec un sourire, il répond qu'elle a touché juste en bien des points, mais qu'en le jugeant elle s'est aussi jugée elle-même :

Et de quoi me plaindrai-je ? Vous vous êtes montrée dupe de toutes les apparences. Avec ce que vous imaginez être votre perspicacité, vous n'avez pas vu que ces sceptiques et ces observateurs qui passent pour insensibles, il est certains jours où l'impatience des bassesses humaines les prend comme une nausée. Alors, sans que vous les sollicitiez, ils font tout ce que tout à l'heure vous leur faisiez l'honneur de réclamer d'eux. Certains jours, ils se jettent à la traverse des entreprises que vous méprisez. Mais dignement, silencieusement, avec l'espoir fou qu'ils entraveront le jeu de la fatalité, et l'irréalisable illusion qu'on leur en tiendra compte. Ils se trompent alors, et vous, en même temps, vous vous trompez sur eux... Vous l'avez confessé en toute sincérité. Leur réputation vous égare et vous les condamnez quand il faudrait les comprendre. Et vous avez cent fois raison, ma chère amie, vous et eux, vous ne pouvez pas vous entendre. Vous les blâmez, et ils vous pardonnent (2).

Bernaud essaiera un peu plus tard de faire entendre raison à Henriette, et c'est en discutant qu'ils vont se révéler leur mutuel amour. Il n'est pas trop tard, déclare-t-elle, et elle est prête à accepter, avec joie, une vie de pauvreté avec lui, plutôt que Piétrequin avec sa richesse. Mais Bernaud, pris de honte, doit lui avouer qu'ayant perdu tout espoir de jamais l'épouser, il a pris une maîtresse, une demoiselle de magasin.

Et je donne de ma poche et de mon cœur vidés, assez d'argent pour une toilette, assez de baisers pour un amour; et je fais peut-être une heureuse avec le trop peu qui vous aurait fait souffrir.

Et Henriette de répondre :

Résignation pour résignation, mon pauvre ami. Si vous vous êtes résigné à votre maîtresse, je puis bien me résigner à mon mari (3).

(1) *Ibid.*, p. 30.
(2) *Ibid.*, p. 55.
(3) *Ibid.*, p. 75.

Trois mois se passent; pas de nouvelles de Bernaud ni de Charmeretz, et de Piétrequin très peu. Un soir, une lettre du libraire vient annoncer qu'il a fait faillite et qu'il rend leur parole aux deux femmes. Au comble de la joie, Mme Harquenier avoue à sa nièce qu'elle avait eu des remords de conscience; assez égoïstement, et parce que son mariage sans amour lui avait valu une certaine sécurité, elle avait recherché le même sort pour Henriette. L'esprit libre enfin, elle se hâte d'aller voir Bernaud pour réunir à nouveau le jeune couple.

Pendant cette sortie, Charmeretz se présente, et donnant à la fois la raison et de son absence et de son retour, dit gaiement à Henriette : « J'ai observé que la rancune, à la longue, était aussi insupportable que l'amitié, et alors, ma foi, je me suis résigné à revenir (1). » Mais les nouvelles qu'il apporte ne sont pas toutes aussi agréables, et après un temps de pause, il apprend à Henriette que Bernaud a été gravement malade, qu'il a le visage hâve et les cheveux blancs, et qu'après ce désastre mental et physique il n'est plus que l'ombre de lui-même.

Arrive alors Piétrequin. La jeune fille reçoit ses excuses avec froideur; il explique alors que Charmeretz l'a dupé lui aussi, qu'il n'est pas seul coupable. Le littérateur s'est gardé de parler à Henriette de la situation financière du libraire, et c'est de la complicité morale. Alors, dans une scène exquise, Piétrequin contraint Charmeretz de confesser que c'est lui-même qui a poussé le libraire à la faillite, et il retourne contre l'auteur les mots mêmes dont il s'était servi. Traité de menteur, Piétrequin réplique : « Si je mens, c'est avec tes paroles, Charmeretz (2). »

Demeuré seul, le littérateur essaie de faire comprendre à la jeune fille qu'il n'a pas seulement poussé le libraire à la faillite, pour s'en débarrasser, mais qu'il a aussi essayé de la rapprocher de Bernaud. Pleine d'amertume, Henriette rappelle qu'il a une maîtresse. Mais la femme a quitté Bernaud depuis quelque temps : déprimé et malade, il ne pouvait plus lui procurer d'agrément. Puis Charmeretz tente de la convaincre que Bernaud n'a pas été inconstant, que de telles affaires, pour un amour comme le sien, n'ont pas plus d'importance que les appoggiatures en musique, qui ne modifient pas le ton initial. Une aventure ne change rien à un amour profond et sincère. Ses liaisons mêmes ont été pleines d'elle, il n'a jamais cessé de penser à elle. Alors, devant l'évidence brutale de la vérité, elle s'écrie :

A moi ! Ainsi, voilà donc où aboutissent nos affections, et c'est à cela que doivent arriver nos plus chères tendresses ! Quelque chose d'impur nous sépare toujours des êtres que nous aimons le mieux, et quand enfin nous les rejoignons, quand enfin nous nous disons qu'ils vont nous appartenir sans partage, ils ont des baisers étrangers aux lèvres, et ils ne nous apportent plus que des esprits

(1) *Ibid.*, p. 97.
(2) *Ibid.*, p. 109.

avilis dans des corps à jamais lassés ! Ah ! vous aviez raison quand dans vos livres, Charmeretz, vous accusiez la vie, et je vous demande pardon de mes reproches et de mes sévérités ! Mais à présent la vérité m'apparaît, la déplorable vérité. Ainsi, c'est donc cela ! L'amitié, vous me l'avez prouvé, l'amitié, elle est incertaine et presque malfaisante tant elle met de lenteur à rendre service, et c'est dans les répugnantes choses que vous me racontez de Bernaud que consiste le véritable amour ! Ah ! décidément vous l'avez justement dit, Charmeretz, en nous, en dehors de nous, il n'y a que misère, misère, misère !

CHARMERETZ. — Oui, Henriette. Oui, tout n'est que misère dans notre intelligence, et que misère dans notre cœur. C'est ça la vie ! Vous ne la connais-siez pas et je ne vous tiens pas rigueur de m'en avoir voulu quand, dans mes livres, j'imprimais qu'elle n'était pas drôle, Mais, toute misérable qu'elle est, cette vie, elle est encore meilleure qu'elle ne paraît : la nature et les sens se chargent de la rendre tolérable. Ils remettent en place ce que détraquent les rêves avec les pré-jugés, et deux baisers, parfois, qu'on échange à propos, ont souvent arrangé bien des choses. Le mieux est de s'essayer à être raisonnable, et de prendre les individus tels qu'ils sont, leur amour pour ce qu'il est (1).

Quand Bernaud apparaît, il est tellement changé d'aspect qu'Henriette se jette en pleurs dans les bras de sa tante. Et Bernaud, à qui elle n'apparaît que comme un souvenir, éclate à son tour. Mme Harquenier, prenant en main la situation, leur crie à tous deux :

Voyons, voyons, pas tant de raffinement. Ce qui est passé est passé ! Ne travaillez donc pas à vous gâter d'avance ce que vous pouvez encore rencontrer de bonheur. Épousez-vous, et comme vous êtes. Ta main, Henriette, et vous, Bernaud, votre main ?

CHARMERETZ. — Eh ! Oui, va donc ! Puisque toutes les circonstances de la vie nous enlèvent toujours un peu de l'estime que nous avions pour nous, un peu de la confiance que nous avions dans les autres, résignez-vous ! C'est déjà beaucoup quand, une fois par hasard, les amours et les pièces réussissent à peu près (2).

Et comme ils s'embrassent, la bonne annonce que le dîner est prêt. Mme Harquenier ajoute :

Allons, à table, mes enfants ! Et, tout à l'heure, je vous ferai boire du vin de ma noce. C'est encore ce qu'elle a eu de meilleur (3).

Ce pessimisme profond rencontra l'incompréhension quasi générale. Mais si les critiques n'accueillirent pas la pièce avec enthousiasme, ils convinrent des qualités peu communes du style, et de l'originalité de l'intention. Exception faite de Faguet (4), qui se montra particulièrement sarcastique, et d'Ajalbert (5) qui se borna à rendre compte de l'intrigue et à

---

(1) *Ibid.*, pp. 115-116.
(2) *Ibid.*, p. 118.
(3) *Ibid.*, p. 119.
(4) Émile FAGUET, *Notes sur le théâtre contemporain*, t. II (1889) (Paris, Lecène & Oudin, 1890).
(5) Jean AJALBERT, Le Théâtre-Libre, *la Cravache parisienne*, 9 février 1889.

présenter les personnages, la critique, dans l'ensemble, fit au moins un effort pour juger la pièce sur ses mérites. On ne trouve dans la presse aucun jugement comparable à celui d'Edmond de Goncourt dans son *Journal* : « Vu au Théâtre-Libre la pièce de Henry Céard : *les Résignés*. Le pauvre garçon ne pourra jamais se débarrasser de Denoisel, il en est tellement hanté qu'il en a mis deux dans sa pièce. Et la jeune fille sera à perpétuité, dans toutes ses pièces, Renée Mauperin (1). » Le Senne, en dépit d'une certaine ironie dans l'expression, se trouva assez près de l'exactitude quand il estima : « *Les Résignés* sont un délicat travail épidermique, de la psychologie à fleur d'âme, avec un peu, un tout petit peu de physiologie à fleur de peau (2). »

Tâchons de soulever quelques-uns des problèmes importants auxquels bien des critiques s'attachèrent. La façon d'agir de Charmeretz, par exemple, n'aurait-elle pas quelque chose d'illogique ? Pourquoi ne pas demander la main d'Henriette s'il l'aime tant, pourquoi ne pas empêcher son mariage en révélant l'état des affaires de Piétrequin ? La jeune fille se verrait épargner ces trois mois de chagrin. Et finalement, que signifie son intervention, qui précipite la faillite de Piétrequin ?

Charmeretz n'est pas illogique : il est complexe, comme Céard a voulu qu'il fût. Sceptique, observateur des faiblesses humaines, il avait demandé la main d'Henriette non point par passion, mais plutôt par l'entraînement d'une tendre sympathie. Ce n'est pas le refus qui le toucha au vif, mais bien les raisons spécieuses qui lui en étaient données. Mais connaissant enfin la vérité, il se rendit non pas aux raisons, mais à la sincérité. Définitivement écarté donc, il n'avait plus à ménager les illusions de la tante : n'aurait-ce pas été se mettre dans la ridicule posture du prétendant éconduit et jaloux ? Et quand il interviendra, il le fera en toute tranquillité, de la façon la plus positive, encore que ce soit contre ses intentions, et à cause des reproches de Piétrequin.

Que penser de la conduite de Bernaud ? Une telle souffrance est-elle concevable, quand on sait qu'il n'avait jamais songé à épouser Henriette ? Ne serait-il rien de plus qu'un égoïste ? Et pourquoi en vient-il à changer d'idée à la fin ? Les critiques qui se posaient ces questions n'ont certainement pas suivi la pièce attentivement. Bernaud, certes, avait perdu tout espoir d'épouser Henriette, mais n'avait jamais cessé de voir en elle l'idéal de l'épouse, même quand il se contentait d'une maîtresse; égoïste, il l'était, comme tous les amants; et comme les amants, il était illogique et conséquent à la fois, et il n'est pas du tout insoutenable qu'il ait voulu sacrifier ses chances de bonheur pour qu'en la personne de Charmeretz la jeune fille

---

(1) XVI, 13-14.
(2) Camille LE SENNE, les Résignés, *le Télégraphe*, 2 février 1889.

trouvât un mari digne d'elle. Nous pouvons supposer, mais supposer seulement, que le choix d'un homme inférieur à elle eût ôté tout sens au martyre de Bernaud. C'est ce sentiment de désirer sans atteindre qui provoque la chute, c'est cette frustration affective qui le laisse proche de la mort. Les deux obstacles levés, sa maîtresse oubliée, et Mme Harquenier enfin disposée en sa faveur, la route s'ouvre à lui. Ses protestations passées, sur la pauvreté qui rendait une telle alliance impossible, n'avaient fait que manifester une sensibilité naturelle aux jeunes gens.

Piétrequin, qui se rend coupable de malhonnêteté en n'avouant point à Mme Harquenier le véritable état de ses affaires (et non en vendant de la littérature pornographique, comme l'avançait Faguet) devait-il être placé plus haut que le médiocre ?

Son rôle se limite à être tenu pour riche, son caractère ne se montre que par sa duplicité, sa fonction est de motiver les actions des autres personnages : ainsi quand il révèle que Charmeretz l'a poussé à la faillite, c'est Charmeretz et non pas lui qui requiert l'intérêt. Alors l'écrivain ne fait pas figure d'oracle infaillible, mais se découvre comme un homme exposé à faiblir; bien plus, il administre la preuve matérielle et évidente de ses propres jugements, selon lesquels même les actes chez un sceptique sont destinés à n'être point compris. Il est de fait que le libraire aurait pu révéler plus simplement, par une accusation directe, le rôle que Charmeretz avait joué dans ses affaires de propos délibérés. Mais Céard choisit une manière plus intéressante, qui lui épargne le cliché d'un prétendant riche, stupide, repoussé et jaloux; il accorde à Piétrequin assez d'esprit pour forcer Charmeretz à parler, rien qu'en l'accusant de complicité morale. Cette invention allège et égaie le troisième acte.

Quant au dénouement, valait-il mieux qu'Henriette restât une vieille fille désappointée, ou encore pouvait-on préférer une conclusion heureuse ? En posant cette alternative, un critique (1) confessait sans le savoir qu'il avait mal compris quel était le thème de l'œuvre. L'intrigue n'est ici que le véhicule d'une idée, et cette idée, pour être simple, n'en est pas moins profonde et délicate à la fois. Céard la souligne par cette intrigue, où nous voyons une jeune fille résignée sans plus à des entraves qui l'arrêtent dans ses aspirations au bonheur : si cet empêchement n'existait pas, elle demeurerait inconsciente de la laideur du monde. La fin lui apprend que la vie ne nous comble jamais, et que même l'amour, dans toute son idéalité, peut se trouver contaminé par la misère environnante. Mais si amères que soient les désillusions de l'esprit, il reste au cœur le pouvoir de saisir ce que veut dire Charmeretz : « Toute misérable qu'elle est, cette vie, elle est encore meilleure qu'elle ne paraît. » Il faut se résigner à la vie, mais sans

(1) Marcel FOUQUIER, Les Résignés, la Nouvelle Revue, 15 février 1889.

désespoir : voilà l'idée qui résume la pièce. Et c'est peut-être dans l'incompréhension et la mauvaise volonté de la plupart des critiques (1) que Céard a largement trouvé la justification de sa thèse, et l'occasion de se résigner courageusement, selon son précepte.

La troisième pièce écrite pour Antoine s'intitule *la Pêche* (2). Les critiques n'y prêtèrent aucune attention, bien qu'elle donne un exemple de ce qu'il peut y avoir de plus amer dans l'œuvre de Céard. En un acte, il a mêlé la vulgarité la plus crue de quelques vies toutes banales, à un sadisme et un égoïsme inimaginables : l'effet immanquable est qu'on tremble même quand on sourit.

Mme Choine, pénétrant dans sa maison à la campagne, se met à gronder son mari qui a invité les Vaudois à dîner. Elle en veut à Vaudois d'avoir eu un avancement plus rapide que son mari au bureau où tous deux travaillent; et quant à la jeune et jolie Mme Vaudois, ce n'est certainement pas en demeurant fidèle à son mari qu'elle peut s'habiller comme elle le fait. Un dîner aussi simple que le sien peut-il plaire à des hôtes aussi « particuliers » ? M. Choine pense qu'on devrait servir la pêche au dessert. La pêche ? La pêche, la dernière des huit, la seule chose qu'on ait pu tirer de ce mauvais terrain ? Certainement non.

Voici les invités, avec leur petit garçon Julot. Les parents se répandent en propos amers parce qu'un homme a fait un clin d'œil à Madame. On envoie Julot jouer au jardin, en lui recommandant bien de ne toucher à rien; et les Choine essaient de rétablir l'harmonie. Mme Choine fait semblant d'admirer les vêtements de Clotilde Vaudois : ils ont dû coûter quelque chose. Oh non, réplique la jeune femme; c'est de l'étoffe qu'elle a achetée. M. Choine conseille maladroitement à sa femme d'en faire autant, et Mme Choine estime qu'on se moque d'elle. On ne trouve pas une étoffe pareille dans le commerce. Julot l'interrompt, qui arrive tenant à la main une pêche à demi dévorée. On le réprimande, et il répond qu'il l'a trouvée à terre, et qu'elle est pourrie.

Mme Choine est furieuse. Prenant son mari à part un instant, elle lui dit :

— Tu t'imagines peut-être que je vais tout supporter comme toi : des avancements qu'on te vole, des toilettes qui m'éclaboussent et mon jardin qu'on dévaste. Je me vengerai, vois-tu (3).

Elle envoie alors Choine, Clotilde et Julot chercher du pain, et restée seule avec Vaudois, elle se joue adroitement de lui; il se plaint de sa femme

---

(1) Pour les autres critiques, voir dans notre bibliographie : Lemaître, Besson, Frimousse et Pessard.

(2) Présenté au Théâtre-Libre, le 30 mai 1890.

(3) La Pêche, idylle surburbaine en un acte, en prose, *Revue d'Art dramatique*, 15 juillet 1890, p. 77.

si dépensière et de la vie peu heureuse qu'elle lui fait mener. Son chapeau vaut à lui seul quarante francs. Mme Choine éclate de rire : compliments ! M. Vaudois lui demande quelle est son estimation. Pas moins de cent francs ! Et sur d'autres articles, Vaudois compare les prix des factures et ceux qu'avance Mme Choine : il est bientôt persuadé que sa femme lui est infidèle.

Mme Choine dispose les couteaux sur la table, en s'excusant car ils ne sont pas assortis. Elle choisit pour Vaudois celui qui coupe le mieux, tout en continuant d'attester qu'elle a dit la vérité sur les prix. Mais alors, les hommes, qui sont-ils ?

— Encore s'il n'y avait que des hommes.
— Madame Choine !
— Puisque vous voulez tout savoir (1).

Les autres sont de retour, avec le pain. Vaudois, dissimulant le couteau « bien aiguisé » dans sa main, annonce à sa femme qu'ils repartent immédiatement. Et quelques minutes plus tard, tandis que les Choine se mettent à table, on entend un cri de terreur. Julot accourt en criant : « Papa qui tue maman ! »

Et tandis que Choine s'est précipité au dehors, Mme Choine ramasse la serviette qu'il a laissé tomber et la remet sur la table; son regard s'arrête sur la pêche symbolique.

— Pauvre gosse ! pourtant il avait raison. La pêche, tout de même, est pourrie (2).

A la suite de son échec à l'Odéon avec *Renée Mauperin*, et à cause du peu de bruit que firent ses autres pièces, données au Théâtre-Libre — un Théâtre-Libre qui n'était pas encore célèbre — Céard semble avoir renoncé, après 1890, à l'idée d'écrire un drame sérieux. Les deux pièces qui suivirent, écrites en collaboration avec des amis, ne sont guère qu'amusantes. *Le Marchand de microbes ou la fille aux ovaires*, qu'il écrivit avec son ami intime et collègue boulevardier Henri de Weindel, fut représentée au Grand-Guignol le 7 mai 1898. *Laurent*, un acte en vers dans la manière de Molière, écrit en collaboration avec J.-L. Croze, fut donné à l'Odéon le 15 janvier 1909.

Le Marchand de microbes est une satire de la science qui se prostitue par la faute d'une humanité méchante et stupide. Le marchand, habillé en magicien de foire, écoute un client impatient d'hériter, et qui voudrait voir mourir son vieux père.

(1) *Ibid.*, p. 85.
(2) *Ibid.*, p. 87.

Reculant devant l'idée d'une opération manquée, le client déclare préférer quelque poison agréable à prendre.

> J'aimerais mieux donner du poison à mon père.
> Dichotome tuerait mon père avec talent
> Mais je ne voudrais point d'un trépas si sanglant.
> Je veux que sa mort soit propre — comme sa vie (1).

A la cliente qui suit, une jeune fille, le docteur tient ce langage :

> J'ai deviné ce que vous voulez taire.
> Vous avez quelque tare intime, héréditaire.
> L'hérédité fournit tous les maux d'aujourd'hui (2).

Mais non, c'est bien l'ennui contraire, elle est embarrassée de deux ovaires parfaitement bien portants.

> Les femmes maintenant,
> Ne conservent jamais cet organe gênant;
> Et, du nouvel amour, instruments incommodes,
> Les ovaires, enfin, ne sont plus à la mode.
> Voyez autour de vous : on ne les porte plus.
> Mes ovaires, ainsi, se trouvant superflus,
> Je viens auprès de vous pour implorer la grâce
> D'être heureuse sans eux, et qu'on m'en débarrasse (3).

Le marchand refuse son concours, alléguant que l'amour certes serait désormais sans danger pour elle, mais aussi sans joie. La fille, toute surprise de trouver un bon cœur sous ces vêtements de charlatan, apprend que le marchand est en réalité un docteur qui, voulant demeurer honnête, eût tôt fait de se trouver sans clientèle. Il ne tarda pas à se rendre compte de son erreur.

> Mais le sage est celui qui comprend son époque,
> Et j'ai le triste orgueil d'avoir enfin compris.
> Dans ce faubourg fétide, ici, triplant mes prix,
> Et me déclarant prêt aux besognes infâmes,
> Chacun me vient trouver, vieillards, hommes et femmes.
> Tous, cherchant pour le vice un sûr coadjuteur,
> Font queue en ce taudis, malgré sa puanteur.
> Et, depuis que j'ai mis une enseigne de honte,
> Et que mon escalier est infect — on le monte (4).

Cependant, il ne se rend responsable d'aucun mal, car son poison n'est qu'eau distillée et pain en boulette. La pièce s'achevant nous montre la vertu

---

(1) *Le Marchand de microbes ou la fille aux ovaires* (Paris, Librairie française, 1923), p. 11.
(2) *Ibid.*, p. 14.
(3) *Ibid.*, pp. 16-17.
(4) *Ibid.*, pp. 20-21.

du docteur récompensée, ainsi que la naïveté de la jeune fille, tandis que les vices des clients sont punis.

Les vices humains sont universels, les appétits du domestique dans son galetas sont les mêmes que ceux du maître au salon : le thème de *Laurent* est parallèle à celui de *Tartuffe*. Laurent, le valet de l'hypocrite en froc, n'apparaît jamais dans la pièce de Molière. Nous le voyons ici, dans cet acte « à la manière de », agir comme le maître dont il donne un fidèle reflet.

Laurent a déclaré son amour pour Flipote; Dorine, qui le sait peu sincère, a caché la jeune fille dans un placard; Laurent entre, après s'être assuré qu'il n'y a personne dans l'antichambre.

LAURENT

J'ai regardé partout. Tartuffe est près d'Elmire,
Et la main sur sa jupe, il la tâte, il l'admire,
Et paraît tout à fait content de l'examen.
L'étoffe lui plaît fort.

(*Il met la main sur le fichu de Dorine.*)

DORINE

Que fait là votre main ?

LAURENT

Ce que fait volontiers la main d'un honnête homme
Quand elle est vis-à-vis d'une poitrine comme
La poitrine qui gonfle ici, sous ce tissu.

DORINE

Vous, sensible à la chair ! Qui s'en fût aperçu ?

LAURENT

Vous ne voyez pas clair en la nuit de mon âme,
Car l'être le plus chaste a sa petite flamme
Qui s'allume quand même en dépit du bon Dieu,
Et la religion ne peut rien sur ce feu.
Ne pouvant l'étouffer, elle le dissimule :
Le tout est de trouver une adroite formule
Pour tâcher d'accorder la matière et l'esprit.
Loyola, notre maître, avec art le comprit.
Il laisse aller la chair en délire, et confie
L'excuse de l'erreur à la philosophie.
Or, nous avons appris de maint docte prélat
Que l'église est clémente au mal fait sans éclat,
Et le dévot adroit, dans le silence et l'ombre,
Peut forniquer sans peur et pécher sans encombre (1).

(1) *Laurent* (Paris, Charpentier & Fasquelle, 1909), pp. 32-33.

Si amusant que puisse paraître un tel exercice, et si admirable que soit la finesse des auteurs, doit-on tenir un pareil jeu de patience pour convenable à un homme de talent (1) ? Nous serions assez de l'avis de Paul Gsell, qui répondait par la négative, car, disait-il, il reste interdit d'émettre dans une œuvre de cette sorte une opinion quelconque, d'y placer une observation personnelle; le seul but est d'amuser le public au jeu des ressemblances. Il se résumait ainsi : « Point d'originalité, point de création, point d'art (2) ! » Un peu sévère peut-être, ce jugement est sans doute plus vrai que faux.

Les dernières pièces publiées par Céard tiennent en un volume, *le Mauvais Livre*. On eût pu y adjoindre en sous-titre : études sur l'adultère; c'eût été vrai du moins des cinq premières pièces. La sixième et dernière, « Ne dérangez pas le monde », est une fantaisie dramatique, où nous voyons un chouan revenir aux côtes de Bretagne pour y chercher quelques chansons populaires qui puissent égayer son triste séjour anglais. Nous n'examinerons ici que les cinq pièces qui justifient le sous-titre imaginé plus haut.

La première, « le Mauvais Livre », et la cinquième, « Soir de fête », nous donnent peut-être la meilleure illustration de ce que fut la vision pessimiste du monde chez Céard. Tout d'abord, présentons chacune des pièces, au moins par une facette essentielle.

« Le Mauvais Livre » est une étude serrée de trois caractères : Joriane, un estropié, âgé de 55 ans; Chalivoy, camarade de jeunesse, et Nozette, jeune épouse de Joriane. Joriane a été marié pendant six ans, mais l'année précédente, ce bonheur inespéré s'est trouvé flétri par une crise d'ataxie. Stoïquement, il met cette affliction sur le compte de ses déportements de jeunesse, dont la nature se venge à présent, et plutôt que d'infliger à sa femme la triste vie des compagnes de malades, il la laisse aller seule au théâtre et à l'opéra.

Un jour Chalivoy, qu'il n'a pas vu depuis six ans, vient le voir en passant. Au cours de la conversation, Chalivoy dit son ennui d'être, pour la première fois de sa vie, amoureux de sa maîtresse, et comment il hésite à se débarrasser d'elle. Joriane soupçonne bientôt, sans que Chalivoy s'en doute, que la maîtresse n'est autre que sa femme. Quel n'est pas l'embarras des deux amants, quand la scène suivante les met face à face. Joriane feint de ne point voir cet embarras, et pour conseiller son ami sur les moyens de se défaire de sa liaison, lui fait lire à haute voix les dernières lignes de la

---

(1) CÉARD lui-même, quelques années auparavant, n'avait pas caché son dédain de la pure imitation. Il avait choisi comme exemple les céramistes qui copient les chefs-d'œuvre d'autrefois : « La pièce, copiée souvent, ne se distingue pas de la pièce originale... et cette perfection apparente résulte seulement de la supériorité de la fausseté. Admirons cet art, si vous voulez, mais ne méconnaissons pas que c'est un art trompeur, car si la patience et l'habileté s'y discernent, la sincérité ne s'y aperçoit pas. » *Terrains à vendre*, pp. 521-522.

(2) Paul GSELL, Laurent, *la Revue*, 1er février 1909, p. 403.

lettre 141, dans *les Liaisons dangereuses*, et parmi ces lignes, le passage qui suit : « Si par hasard j'ai autant d'amour que toi de vertu, ce qui est sûrement beaucoup dire, il n'est pas étonnant que l'un ait fini en même temps que l'autre (1). »

Quelques instants plus tard, Chalivoy est sorti et Nozette prépare un remède pour son mari. Il la regarde, puis jetant un coup d'œil sur le verre : « Le sucre n'est pas encore assez fondu », dit-il. Elle remue une minute encore, en silence, et tombe soudain à genoux en pleurant : « Pardon, pardon ! » Joriane : « Allons, ne pleurez pas, petite Nozette. Parce que je ne suis plus un homme, je n'ai pas le droit de me plaindre, si vous vous êtes souvenue que vous étiez une femme. Le sucre doit être fondu, à présent. Allez, donnez-moi ma potion (2). »

« Tout se paie » (3) est l'histoire d'une femme jalouse, Berthe, qui a trouvé de vieilles lettres envoyées à son mari par une ancienne maîtresse, Mme Cordula. Berthe a envoyé le paquet de lettres à M. Cordula : mais Mme Cordula intercepte le paquet, le rapporte à Berthe, dont la jalousie s'apaisera bientôt. Car sa rivale d'antan lui inspire peu à peu la crainte de vieillir et de devenir laide. Mme Cordula montre à Berthe comment le remords lui a ôté ses charmes et l'a laissée incapable d'attirer aucun homme.

MADAME CORDULA

Je vais prier afin qu'il vous soit évité
De gravir un calvaire pareil à mon calvaire,
Et pour que l'avenir, ce créancier sévère,
Vous fasse quitte, vous, de ce que j'ai payé...
La vie a son grand livre où n'est jamais rayé
Tout le mal qu'on a fait. Un jour vient, la créance
Demandant son acquit arrive à l'échéance.
Votre amour d'aujourd'hui vous semble illimité.
Mais il n'est pas de cœur qui ne se soit quitté.
La jeunesse se fane et le désir se lasse.
Dieu vous garde qu'un jour, vous veniez à ma place,
Plaignant les mêmes torts, menant le même deuil
Gémir, à votre tour, dans le même fauteuil...
Car vous y reviendrez, je ne sais à quelle heure,
Pleurer les mêmes pleurs qu'en cet instant je pleure
Et victime d'amour, redire exactement
Ce que je viens de dire. Et c'est le châtiment.
Je prierai le Seigneur pour qu'il vous en écarte (4).

(1) *Le Mauvais Livre* (Paris, Librairie française, 1923), p. 39.
(2) *Ibid.*, p. 41.
(3) Jouée le 7 août 1906 à Allevard-les-Bains.
(4) *Le Mauvais Livre*, p. 65.

La troisième pièce, « Il faut se faire une raison », écrite dès 1886, n'a jamais été jouée dans un théâtre. Elle fut représentée seulement par le Cercle Artistique et Littéraire, 7, rue Volney (ancienne rue Saint-Arnoud) en janvier 1887; elle s'intitulait « Mon pauvre Ernest » (1). En 1890, Muhlfeld la mentionne sous son titre définitif (2). Ce titre, où se résume toute la thèse, est selon toute vraisemblance emprunté à un vers d'Auguste de Châtillon, que Céard avait cité dans un de ses articles (3).

Ernest, sachant que sa femme Berthe lui a été infidèle, s'entend avec elle pour obtenir le divorce. Ils conviennent qu'elle pénétrera dans une chambre d'hôtel avec un commissaire et le prendra en flagrant délit d'adultère, ce qui aplanira toutes les difficultés de leur séparation. La complice Hortense va pourtant lui montrer qu'il a été pour une large part responsable des entraînements de sa femme vers l'aventure. Dans une scène charmante, elle le fait s'agenouiller devant elle et répéter son *mea culpa*.

> HORTENSE. — Ta femme, tu ne l'as jamais menée que dans des endroits... ?
> ERNEST. — Convenables...
> HORTENSE. — Tu ne lui a laissé voir que des personnes...
> ERNEST. — Honnêtes... J'en réponds.
> HORTENSE. — Tu ne lui a laissé lire que des romans...
> ERNEST. — Moraux... tu penses bien.
> HORTENSE. — Alors, frappe-toi la poitrine et dis : c'est ma faute, ma très grande faute (4).

Hortense le convainc que sa femme l'aime toujours, qu'elle n'a fait que rechercher le moment d'aventure que sa pruderie d'époux lui interdisait trop bien, et que lui aussi l'aime encore. Elle le quitte : un instant après, Berthe est là, sans le commissaire. Ils admettent tous deux qu'il serait triste, pour lui d'avoir à chercher l'amour du côté des boulevards, pour elle de retourner à la vie ennuyeuse de sa famille : qu'il vaut mieux pardonner et chercher à nouveau le bonheur ensemble. Dans la vie, il faut se faire une raison.

« La Mandragore » est une pièce en trois actes, d'après les cinq que Machiavel avait imaginés pour le pape Léon X, en 1520. On se rappelle que le Dr Nicia désire un enfant de sa femme Lucrèce; Callimaque, amant de Lucrèce, déguisé en docteur français, met Nicia au courant des vertus merveilleuses de la mandragore. Si la femme boit le jus de la racine et partage la couche d'un autre homme, elle sera enceinte. Inutile de se faire du souci au sujet de cet autre homme, car il ne connaîtra de cette copulation

(1) Lettre de Céard à Zola le 31 janvier 1887.
(2) Cf. Lucien MUHLFELD, Henry Céard, *les Hommes d'aujourd'hui*, 8e vol., n° 382.
(3) *L'Express*, 28 mars 1881.
(4) *Le Mauvais Livre*, p. 87.

qu'un seul effet : la mort. On trouve un mendiant, qui accepte de jouer ce rôle, ignorant qu'il est des effets de la drogue. Ce mendiant, c'est Callimaque sous un autre déguisement. Il passe la nuit avec son amoureuse et le jour suivant il est invité, toujours dans son rôle du docteur français, à vivre complètement dans la maison de Nicia, récompense ironique au possible.

Un seul passage montrera l'adresse avec laquelle Céard manie le thème classique. Comme Lucrèce, qui ne sait pas que cet amant passager ne sera autre que Callimaque, met de la mauvaise volonté à se soumettre au traitement, Nicia lui oppose un argument spécieux, que la situation rend tout à fait plaisant.

NICIA

J'avais votre dégoût. Et quand je le surmonte
Vous pouvez bien le surmonter à votre tour.
Ne mettons point d'honneur aux choses de l'amour.
L'honneur est un vieux mot à duper le vulgaire,
La nature l'ignore et ne s'en émeut guère,
Et, dans le grand travail de sa fécondité,
Se rit de la morale et de l'honnêteté;
Ses mains, ses larges mains cyniquement sereines,
Sèment sur l'univers les amours et les graines.
Pourquoi troubler son ordre et déranger sa loi ?
Faisons ce qu'elle fait. J'estime, quant à moi,
En savant que je suis, qu'une puissance unique
Régit la vie humaine avec la botanique;
Et les femmes ainsi sont semblables aux fleurs :
Leurs beautés sont à nous, mais le fruit vient d'ailleurs.
Imitons sa sagesse et suivons son exemple.
Que votre honnêteté qui s'indigne contemple
Autour de chaque fleur dans le jardin qui dort
Les pollens inconnus flotter en nappe d'or.
Accuse-t-on la plante ? Est-ce qu'on incrimine
Les pollens que le vent pousse hors de l'étamine
Vers les pistils lointains ? Eux-mêmes, les pistils,
En s'offrant à l'amour se déshonorent-ils
Pour accueillir le germe envolé des anthères
Et sont-ils criminels et sont-ils adultères (1) ?

Le « Soir de fête », dont traite la pièce suivante, c'est la soirée du cinquantième anniversaire de mariage d'Hector et Amélie Lescrinier. Comme chaque année au 5 mai, ils ont invité leurs vieux amis Hippolyte Le Mazu et Mlle Charpillenne, pour boire du thé et un peu de malaga, manger un morceau de gâteau, et finir par une partie de loto. Et la fille de la concierge leur dit en souriant : « Ah ! mon bon Monsieur et ma bonne

(1) *Ibid.*, pp. 116-117.

Dame, comme vous êtes gentils comme ça, cœur à cœur, l'un auprès de l'autre (1) ! »

Mlle Charpillenne arrive, mais Le Mazu se fait attendre. Au bout d'une demi-heure, on se met à table sans lui : le gâteau ni le vin n'ont pas aussi bon goût. C'est Mlle Charpillenne qui en donne la raison :

Et puis, qui sait ? Les choses dont nous nous plaignons aujourd'hui ne sont peut-être pas plus mauvaises qu'elles n'étaient les années précédentes. Si nous les jugeons ainsi, c'est sans doute nous qui avons changé : elles nous paraissent moins agréables parce que quelqu'un n'est pas là avec qui nous avions coutume et plaisir de les partager, et nous les trouvons aujourd'hui si médiocres par cette raison seule qu'elles sont privées de la compagnie de Le Mazu (2).

Quand la vieille fille est partie pour aller entendre les dernières prières, Lescrinier s'en prend à la façon dont elle n'a fait que parler de Le Mazu. Sa femme lui sourit tendrement, et lui reproche doucement ses vieilles jalousies.

Jaloux ? Pourquoi jaloux ? — Parce que Mlle Charpillenne fut jadis sa maîtresse. Il le nie. Alors Mme Lescrinier rappelle à son mari toutes les petites ruses dont ils se servirent à l'époque pour lui cacher leur liaison; elle n'avait jamais laissé paraître qu'elle en savait quelque chose, sentant bien, dit-elle, que si son mari était allé chercher ailleurs de la gaîté, c'était peut-être sa faute à elle. Elle avoue à son mari étonné, que dans sa peine elle avait cherché à se consoler avec Le Mazu : mais tous deux s'étaient, par honte, arrêtés à temps sur la pente du désir. Et elle avait osé rentrer ? Pourquoi pas ? répond-elle :

Pourquoi ne serais-je pas rentrée ? Quand j'ai vu ce que, à l'heure de la réalisation, devenaient nos rêves, j'ai pensé à toi. J'ai pensé que toi non plus tu n'avais pas dû être toujours heureux dans tes galanteries, et le désespoir m'a rendue indulgente. La veille, avant mon aventure, l'envie m'avait tourmentée de l'insulter, de la battre et de la mettre à la porte, ta maîtresse. J'ai réfléchi que du scandale en serait résulté : les voisins auraient trouvé trop d'agrément dans ma colère et notre existence risquait d'en demeurer irrémédiablement dérangée... Heureusement que l'on oublie, puisque une heure finit toujours par sonner, comme l'heure où nous sommes, où les tristesses, à force d'être longues perdent de leur amertume. La vie nivelle tout si bien, que nous nous trouvons peu à peu à ce point de ne plus nous souvenir même si jamais nous avons connu la douleur. Alors, pourquoi ne pas se conduire, dans le présent, avec la même indifférence dont nous regarderons nos aventures, plus tard, dans l'avenir. (Se retournant et, d'un geste lassé, montrant les portraits pendus au mur, les portraits de M. et Mme Lescrinier quand ils étaient jeunes)... Ce sont les gens que nous étions jadis et que voici qui ont provoqué et subi ces misères, des gens à qui nous ne ressemblons plus, et que nous avons peine à reconnaître... Allons, va, Lescrinier, taisons-nous comme ils se taisent, et prépare les cartons du loto (3).

(1) *Ibid.*, p. 154.
(2) *Ibid.*, p. 162.
(3) *Ibid.*, pp. 173-174.

Il y a dans ces pièces quelques-uns des personnages les mieux venus que l'imagination de Céard ait trouvés. Joriane, Mme Lescrinier, sont parmi les plus sympathiques et les plus sages. Ils souffrent, mais ils souffrent en silence, héroïquement, parce qu'ils ont compris le pourquoi de leur souffrance. Ernest et Lescrinier, eux, sont des égoïstes — ils le sont jusqu'à l'attitude ironique, sans plus — mais en réalité ils ont le cœur bon : il faut seulement qu'ils apprennent qu'ils ont été eux-mêmes la cause de l'infidélité de leurs épouses. Ils ont pourtant, l'un et l'autre, assez de bon sens pour sacrifier leur fierté à leur bien-être. Nozette, si elle est moins transparente que les autres personnages, n'en est pas moins innocente et sympathique, comme on peut l'être dans la réalité.

Le thème de l'adultère est traité de façons très diverses. Dans « la Mandragore », il prend un air de farce ; dans « Il faut se faire une raison », il n'est là que comme ressort dramatique, pour aider à la naissance de l'idée annoncée par le titre. D'une façon assez semblable, « Soir de fête » repose sur un adultère commis bien des années auparavant, qui sera cause que deux âmes se dévoileront, et par là servira à faire comprendre l'idée, chère à Céard, de la résignation et du pessimisme. Quant à « Tout se paie », l'idée du châtiment à venir doit être prise comme venant de Mme Cordula plutôt que de Céard ; ce que l'auteur a peut-être tenté, c'est de poser un problème psychologique se résolvant en des effets physiologiques. Ce n'est donc que dans « le Mauvais Livre » que l'adultère en soi a pris une importance particulière. L'adultère est la force agissante qui provoque la compassion de Joriane. A son tour, le thème vient appuyer dans « Soir de fête » une idée qui revient toujours, spontanément et en toute sincérité, dans les réflexions de Céard : la foi dans la vertu de l'acceptation courageuse face aux désillusions de la vie, si amères qu'elles puissent être.

CHAPITRE V

CONCLUSION

Si l'on demande quels traits prédominèrent dans la vie et dans l'œuvre de Céard, les premiers mots qui viendront y répondre sont ceux de pessimiste, de sceptique, de résigné; cependant, résumer en de tels termes l'activité de l'homme et de l'écrivain serait non seulement incomplet, mais encore inefficace. On n'aurait là que des aspects extérieurs, impersonnels même, de cette activité qu'il s'agit pourtant de connaître dans son individualité profonde et dans ses causes. Il va sans dire que la recherche des causes derrière l'écran des phénomènes a toujours quelque chose de hasardé et d'hypothétique. Mais en réfléchissant bien, on peut en attendre plus de lumière que de la simple constatation des effets; nous pensons donc pouvoir justifier dans une certaine mesure le choix de cette méthode conjecturale.

Toutefois, il est bon que nous nous en tenions pour commencer à certains aspects de surface. Il y a un contraste visible entre les louanges chaleureuses qu'il prodiguait à ses amis, et les attaques acerbes qu'il ne ménageait pas à ses ennemis. L'explication en est assez simple quand on songe à son attitude quasi misanthropique à l'égard de la vie : sous des dehors affables et modérés, il laissait souvent entrevoir certaine amertume, qui pouvait donner à penser aux gens d'amour-propre qu'un jugement porté sur l'humanité entière leur était plus particulièrement réservé.

Céard semble n'avoir eu ni la patience ni le goût d'entreprendre aucun ouvrage de longue haleine, et s'il écrivit une manière de roman-fleuve, *Terrains à vendre au bord de la mer*, il ne faut pas oublier qu'il n'y mit que des idées déjà traitées au cours de trente années de journalisme. Ses lettres à Zola nous le montrent comme perpétuellement mécontent, et de lui-même, et de ses ouvrages ; et peut-être son refus des valeurs universelles n'est-il que le prolongement de son insatisfaction personnelle. Affectation ? Pol Neveux lui-même, son ami intime, passe pour avoir dit de lui : « Oh ! Céard, il a en paroles, près des jeunes gens, tous les scepticismes; mais dans la vie pratique, il n'en a aucun (1) ! » Il est bien difficile de percer ce mystère psycho-

(1) GONCOURT, *Journal*, XVIII, 63.

logique. Peut-être l'un de ses personnages, le Dr Laguépie, nous livre-t-il une réponse : aucun de nous ne trace ses zéros de la même manière. Nous ne pouvions attendre que Céard se comportât selon nos propres aspirations. Ce sont ses idées en matière d'art qui revêtiront pour nous une importance supérieure.

Il ne viendrait à l'idée de personne de présenter Céard comme l'un des grands esprits de son époque, ou de dire qu'il exprima des vues qui n'étaient qu'à lui seul : en fait, on pourrait trouver une source à tout ce qu'il a pu avancer. C'est plutôt le choix qui nous intéresse chez lui, et le genre de synthèse qu'il put opérer entre telles et telles théories de son époque, pour atteindre à un critérium de vérité particulièrement rigoureux quand on le compare à ceux de beaucoup de ses contemporains. De Bobin, il reçut l'habitude de jeter un coup d'œil sceptique sur l'histoire littéraire, de chercher incessamment l'aspect contraire d'une question, s'élevant ainsi au point de vue le plus étendu possible, pour mieux soutenir ou pour révoquer à plus juste titre la proposition initiale. De Thyébaut, il prit le pessimisme souriant, et peut-être aussi le goût de se documenter sur les aspects les plus insignifiants de la vie, pour mieux étayer sa thèse du néant de toute chose. Comme beaucoup de ses contemporains, il croyait au progrès par la science, et il le devait sans doute à la pensée d'Auguste Comte. Quant à la subordination du psychologique au physiologique, il la découvrit chez Claude Bernard, chez Michelet, et probablement aussi chez Taine.

Puiser aux sources diverses, juger aussi avec circonspection, ce n'est pas chez lui simple éclectisme et goût de la solution mitoyenne, c'est élargir continuellement son point de vue. Avant 1885, on voit prédominer chez lui la doctrine naturaliste dans ce qu'elle a de plus ouvertement matérialiste. Il compare dans *l'Artiste* les écrivains naturalistes aux anciens peintres flamands et aux impressionnistes contemporains. Tout comme les premiers avaient cherché à rendre un visage, un intérieur, un paysage, avec la plus scrupuleuse attention et la plus fidèle ressemblance, en s'abstenant de hausser leur vision au-dessus des aspects quotidiens de la vie; tout comme les plus récents artistes découvraient dans cette même vie quotidienne de quoi exprimer pleinement la vérité intrinsèque d'objets aussi ordinaires qu'un banc de parc, une gare, une salle de café; ainsi les naturalistes, penchés sur les plus petits détails de la vie courante, voire sur ses côtés les plus répugnants, y trouvaient matière à exercer une vue qu'ils voulaient pénétrante.

Qu'on ajoute à cela l'intérêt accordé aux personnes humaines dans ce qu'elles ont de plus moyen : l'application la plus rigoureuse de ces théories nous vaudra *Une belle journée*. Sans nous exagérer le mépris dans lequel il tenait l'humanité, notons simplement que c'est surtout ce mépris qui devait amener Céard à nier toute valeur à la représentation fidèle, à n'y plus voir en soi une fin satisfaisante. Ainsi que le dira un personnage de *Terrains à vendre* :

Ce sont peut-être des philosophes profonds, les opticiens qui ont inventé l'instantané. Ils nous ont enseigné le mépris de la durée; et que, dans l'existence, ainsi que dans la photographie, tout dépend de l'angle fugitif sous lequel nous considérons éphémèrement les objets. Qui sait si notre erreur ne vient pas de chercher à les fixer, et d'essayer de leur assurer une permanence que, par nature, ils ne possèdent pas, ils ne peuvent pas posséder ?...

C'est cette illusion qui prête tant d'intérêt au développement des plaques sur lesquelles nous nous penchons, au-dessus des bains de révélation, dans la nuit des laboratoires. L'objectif le meilleur, qui passe pour refléter la réalité dans ses moindres détails, ne nous fournit jamais l'image que nous avons rêvée, au moment où nous la mettons au point. Nous la poursuivons sans cesse dans des épreuves où nous ne la reconnaissons pas; et rien ne vaut que notre chimère avec le travail où nous nous dépensons pour nous convaincre de son néant (1).

Toutefois, ceci ne tend pas à ôter toute valeur au parti pris d'exactitude. Ce que Céard entend montrer, c'est que l'art le plus réaliste est encore capable de nous abuser. Le problème sera donc de réduire au minimum les risques d'erreur : et c'est ici que sa théorie des rapports de la science et de l'art trouve sa justification. Il reprenait en 1881 deux définitions de Bossuet : l'art consiste « à pénétrer par la science et à rendre sensible par le style »; l'imagination est « la faculté de reproduire et non la fantaisie de créer » (2). Si nous passons sur ce que Bossuet entend au juste par *science*, si nous négligeons les implications théologiques du second jugement, si donc nous prenons les deux définitions dans leur sens le plus large, nous avons là l'essentiel du critère littéraire de Céard. Tout art est reproduction, et si la reproduction doit être fidèle, c'est pour servir de document, car c'est la documentation seule qui établit la prédominance du réel sur l'imaginaire.

Mais pourquoi la science ?

Parce que, répond Céard, les lois souveraines du monde où nous vivons sont la misère et la médiocrité universelles, et si souffrir vient de l'ignorance de la nature de ces lois, notre chance unique de bonheur consistera à les comprendre. Mais cela même, ajoute-t-il, est un idéal, et mettre ses espoirs dans un idéal expose forcément aux désillusions. La plus grande sagesse sera de nous résigner à ce que nous ne pouvons connaître ni dominer, et de chercher à comprendre ce qui sera accessible à notre entendement. Quant à la méthode, il répudie la métaphysique et la théologie : leur objet se situe toujours dans l'idéal, et par là se trouve être fallacieux. Elles posent l'existence d'un absolu et d'une perfection, mais la vérité n'existe point en

(1) *Terrains à vendre*, p. 415.
(2) *L'Express*, 21 février 1881.

tant qu'absolu ou que perfection. La vérité est sujette à varier, et le seul système qui tienne compte de ses modifications, c'est la science ; et la science est donc le seul fondement véritable de toute spéculation.

Pour le romancier, le problème qui se pose n'est pas celui du monde et son ensemble, mais celui de l'homme dans son milieu. Le monde n'est que misère, et chaque individu est une manifestation vivante de cette loi universelle. De ses études médicales, Céard a retenu que le corps humain est une masse d'imperfections, et conclut de là que la psychologie doit se fonder sur la physiologie et la pathologie. Le romancier met un personnage en scène, et pour que ce personnage ait de la réalité, il lui faut expliquer par quel cheminement il en est venu à être ce qu'il est, quelles causes lui font dire ce qu'il dit et faire ce qu'il fait. Le romancier s'attachera à suivre la même méthode que le physicien et le psychologue, qui n'inventent point une maladie, mais se bornent à rechercher les causes d'un phénomène, et de ce fait, son roman apparaîtra comme « une sorte de radiographie des âmes, nécessitant moins d'imagination que de science des rapports » (1).

Est-ce là ce qu'on appelle l'art ? Pas encore : il ne s'agit que d'un réalisme déterministe, fondement de tout art moderne, qui d'abord cherche à comprendre la nature, pour la reproduire ensuite avec toute l'exactitude voulue. L'art proprement dit réside dans la peinture du milieu, l'affrontement des passions, la conduite de l'action, et le déroulement des conflits intérieurs. Le style en fait « l'expression colorée de la pensée », mais cet instrument doit être aussi précis que des méthodes d'investigation scientifique modernes. C'est pourquoi il ne se privera pas de l'emploi de termes techniques, se gardant au contraire d'expressions métaphysiques telles qu' « état d'âme », où l'on prétend donner un caractère matériel à ce qui est immatériel. Telle est, pour Céard, la définition du naturalisme. Mais dans son esprit, il ne saurait être question de se régler uniquement sur cette doctrine. Il était, comme Flaubert, trop intelligent pour se rendre esclave d'un « isme ». Mais il eût pu apprécier aussi certaines tentatives de la poésie moderne : sachant que la science positive elle-même admet l'existence de l'obscur et de l'inconnu, il se fût penché avec intérêt sur le rêve ; en tant que littérateur, il demandait seulement que cette étude, pour légitime qu'elle fût, commençât après une soigneuse reconnaissance du réel, dont les rêves, d'ailleurs, ne sont qu'une autre sorte de manifestation. Quant à la musique des mots, elle ne saurait suffire : l'esprit réclame des images précises et bien observées. Mais quand la vérité, au sens scientifique du mot, s'adjoint la beauté, alors l'art apparaît. Dans une telle perspective, il y a peu de sens à se réclamer d'une école ou d'une théorie.

Céard avait des théories. Mais on chercherait en vain un endroit de

(1) *L'Information*, 13 mai 1918.

ses œuvres où il les ait vraiment suivies. Sauf peut-être le Moaclar de *Mal-Éclos*, peut-on citer un personnage dont la psychologie résulte du conditionnement physique ou pathologique ? En fait de portrait, le résultat est d'ailleurs demeuré médiocre, et nous pouvons rendre grâces au peintre de ne s'être pas laissé assujettir à sa propre doctrine. Qu'il ait voulu faire une galerie de faiblesses humaines, cela ne fait pas de doute, mais ces faiblesses portent souvent un caractère si général qu'elles en deviennent impersonnelles. Les œuvres de Céard se signalent par la prédominance de l'analytique sur l'imaginaire, au point même que la puissance dramatique leur fait assez fâcheusement défaut.

En revanche, on ne saurait mesurer les éloges à la clarté de l'expression, qui permet de mieux goûter encore le rythme sans défaut et l'ajustement parfait de ses phrases. Contestable ou non, le résultat de ses pensées coule devant les yeux comme l'eau claire d'un ruisseau : c'est dans cette prose que nous voyons l'influence de Flaubert.

Léon Deffoux, M. Dumesnil et M. Burns ont eu entièrement raison de signaler la parenté étroite des deux écrivains. Chez l'aîné comme chez le plus jeune, le psychologique est déterminé par le physiologique, et cette idée rend nécessaire une soigneuse documentation; l'œuvre d'art n'a pas à juger, elle prétend seulement à exposer des faits. L'un et l'autre prennent plus d'intérêt aux niaiseries de l'esprit qu'aux impuretés de la chair, d'accord pour dénoncer tout empiétement du sentiment sur la lucidité. Quand Céard préconise l'emploi des termes techniques dans un style qui serait « l'expression colorée de la pensée », il ne fait que reprendre ce que disait Flaubert : « J'en conçois pourtant un, moi, un style, qui serait beau... qui serait rythmé comme le vers, précis comme le langage des sciences (1)... » Ils ont cru tous deux à l'universalité de la misère et de la médiocrité. Ceci dit, c'est encore dans le travail du style que Flaubert a poussé le plus loin son influence sur Céard.

Il serait évidemment dangereux de simplifier jusqu'à laisser entendre que le second doit tout au premier, art et pensée. Il y a eu assez de divergence entre les deux écrivains pour qu'on ne reste pas sur cette fausse impression. Céard voua sans doute au Maître de Croisset la plus grande des admirations de sa vie, mais il était indépendant, et n'aurait pu se soumettre à personne, fût-ce à un dieu littéraire. Voici quelques réserves tirées d'un de ses premiers articles, où il a fait gloire à Flaubert de sa passion pour la phrase bien faite :

> Littérairement son critérium était exact, mais appliqué à des questions autres que des questions de style, il devait fatalement déterminer des erreurs et conduire à des jugements faux. La beauté scientifique est différente de la beauté littéraire,

(1) Lettre à Louise Colet du 24 avril 1852.

et l'intérêt d'une invention consiste non pas dans la phrase qui l'exprime, mais dans le résultat matériel qu'elle procure. Le ridicule d'un système vient plutôt de sa conception que de sa mauvaise écriture... Paul Bert, par exemple, peut être un très grand physiologiste et un fort prudhommesque écrivain. Flaubert a négligé les nuances, confondu les spécialités, et il est impossible de tenir pour bonne et d'accepter pour définitive la mesure avec laquelle il a prétendu tout mesurer arbitrairement (1).

Bien entendu on ne saurait dire assez combien Céard est demeuré inférieur à son aîné. Il explique sans plus, là où Flaubert dépeint; il *fait état*, pourrait-on dire, des émotions ou des pensées de ses personnages, de leurs échecs et des incapacités qui en sont causes. Flaubert, lui, sait *faire voir* la situation dans tout ce qu'elle a de banal, en mêlant par exemple aux agitations de la foire la conversation d'Emma Bovary et de Rodolphe; il sait *faire sentir* l'état de son héroïne prête à se jeter par la fenêtre du grenier, quand il confond le vertige causé par l'émotion dans le ronronnement du tour de Binet, et dans les ondulations de chaleur qui montent du sol jusqu'à elle.

Que l'on compare aussi le désenchantement de Frédéric Moreau avec celui de Mme Duhamain : le jeune homme ne le sent venir que peu à peu, après plusieurs années; la jeune femme s'y trouve plongée en un seul jour. Certes, Céard nous a parlé de cette triste vie d'épouse, mais sans rien indiquer qui pût faire admettre une chute inopinée dans la désillusion. On ne peut guère reconnaître la vertu de la résignation qu'après une suite de changements lents et presque insensibles. En dépit de ses mérites, il faut dire qu'*Une belle journée* n'a pas la vraisemblance qu'elle eût gagnée avec de la longueur de temps.

Flaubert n'a-t-il pas écrit que toute œuvre est condamnée qui révèle son auteur ? Cependant Céard n'est jamais tout à fait absent de son œuvre. Les thèses qu'il a soutenues dans ses articles, et sa conception générale de la vie, sont ce qu'il y a de plus constamment fort, de plus substantiel dans ses meilleures œuvres. En d'autres termes, il prêche plutôt sa pensée qu'il ne l'illustre. Mme Duhamain semble avoir beaucoup de lucidité pour une simple bourgeoise; Charmeretz n'est guère qu'un porte-parole du Céard théoricien; quant à Malbar et au Dr Laguépie, deux entités bien distinctes au début du livre, ils se conforment si bien aux dispositions de leur auteur qu'on ne les reconnaît plus, vers la fin, que par leurs noms.

Mais surtout, ce qui sépare les deux auteurs, c'est qu'ils n'ont pas au même degré la dévotion à l'art. L'art est la seule force qui opère dans la vie de Flaubert, c'est tout simplement sa raison d'être. Céard, lui, reconnaissait sans doute en l'art la plus haute manifestation humaine, mais croyait aussi

(1) *L'Express*, 9 avril 1881.

qu'on s'exposait à de grands désappointements en en faisant l'idéal auquel on se voue et sur lequel on tente de se modeler. Pratiquement, il adoptera dans la vie la même attitude : il choisit la besogne dispersée du chroniqueur plutôt que l'effort patient de l'écrivain qui veut parfaire un chef-d'œuvre. Il a laissé une grande quantité d'écrits, mais, parmi ses œuvres, une demi-douzaine seulement peuvent récompenser l'effort du lecteur. Est-ce l'insuccès de son œuvre qui lui fit tenir pour dangereux tout idéal artistique ? Ou au contraire, cette théorie est-elle responsable des imperfections de son œuvre ?

Quelles désillusions, quelles contradictions ne trouvons-nous pas dans la personnalité et dans les idées d'Henry Céard ? Il est tentant de les expliquer par des épithètes comme pessimiste, sceptique, résigné. Mais ces mots ne rendent pas l'image de tout un tempérament. Céard n'est pas pessimiste au sens schopenhauérien du mot : un sceptique n'aurait pas pris parti d'une façon aussi tranchée et acerbe dans une occasion comme celle de l'affaire Dreyfus; sans cesse en mauvais termes avec quelqu'un, toujours irrité par quelque événement, on ne peut guère voir en lui un apôtre de la résignation. Il y a certainement de la vérité dans ces trois épithètes, mais elles ne sauraient rien expliquer des motifs particuliers qui déterminèrent la conduite et préparèrent les convictions de cet esprit peu ordinaire. C'est son œuvre qu'il faut interroger.

Le but de Céard, comme de tout réaliste et de tout naturaliste, est de décrire les choses telles qu'il les voit : mais incapable de prendre le recul nécessaire et de se détacher suffisamment de son œuvre, ce n'est pas la nature qu'il a présentée telle qu'elle est, mais lui-même, et tel qu'il était.

Bien qu'on l'ait parfois appelé misanthrope, on ne trouve chez aucun de ses personnages, on ne décèle dans aucune de ses lettres le moindre penchant à la moquerie cruelle. Il raille la stupidité, c'est vrai, mais ne s'attaque jamais à l'infirmité. Il s'élève contre un usage inhumain de la science, qui permet d'exploiter les ignorants et de dominer les inférieurs; car si la science devait rester aux mains d'êtres sans indulgence et sans pitié elle ne ferait qu'alourdir le fardeau des misères, et il vaudrait alors mieux que la science périsse. Deux nobles caractères nous montrent encore sa façon de sentir : le Joriane du *Mauvais Livre*, qui, impuissant, excuse la conduite de sa jeune femme; Mme Lescrinier, dans *Soir de Fête*, amèrement déçue par son mari, et qui trouve dans son propre cœur la ressource de l'indulgence quand elle se rend compte que l'accomplissement du désir n'avait apporté à l'homme que le début du désenchantement. Elle sait que la peine du moment s'atténue toujours avec le temps, et que la sagesse consiste à jeter sur les soucis du présent le même coup d'œil indifférent que nous pourrons avoir en y repensant dans l'avenir. Si Céard avait été un misanthrope, aurait-il conseillé une telle tolérance ? Non, sans doute, pas plus qu'il n'aurait dénoncé les abus criminels de la science.

Et pourtant, s'il croit que les faiblesses méritent l'indulgence, il n'a que mépris pour la quiétude béate, pour le contentement de soi, cet ennemi de tout dépassement et de tout progrès. De quel œil impitoyable ne considérait-il pas ceux qui ne cherchent dans l'instruction que l'assurance d'un profit matériel. C'est ainsi qu'il s'adressait, dans un de ses articles, à des jeunes gens du lycée Charlemagne : « Oui, jeunes élèves, jeunes premiers, jeunes trois fois seconds, bêtes à concours, bons élèves, continuez dans la vie votre soumission glorieuse, votre discrétion méritante de potache craintif à l'endroit des retenues, n'inventez rien, n'essayez rien, soyez un esprit dans le rang, une intelligence à la suite : imitez, répétez, calquez, soyez M. Tout le Monde des pieds à la tête et du livre au journal, et vous pouvez être assuré alors que le pain cuira toujours pour vous chez le boulanger. Vous mangerez !... Oui, la vie vous sera une longue et heureuse digestion (1). »

Il est hors de doute que cet esprit désenchanté n'avait rien d'étroit ni de cruel. Il semblait croire que tout espoir était mort, que le présent n'apportait que tristesse, et le futur, que néant; mais derrière cette apparence de mauvais courage, on peut apercevoir l'esprit de rébellion du sceptique qui ne veut pas se résigner. C'est entre un perpétuel besoin de savoir et un doute non moins perpétuel qu'il trouve à exprimer ainsi son tourment :

L'inconnu m'effrayait, le certain m'épouvante !

Puis, comme une sorte de démenti apaisant, voici les consolations de Charmeretz à Henriette : « Mais, toute misérable qu'elle est, cette vie, elle est encore meilleure qu'elle ne paraît : la nature et les sens se chargent de la rendre tolérable. »

En véritable positiviste, Céard voyait une défaite intellectuelle dans la conversion de Verlaine et de Huysmans; il avait, quant à lui, choisi l'incertitude de la discipline scientifique, inconfortable mais du moins satisfaisante pour la raison, plutôt que la paisible indolence d'une croyance aveugle. Néanmoins, il savait, quand il le fallait, procéder hardiment à certaines options à la fois justes et absolues; il tournait en ridicule les hésitations de Renan, dont il écrivait : « Jamais il n'a eu le courage de tout nier, jamais non plus le courage de tout croire (2). » Mais si Renan était déchiré entre le besoin de croire et l'impératif de douter, Céard ne l'était pas moins, entre la soif et le refus de l'idéal. Voici une réflexion que lui inspira l'irrésistible fascination des images du rêve : « Le détachement de tout n'est jamais si complet que quelque rêve encore ne survive à la mort des rêves.

(1) *L'Union républicaine*, 3 février 1882.
(2) *L'Express*, 9 décembre 1881.

La platitude acceptée, un idéal sort toujours d'en bas pour tourmenter encore les cœurs les mieux désabusés (1). » C'est là que se déroule le grand conflit de sa vie : il la passa tout entière à tenter de dessiller les yeux d'autrui, en dénonçant l'illusion et le néant des choses, mais il ne put se régler constamment lui-même sur ses propres enseignements. Il y avait au cœur de Céard, ainsi que dans son esprit, un penchant à l'idéalisme qu'aucun positivisme au monde n'eût été capable de faire disparaître; sa vie ne fut qu'une longue lutte entre l'idéaliste et l'homme détrompé.

Comment expliquer Céard, plein de contradictions dans ses idées comme en lui-même, si ce n'est en juxtaposant ces deux notions contradictoires ? Résignons-nous, dit-il, faisons-nous aussi petits que possible devant la fatalité : c'est une attitude purement négative; tâchons de voir ce qu'il sera possible de tirer des occasions de bonheur qui nous sont offertes : ici, il envisage la vie d'une façon résolument positive. Céard appelle Schopenhauer un « pessimiste doux » et admire ses amis Thyébaut et Georges Pouchet (le Dr Laguépie de son dernier roman), qu'il qualifie de « pessimistes joyeux ». Tout en admirant Schopenhauer, il l'interprète selon ses préjugés positivistes. Tout est rien; et cependant, quand il s'agit de la conduite de la vie, il n'est pas sans entretenir quelque ambition.

Les personnages de ses romans, eux aussi, montrent la souffrance qui naît du conflit de l'idéal et du doute, du rêve et de la résignation. Mme Duhamain est déçue par l'épaisseur stupide de Trudon, mais non pas si cruellement qu'elle en oublie son idéal d'une liaison platonique avec une sorte de « bon frère ». Mme Trénissan est sous le charme à la vue des rochers que Malbar appelle « le château de Tristan »; mais la marée les en sépare et elle ressent une profonde tristesse de les voir à la fois si proches et si inaccessibles. Il faudrait un philtre pour rendre son amour parfait, mais il n'y a pas de philtres, et nos rêves, toujours présents à nos yeux, demeurent toujours hors d'atteinte. Charmeretz, le plus froidement sceptique de tous, n'est pas si débarrassé des sentiments qu'il puisse tout régler par la seule raison; parlant à Henriette des hommes de son caractère, il avoue : « Il est certains jours où l'impatience des bassesses humaines les prend comme une nausée... Certains jours, ils se jettent à la traverse des entreprises que vous méprisez. Mais dignement, silencieusement, avec l'espoir fou qu'entraveront le jeu de la fatalité, et l'irréalisable illusion qu'on leur en tiendra compte. »

Une seule fois Céard a montré l'idéal réalisé, et encore n'est-ce que d'une façon passagère. Laguépie et Malbar, en un bref moment de répit, sont plongés dans la poésie des vers de Hugo :

Et tous deux, le docteur et l'écrivain, l'un complétant la mémoire de l'autre, récitèrent les vers de *Pleine Mer*, les strophes de *Plein Ciel*.

(1) Paul GAVAULT, *Snob* (Paris, Simonis Empis, 1895); voir préface par CÉARD, pp. 13-14.

La clarté du soleil, la splendeur de la mer disparaissaient au milieu de leur exaltation. Car telle est la puissance des hommes de génie, que leur rêve, devenu réel, s'impose comme une vérité, et donne aux intelligences la sensation qu'elles se meuvent dans un nouvel élément (1).

C'est peut-être dans un article écrit à l'occasion du Nouvel An, peu de temps avant sa mort, que Céard finit par livrer l'explication de ces luttes intellectuelles et de la désillusion qui en résulta constamment. Il est question des trois mages en route pour Bethléhem, suivant l'étoile jusqu'au lieu où est né l'enfant qui rachètera le monde :

Puissance de l'imitation ! Depuis ces temps lointains, l'humanité, semblable aux trois rois mages, ne cesse jamais de se mettre en voyage pour atteindre la réalisation de son idéal de bonheur et de paix. Elle implore toujours du ciel ténébreux l'étoile généreuse qui la dirigerait au milieu de l'obscurité de ses pensées, car autour d'elle, incessamment, l'ombre et l'inquiétude recommencent. Elles viennent maintenant de la science acquise.

Le firmament est devenu noir parce que toutes ses lumières ont été analysées, mises pour ainsi dire à la portée de chacun, et l'univers, tourmenté à mesure que s'accroissent ses besoins de connaître davantage, anxieusement interroge l'horizon. Par pitié, il lui demande aujourd'hui la petite lueur imprévue qui lui permettrait de s'orienter au travers du désordre des esprits et des systèmes.

« Noël, Noël, voici le Rédempteur », chantaient les vieux cantiques de notre enfance. Vieillissants et désabusés, nous voudrions quand même répéter encore ce cri de délivrance et de joie. Pourtant, depuis que nous avons l'âge d'homme, combien n'en avons-nous pas rencontré, de ces rédempteurs qui, sous toutes les formes, art, philosophie, littérature ou politique, ont détruit nos illusions et ajouté à nos mélancolies.

Peut-être, dans l'avenir, le grand intérêt historique du XIXe siècle sera-t-il d'avoir créé des religions de scepticisme plus tyranniques que les religions issues de la foi, et d'avoir inventé des dieux sycophantes. L'incrédulité a construit des chapelles privilégiées, et nous ne voyons pas que la science, trop fière de ses lois éphémères et transitoires, se comporte avec plus de tolérance que les anciens augures tombés en discrédit.

. . . .

Quelles déplorables étoiles n'avons-nous pas suivies ! De combien de suspects rédempteurs n'avons-nous pas été et les mages, et les dupes ? Nous sommes venus vers eux de l'Orient de notre jeunesse et de notre candeur. Nous leur apportions nos aspirations, notre confiance, comme les rois apportaient à l'Enfant-Dieu l'or, l'encens et la myrrhe.

En échange de ces grands cadeaux, désillusionnant même la désillusion, déconcertant même l'ironie, ils ne nous ont donné que du néant. Cependant, irrités contre eux, point satisfaits de nous-mêmes, nous ne pouvons nous résoudre à vivre dans l'indifférence totale et à nous désintéresser complètement du ciel et de la terre. Voilà pourquoi la fête de Noël se célèbre encore, et d'âge en âge se célébrera sans cesse (2).

(1) *Terrains à vendre*, p. 55.
(2) *Le Petit Marseillais*, 30 décembre 1923.

Idéaliste détrompé, Céard fut beaucoup plus partagé entre ses pensées dissemblables que ses contemporains ne l'ont soupçonné. Portant en son cœur la semence enfouie de l'idéalisme, il appelait tout naturellement ce qui est bon et beau; mais son esprit, trop sincère pour se laisser dominer par ce qu'il savait n'être qu'illusion, ne voulait pas cultiver des pousses dont il ne recueillerait, semblait-il, que de mauvais fruits. Or la semence porte en elle force de vie, et aucun effort ne put empêcher l'idéalisme de croître : tout au plus Céard essaya-t-il de garder le recul de la lucidité. S'il fut sceptique et désenchanté, c'est que la tâche lui fut souvent lourde. Son pessimisme fut le résultat de ce conflit intérieur.

Si certains côtés de sa personnalité ne peuvent forcer la sympathie, il est pourtant certain que son absolue honnêteté envers soi-même emporte notre admiration : c'est ce qui fit tout ensemble la misère et la noblesse de sa vie.

BIBLIOGRAPHIE

Les abréviations des cotes citées ci-dessous sont :
AR : Bibliothèque de l'Arsenal.
BN : Bibliothèque Nationale.
USGdo : Bibliothèque Sainte-Geneviève, Fonds Doucet.

SOURCES PRIMAIRES

I. — ŒUVRES D'HENRY CÉARD

A) *Prose*

1. CÉARD, Henry. A la mer (conte), *la Vie populaire*, 8 oct. 1885; *le Siècle*. 2 août 1889; *les Nouvelles littéraires*, 7 juil. 1934. BN : fol Z 48; BN : Gd fol Lc² 1418; BN : fol. Z 133.

2. — Une Attaque de nuit (nouvelle), *la Vie littéraire*, du nº 31, le 2 août, au nº 33 le 16 août 1877. BN : Gd fol. Z 3.

3 *a.* — *Une belle journée.* Paris, Charpentier, 1881. BN : 8º Y² 4564.

3 *b.* — Une belle journée (incomplet), *l'Artiste* (Bruxelles) de Théodore HANNON, du 6 janv. 1878 au 16 déc. 1878. Bibliothèque Royale de Belgique : II, 71 119 B.

3 *c.* — Une belle journée, *la Vie populaire*, du nº 29, le 10 avril, au nº 39 le 15 mai 1890.

3 *d.* — *A Lovely Day* (trad. par Ernest BOYD). New York et Londres, Knopf, 1924. Library of Congress (États-Unis) : PZ³ C³² Lo; British Museum : 12 515, p. 7.

4. — Jardins et promenades : le Luxembourg, *Paris en plein air* (en collaboration avec A. SILVESTRE, G. MAILLARD, H. de WEINDEL et al.). Bibliothèque Universelle en couleurs, 1897, pp. 37-60. Bibliothèque de la Ville de Paris : 4º 133 555.

5 *a.* — Mal-Éclos, *Revue littéraire et artistique*, août-sept. 1881. BN : 4º Z 209.

5 *b.* — Mal-Éclos, *la Vie populaire*, du nº 9, le 31 janv. au nº 19, le 6 mars 1892.

5 *c.* — Mal-grandi [Mal-Éclos], nouvelle (traduite d'après le manuscrit et dédiée à D. Koroptchewsky), le *Slovo* [la Parole], janv.-fév. 1880. New York Public Library; Library of Congress (États-Unis); Bibliothèque de l'Université de Helsinki (Finlande).

6 *a.* — La Saignée (nouvelle dans *les Soirées de Médan*, en collaboration avec ZOLA, MAUPASSANT, HUYSMANS, HENNIQUE et ALEXIS). Paris, Charpentier, 1880. BN : 8º Y² 75 782.

6 *b.* — L'Armistice [la Saignée], récit (traduit d'après le manuscrit), le *Slovo*, sept. 1879.

7 *a.* Céard, Henry. *Terrains à vendre au bord de la mer.* Paris, Fasquelle, 1906. BN : 8º Y² 55 644.

7 *b.* — Terrains à vendre au bord de la mer, Roman de mœurs, *l'Événement*, du 11 mai au 13 nov. 1905. BN : Gd fol. Lc² 3544.

8. — Vieille poupée, *la Vie populaire*, 27 oct. 1889. Même conte : Conte du Jour de l'An; la poupée qui souffre, *le Siècle*, 28 déc. 1888.

B) *Études*

9. — *Descente des Anglais dans la presqu'île de Quiberon en 1746*, récit d'un témoin (Jean Henry). Vannes, Impr. de Galles, 1906. BN : 8º Lk⁷ 39 821.

10. — J.-K. Huysmans, essai de biographie littéraire, *la Grande Revue*, 25 mai 1907, pp. 618-631; *Cahiers J.-K. Huysmans*, mars 1942, pp. 222-237. BN : 8º Z 15 129; BN : 8º Z 25 085.

11. — *Œuvres complètes d'Alphonse Daudet*, édition définitive (... précédée d'un essai de biographie littéraire par Henry Céard, Romans t. I : *le Petit Chose*). Paris, Houssiaux, 1899. BN : 8º Z 14 989.

12. — Victor Hugo, *Fortnightly Review*, July 1, 1885, pp. 17-31. BN : 8º Z 42.

13. — et Caldain, Jean de. J.-K. Huysmans intime, l'artiste et le chrétien, *la Revue hebdomadaire*, 25 avril, 2 et 9 mai, 14, 21, et 28 nov. 1908. BN : 8º Z 13 581.

C) *Pièces*

14. — La Glace, scène rimée, *le Journal*, 7 oct. 1892. BN : Gd fol. Lc² 4948.

15. — *Le Mauvais Livre et quelques autres comédies.* Paris, Librairie française, 1923. AR : Rf 54 519.

16. — *Ne dérangez pas le monde*, fantaisie dramatique en un acte et en vers. Paris, Éditions de la Revue de la pensée moderne, 1903. AR : Rf 54 526.

17. — La Pêche, idylle suburbaine en un acte, en prose, *Revue d'art dramatique*, 15 juil. 1890, pp. 65-87. BN : 8º Yf 235 (19). AR : G.D. 44 719.

18. — *Les Résignés*, comédie en trois actes en prose. Paris, Charpentier, 1889. BN : 8º Yᵗʰ 23 451.

19. — Soir de fête, comédie en un acte, *la Revue française*, 24 août 1924, pp. 206-208. AR : Rf 54 528.

20 *a.* — *Tout pour l'honneur*, drame en un acte en prose, tiré de la nouvelle de M. Émile Zola, « le Capitaine Burle ». Paris, Charpentier, 1890. BN : 8º Yᵗʰ 24 266.

20 *b.* — Tout pour l'honneur, *Art et Critique*, nᵒˢ 27, 28, 29, 32 et 33, 31 nov., 7 et 14 déc. 1889, 4 et 11 janv. 1890. USGdo : P-IV-6. 8095.

21 *a.* — et Croze, J.-L. *Laurent*, comédie en un acte, en vers. Paris, Charpentier & Fasquelle, 1909. BN : 8º Yᵗʰ 32 947.

21 *b.* — — Laurent, comédie en 1 acte, en vers, *Comœdia*, 4 juil. 1922, pp. 3-4. BN : Gd fol. Yf 81. AR : Rf 55 827.

22. — et Weindel, Henri de. *Le Marchand de microbes ou la fille aux ovaires.* Parade du xxᵉ siècle. Paris, Éditions de la Revue d'art dramatique, 1898; et Paris, Librairie française, 1923. AR : G.D. 27 019.

D) *Poésie*

23. Céard, Henry. La Nouvelle Année, *l'Événement*, 1ᵉʳ janv. 1905. BN : Gd fol. Lc² 3544.

24. — Ballade à la Vierge, Ballade des pauvres putains, Retour d'âge, *le Nouveau Parnasse satyrique du XIXᵉ siècle.* Bruxelles, 1881.

25. — Jour des morts, Guynemer, *l'Action française*, 5 nov. 1918. BN : Gd fol. Lc² 6354.
26. — Marche funèbre du crépuscule des vieux comédiens, *le Journal*, 25 oct. 1892. BN : Gd fol. Lc² 4948.
27. — Noël breton, *Revue théâtrale*, déc. 1904, pp. 533-6. AR : Rj 346 (3).
28. — Rupture, Égoïsme, Courtisane, Sur deux mules de satin pâle, Une Charrette, Idéal, Morgue, *l'Artiste* (Bruxelles), de Théodore HANNON, mars-nov. 1877. Bibliothèque Royale de Belgique : II, 71 119 B.
29. — (Nicolas Kenlio). Sonnets : Euréka, Tristan, Lucrèce, Rose de Jéricho, et Morgue, *Revue blanche*, janv. 1892, pp. 44-48. BN : 8° Z 10 735.
30. — *Sonnets de Guerre, 1914-1918*. Paris, Librairie française, 1919. BN : 4° Yᵉ 442.

E) *Correspondance*

31. CÉARD, Henry. *Lettres inédites à Émile Zola*, publiées et annotées par C.-A. BURNS avec une préface de René DUMESNIL. Paris, Nizet, 1958. BN : 16° Z 8 727 (1).

F) *Préfaces*

32. BONNETAIN, Paul. *Charlot s'amuse...*, avec une préface par Henry CÉARD. 2ᵉ édition. Bruxelles, Kistemaeckers, 1883. BN : Rés. p. Y² 139.
33. DEFFOUX, Léon. *Un communard*, préface de M. Henry CÉARD. Paris, Figuière, 1913. BN : 8ᵉ Lb⁵⁷ 14 817.
34. EDWARDS, Alfred. *4ᵉ acte de la Princesse de Bagdad*, parodie précédée d'une conférence de M. Henry CÉARD. Paris, Lucotte, 1895. AR : Rf 58 023.
35. GAVAULT, Paul. *Snob*. Préface de Henry CÉARD. Paris, Simonis Empis, 1895. BN 8° Y² 49 682.
36. GONCOURT, Edmond de. *Madame de Saint-Huberty*, postface de M. Henry CÉARD. Paris, Flammarion, Fasquelle, 1925. BN : 8° Ln²⁷ 35 981 A.
37. GONCOURT, Edmond de. *Renée Mauperin*, postface de M. Henry CÉARD, Paris, Flammarion, Fasquelle, 1923. BN : 8° Y² 67 385.
38. GONCOURT, Jules de. *Lettres de Jules de Goncourt*. Introduction d'Henry CÉARD. Paris, Charpentier, 1885. BN : 8° Z 2841.
39. LANNE, Adolphe. *Le Mystère de Quiberon*, 1794-1795, préface par M. Henry CÉARD. Paris, Dujarrie, 1904. BN : 8° Lb⁴¹ 5466.
40. PESSARD, Gustave. *Nouveau Dictionnaire historique de Paris*. Lettre à l'auteur dans l' « Avant-propos ». Paris, Rey, 1904. BN : 8° LH⁷ 35 338.
41. ZAVIE, Émile. *Prisonniers en Allemagne* (septembre 1914-juillet 1915), avec une préface de M. Henry CÉARD. Paris, Librairie Chapelot, 1917. BN : 8° Lh⁴ 2862.

II. — MANUSCRITS D'HENRY CÉARD

A) *Bibliothèque Nationale*

42. n.a.f. 10.311 : Lettre à Zola donnant certaines définitions de mots; manuscrit pour *la Joie de Vivre*, ff. 318-321.
43. n.a.f. 10.313 : Notes sur *Nana* dans le manuscrit, ff. 241-248 et f. 152.
44. n.a.f. 10.321 : Notes et lettres par Céard dans le manuscrit de *Pot-Bouille* d'Émile ZOLA, ff. 326-331; 334-339; 346-357; 360-368; 432-443.
45. n.a.f. 10.324 : Lettres, notes et dessins à Zola dans le manuscrit du *Rêve*, ff. 234-236, 295 et 382.

46. n.a.f. 12.630 : « Cy-dessous sont colligées et s'ensuivent les ballades morales du chevalier Tristan de Chantedeuil, Paris, cent ans après la proclamation de la République. » [Nota : Non accessible au public avant 1965 par suite de dispositions testamentaires.]

47. n.a.f. 22.456 : Lettres à Edmond de Goncourt (39 lettres du 4 déc. 1876 au 5 nov. 1887).

48. n.a.f. 24.510 : Lettres à Paul Alexis (le 5 et 9 juil. 1881), ff. 134-6.

49. n.a.f. 24.516 : Lettres à Émile Zola (de juil. 1874 au 24 nov. 1893), ff. 1-491.

50. n.a.f. 25.528 : Lettre à Germain Bapst le 15 nov. 1893, f. 86.

B) *Bibliothèque de l'Arsenal*

51. MANUS. 13 039 : (23-24) Deux lettres d'H. C. à Édouard Gauthier le 19 nov. 1902 et le 15 janv. 1903.

52. MANUS. 13 067 :
   (1) *Le Trésor d'Arlatan*, d'après Alph. DAUDET, le premier de trois actes.
   (2) Six poèmes inédits par H. C.
   (3) *Lysistrata*, pièce en 4 actes, en vers.
   (4) Carnet des notes autogr. sur Restif de La Bretonne.
   (5) Deux lettres à Éd. Gauthier.

53. MANUS. 13 418 :
   (1-4) *Huysmans intime...* (avec Jean de CALDAIN).
   (6) Poème : « A Théodore de Banville en remerciement de l'envoi d'un livre en vers de sa façon. »
   (8) Notes sur Huysmans; Bref, histoire du village de Médan.
   (9) Autres notes sur Huysmans.
   (11) Lettre à Jean de Caldain.

54. MANUS. 13 419 :
   (1) Notice biographique sur G. Thyébaut.
   (2) Notes sur le même.
   (4) *Hortense Gerbaine*, de Gabriel THYÉBAUT, de sa main et de celle de Céard (incomplet).
   (5) *Le Vin en bouteilles*, de Gabriel THYÉBAUT (incomplet).
   (6) Lettre de Thyébaut à Céard, 11 juin 1921.

55. MANUS. 13 420 :
   (1-3) Manuscrits sur Edmond de Goncourt.
   (4) Manuscrit sur le *Journal* des Goncourt.
   (6) Lettres à Georges Clemenceau et Poincaré.
   (7) Journal de Pélagie; Notes; Zola sous-préfet.

56. MANUS. 13 421 :
   (1) Notes sur Flaubert.
   (2) Notes sur les difficultés des naturalistes au *Voltaire*.
   (3) Notes sur Maupassant.
   (4) Notes sur Zola.

57. MANUS. 13 422 :
   (2) Ébauches et fragments de Rukmabai, pièce en vers; Lettre de Céard, 4 sept. 1899.
   (3) Esquisses et fragments poétiques.
   (4) Essais et notes pour un poème concernant le combat de La Rothière (1814).
   (5) Fragments poétiques et notes diverses sur la guerre de 1914.
   (6) Notes sur Jeanne d'Arc et Gilles de Rais.

(7) Notes diverses sur A. Chénier, Vigny, Th. Gautier, Fr. Coppée, A. Daudet et Aimée Desclée.

(9 et 10) Notes, brouillons et correspondances diverses.

58. MANUS. 13 431 :

(1) Poésies sur la Bretagne, écrites à Quiberon.

(2) Autres poésies, la plupart sur la Bretagne.

(3) Notes sur *la Saint-Huberty*, d'Edmond de GONCOURT.

(4) Poème : *le Vin de Balnot*, île Saint-Pierre, 5 sept. 1909.

(5) Théâtre d'Henry Céard.

(6) Fragments de *Mémère*.

(7) Adaptation en vers de l'*Assemblée des femmes*, d'ARISTOPHANE, 18 nov. 1896.

59. MANUS. 13 458 :

Manuscrit du 3ᵉ acte de *Renée Mauperin*.

60. MANUS. 13 978 :

(1-7) Poèmes : « Dentelles de Bruges », « Ronsard jardinier », « Soir de la campagne », « Passage de troupes », « Communiqué à quatre heures », « Pas de munitions », « Près d'une tombe ».

(8) « Étrennes de pauvres ».

(9) « En travail de Jésus ».

(10-12) Notes.

(13-30) Lettres aux Daudet.

61. MANUS. 14 021 :

(9-11) Lettres diverses.

C) *Collections privées*

62 *a.* Lettres de Céard; collection de l'Académie Goncourt.

  b. Lettres de Céard; collection de Jean-Claude Le Blond-Zola.

  c. Lettres de Céard; collection du Dʳ Jacques-Émile-Zola.

  d. Lettres de Céard; collection de C.-A. Burns.

  e. Lettres de Céard; collection de Mme Léon Deffoux.

  f. Lettres de Céard; collection des héritiers de Léon Hennique.

  g. Lettres de Céard; collection de René Dumesnil (430 lettres, du 26 fév. 1906 au 18 juil. 1924).

  h. Lettres de Céard; collection de René Maurice (39 lettres à Mme Alphonse Daudet de 1920 à 1924).

III. — ARTICLES D'HENRY CÉARD (1)

A) *Revues et journaux littéraires*

63. *L'Artiste* (Bruxelles). Bibliothèque Royale de Belgique : II 71 119 B.

  1877 :

  1ᵉʳ avril : *la Damnation de Faust*; 22 et 29 avril et 6 mai : Exposition des Impressionnistes; 1ᵉʳ juil. : l'Assommé; 15 juil. : *les Caresses*, par Jean RICHEPIN; 22 juil. : Exposition des envois de Rome; 29 juil. : *les Tendresses viriles*, par Auguste CREISSELS; 12 et 19 août et 2 sept. : Coups d'œil et clins d'yeux; 23 sept. : Mémoires de Philarète Chasles; 14 oct. : Correspondance : A

---

(1) Cette bibliographie ne fait pas état de chroniques dramatiques, que Céard écrivit plutôt pour présenter des pièces que pour en discuter le contenu intellectuel, et qui par conséquent n'entrent guère dans le cadre de cet exposé. Il a été question dans le chapitre II de la période où ces articles furent donnés et des journaux qui les publièrent.

Monsieur Victor Reding; 28 oct. : Théodore Barrière; 11 nov. : Histoire d'un Crime; 25 nov. : la Lettre de la fin; 23 déc. : Émile de Girardin.

1878 :

23 mars : *Sophie Arnould,* par Edmond et Jules de GONCOURT; 27 mai : Chronique de l'Exposition, Courrier de Paris; 9 juin : Exposition universelle — La peinture italienne.

64. *Art et Critique.* USGdo : P-IV-6. 8095.
    21 juin 1890 : Idylles fausses; 23 janv. 1892 : la Farce est jouée.
65. *L'Esprit français.* BN : 8° Z 25 826; AR : Rf 54 531.
    10 juil. 1933 : Au Mont-Dore, pp. 248-251.
66. *La España Moderna.* BN : 8° Z 11 598.
    Janv. 1898 : Alphonse Daudet (traduction).
67. *Fortnightly Review.* BN : 8° Z 42.
    1er juil. 1885 : Victor Hugo, pp. 17-31 (traduction).
68. *L'Intermédiaire des chercheurs et des curieux.* BN : 8° Z 94 (18).
    10 juil. 1884 : les Noëls de Lucas Le Moigne; 10 nov. 1884 : Documents inédits sur Choderlos de Laclos; 10 mai 1885 : Naturalisme.
69. *Le Journal littéraire.* BN : Jo 61 131.
    10 mai 1924 : Humbles débuts.
70. *Le Monde moderne.* BN : 8° Z 14 127.
    Oct. 1907 : Sully-Prudhomme, pp. 672-675.
71. *Les Nouvelles littéraires.* BN : fol. Z 133.
    7 juil. 1934 : A la mer.
72. *Revue blanche.* BN : 8° Z 10 735; AR : Rf 35 045.
    Déc. 1891 : le Centenaire de M. Scribe, pp. 161-166.
73. *Revue bleue.* BN : 4° R 16.
    25 déc. 1897 : Alphonse Daudet, pp. 808-811.
74. *Revue illustrée.* BN : fol. Z 227.
    15 fév. 1887 : Zola intime, pp. 141-148.
75. *Revue indépendante.* USGdo : 7347, H-VIII-3.
    Avril, mai, juil. 1884 : Chronique du passé, pp. 76, 160, 333.
76. *Revue littéraire et artistique.* BN : 4° Z 209.
    15 juil. 1881 : Paul de Saint-Victor, pp. 321-323; 15 oct. 1881 : Auguste de Châtillon, pp. 527-530; 21 janv. 1882 : Duranty, pp. 40-43; 18 mars 1882 : Berlioz et Henriette Smithson, pp. 163-165.
77. *Revue théâtrale.* AR : Rf 43 014.
    Janv.-juin 1903 : Histoire de *Renée Mauperin.*
78. *Slovo* [« la Parole »]. New York Public Library; Library of Congress (États-Unis); Bibliothèque de l'Université de Helsinki (Finlande).
    Sept.-oct. 1878 : Lettres de Paris : I. Le drame contemporain en France; janv. 1879 : La comédie française contemporaine; mars 1879 : Lettres de Paris, chapitres I-VII; mai 1879 : la Poésie et les poètes de la France contemporaine; août 1879 : la Jeunesse parisienne : notes et observations (lettre de Paris).
79. *Les Soirées de Paris.* USGdo : 7525 p-v-16 (n° 14).
    Mars 1913 : Souvenirs.
80. *Les Types de Paris.* AR : 4° NF 15 839.
    1889 (n° 5) : les Comédiens, pp. 73-80.
81. *La Vie illustrée.* BN : fol. Z 794.
    10 oct. 1902 : Émile Zola — Souvenirs d'un ami de lettres.

82. *La Vie littéraire.* BN : Gd fol. Z 3.

21 sept. 1876 : Albert Coinchon; 31 mai 1877 : *la Fille Élisa*, de Edmond de GONCOURT; 25 avril 1878 : *les Fourchambault*, comédie en cinq actes, en prose, de M. Émile AUGIER.

83. *La Vie moderne.* BN : fol. Z 43.

9 juil. 1881 : Une nouvelle édition de *Fromont jeune et Risler aîné*, pp. 437-438; 17 déc. 1881 : Sully Prudhomme, pp. 803-804; 28 janv. 1882 : *la Faustin*, par Edmond de GONCOURT, pp. 54-58; 20 mai 1882 : *Jack*, par Alphonse DAUDET, p. 314; 1er juil. 1882 : *Pot-Bouille*, d'Émile ZOLA, pp. 407-410; 29 juil. 1882 : Rouget de Lisle, pp. 471-475 ; 2 sept. 1882 : Louis Bouilhet, pp. 549-550; 14 juil. 1883 : l'Univers *intra muros*, pp. 450-452.

84. *La Vie populaire.* BN : fol Z 48.

28 oct. 1888 : le « Théâtre libre »; 22 juin 1890 : le Port aux pommes; 10 janv. 1892 : l'Art à Paris, les comédiens, p. 40.

85. *Visages du monde.* BN : 4° Z 3707.

1934 (n° 17) : Fragments inédits sur l'art et la littérature.

B) *Journaux quotidiens*

86. *L'Actualité* (Bruxelles) de Camille LEMONNIER. Bibliothèque Royale de Belgique : VI, 296, C.

26 avril, 6 et 13 mai 1877 : *la Fille Élisa* et Edmond de GONCOURT; 10 juin et 1er juil. 1877 : Notes sur le Salon de 1877; 15 juil. 1877 : Notes sur le Salon de 1877 : la Peinture d'histoire. La sculpture.

87. *Les Droits de l'Homme* (articles sous le pseudonyme « Henry Denoisel »). BN : Gd fol. Lc² 3826.

20 sept. 1876 : *Marthe*, par Joris Karl HUYSMANS; 4 oct. 1876 : *les Droits du mari*, par M. L. GAGNEUR; 10 oct. 1876 : *Marie-Antoinette et l'intrigue du Collier*, par Louis COMBES; 3 nov. 1876 : *les Tendresses viriles*, par Auguste CREISSELS; 23 nov. 1876 : les Nouvelles des romans des Goncourt; 20 janv. 1877 : Mémoires de Philarète Chasles; 14 fév. 1877 : Bibliographie.

88. *L'Écho de Paris.* BN : Gd fol. Lc² 4308.

27 déc. 1891 : les Noëls de Lucas Le Moigne.

89. *L'Éclair.* BN : Gd fol. Lc² 4583.

5 oct. 1924 : Zola intime.

90. *L'Événement.* BN : Gd fol. Lc² 3544.

1889 :

25 nov. : la Statue de Balzac; 2 déc. : Danger d'imiter les maîtres; 9 déc. : Champfleury; 30 déc. : Poète de fin d'année.

1890 :

6 janv. : Rue Libert; 13 janv. : Sadisme populaire; 20 janv. : Prêtre du vieux temps; 27 janv. : Et les jeunes filles ?; 4 fév. : la Légende d'André Chénier; 11 fév. : le Termite; 17 fév. : Pitié pour « Thémidore »; 24 fév. : Défiez-vous des dictionnaires; 3 mars : l'Art d'être petit-fils; 10 mars : Contes d'Amérique; 17 mars : les Résurrections de Béranger; 24 mars : les Droits de la Science; 31 mars : le Crépuscule de Bismarck; 7 avril : l'Ironie de Calaban; 14 avril : le Nouvel Androclès; 21 avril : Saintes Femmes; 28 avril : Autopsies littéraires; 5 mai : Pierre Loti; 12 mai : Bête humaine; 19 mai : l'Abus des sociétés; 26 mai : le Vrai Marat; 4 juin : Soleil physiologique; 9 juin : les Grands jours de M. Baissac; 17 juin : les Torts de la

doctoresse; 30 juin : l'Eau qui tue; 10 juil. : la Malle de Mlle Bromberg; 14 juil. : Éloge de la Bastille; 22 juil. : la Niobé de l'asphyxie; 29 juil. : la Grille qui chante; 5 août : Est-ce vous Pressard ?; 18 août : le Banquet de l'espérance; 25 août : l'Art de gagner les batailles; 2 sept. : la Fin des légendes; 9 sept. : le Théâtre-esclave; 15 sept. : le Cadavre de Mirabeau; 26 sept. : Trouville-sur-Mort; 3 oct. : les Amours de Berlioz.

1891 :

24 juil. : Au Conservatoire : tragédie, comédie; 7 août : Auguste Vitu; 9 août : les Fils de Stendhal; 16 août : Combats d'hier et combats d'aujour-d'hui; 22 août : A propos du joueur, réponse à M. Henri de Lapommeraye; 30 août : Pour les traîtres; 6 sept. : la Tentation de Pécuchet; 15 sept. : les Opinions de M. Koning; 23 sept. : la Rue Renan; 27 sept. : M. de Bismarck, ami de la nature; 4 oct. : Ce qu'on déménage; 11 oct. : l'Université gaie; 18 oct. : le Murgerisme; 25 oct. : Mystères humains; 1er nov. : Enfant du siècle; 8 nov. : Petite statue; 17 nov. : Chronique de Paris : Pierre Gringoire; 25 nov. : le Mal du Japon; 30 nov. : Lits à part; 6 déc. : la Lutte pour la mort; 13 déc. : l'Homme des arbres; 20 déc. : A un autre; 26 déc. : Viens sur mon cœur...

1892 :

10 janv. : le Moderne croisé; 21 mai : *Thérèse Raquin*, théâtre du Vaude-ville; 29 juil. : Concours du Conservatoire : tragédie-comédie; 29 nov. : l'Académie et la chanson.

1893 :

20 mai : la Comédie-Française à Londres; 11 juin : Encore les sociétaires; 19 juin : Rien ne va plus; 28 juin : Pauvre comédie; 21 juil. : Concours du Conservatoire, tragédie-comédie.

1895 :

11 août : le Prix d'une utopie; 18 août : le Marchand d'espérance; 25 août : les Deux André Chénier; 3 sept. : les Arts de la mort; 8 sept. : A Monsieur Public ; 15 sept. : Roman comique; 22 sept. : Chasse et guerre; 3 oct. : Contes et nouvelles : la Mort du Diable; 6 oct. : les Marchands d'eau; 13 oct. : Espions intimes; 20 oct. : l'Ennemi du vin; 27 oct. : Pour les externes; 3 nov. : Ceux qui s'indignent; 10 nov. : le Théâtre et la vie; 4 déc. : Lèse-humanité; 8 déc. : N'écrivez jamais; 15 déc. : Histoire du bœuf gras; 27 déc. : le « Théâtre Rosse »; 29 déc. : Grande mort.

1896 :

5 janv. : Double gloire; 11 janv. : la Misère de l'or; 18 janv. : Deux morales; 25 janv. : l'Ile symbolique; 1er fév. : Chiens de scandale; 8 fév. : Rompons; 15 fév. : Poètes; 29 fév. : La Mecque du Poncif; 7 mars : la Poli-tique de Robinson; 14 mars : le Théâtre d'Agnès; 21 mars : Dieu à la mode; 28 mars : Conservatoire en Espagne; 4 avril : Pieux devoir; 11 avril : Tire à balles; 18 avril : Pleurs de domestiques; 26 avril : la Justice du ridicule; 2 mai : Fenêtre de sûreté; 9 mai : Comédie de Laputa; 16 mai : Le concordat de Médan; 23 mai : Escroc de lettres; 30 mai : Les cabotins de l'Histoire; 6 juin : la Chasse au chef-d'œuvre; 13 juin : Wotan à Grandcamp; 20 juin : Madame Veto; 27 juin : Léonidas; 4 juil. : la Chanson de la sardine; 11 juil. : Jour de fête; 18 juil. : Goncourt d'antan; 25 juil. : Littérature militaire;

1er août : la Haine du temps; 8 août : la Leçon d'Ibrahim; 15 août : Fiat voluntas tua; 22 août : La Toque et Prunier; 29 août : Ce qu'il faut montrer au tsar; 5 sept. : Otez ça !...; 12 sept. : l'Homme qui lit; 19 sept. : Passe-temps; 26 sept. : Avis à qui de droit; 3 oct. : le Dernier solo; 10 oct. : Notes du tsar; 17 oct. : Merci, madame; 24 oct. : le Laboureur et ses enfants; 31 oct. : le Temps des crimes; 7 nov. : Dégénéré supérieur; 14 nov. : Plus d'Odéon; 21 nov. : Manœuvre académique; 28 nov. : Bête à pleurer; 5 déc. : On meurt de loin; 12 déc. : les Deux théâtres; 19 déc. : l'Ile qui chante; 26 déc. : Homme de Noël.

1897 :

2 janv. : A Carnavalet; 9 janv. : Quand il faut; 16 janv. : le Banquet de la faim; 23 janv. : Sous un casque; 30 janv. : le Père Gigogne; 6 fév. : Reine au rabais; 13 fév. : le Nouveau Tartarin; 20 fév. : l'Homme de Messidor; 27 fév. : Grelots de la folie; 6 mars : Place Pasdeloup, lettre à M. le Préfet de la Seine; 20 mars : la Grande menace; 27 mars : l'Honnête criminel; 3 avril : Églantines; 10 avril : Grand-mère; 17 avril : le Mystère de Judas; 24 avril : Marchand de vanité; 1er mai : Phares éteints; 8 mai : Police et providence; 15 mai : Vaisseau fantôme; 22 mai : Eau de source; 29 mai : Tristesse d'Obélisque; 5 juin : Sauveteur; 12 juin : Facétie; 20 juin : Hommes à la mer; 26 juin : Un miracle, S.V.P.; 3 juil. : Cézanne à Berlin; 10 juil. : Viol de néant; 17 juil. : Si qu'on n'irait pas; 24 juil. : Point d'Histoire ; 31 juil. : Discours scolaire; 7 août : Notre-Dame des Sept-Douleurs; 14 août : Bayreuth français; 21 août : Chasse à l'homme; 28 août : Pain et viande; 4 sept. : Vie de Bohème; 11 sept. : Maison à vendre; 18 sept. : Au pays de Tristan; 25 sept. : Attaque de nuit; 2 oct. : Bohèmes de plage; 9 oct. : Cœur à droite; 16 oct. : le Pape du scepticisme; 23 oct. : Maupassant; 30 oct. : l'Impérial bonheur; 6 nov. : le Décès de la chanson; 13 nov. : Graphologie; 20 nov. : la Vertu à huis-clos; 27 nov. : Amour moderne; 4 déc. : Mort d'hier; 11 déc. : Roman de campagne; 18 déc. : Alphonse Daudet; 25 déc. : le Voyage de Candide.

1898 :

1er janv. : Étrennes; 8 janv. : En avant la musique; 15 janv. : la Ville d'Alceste; 22 janv. : Silence aux étrangers; 29 janv. : De tout un peu; 5 fév. : Épée de lumière; 12 fév. : Lettre à Zola; 19 fév. : Vieux papiers; 26 fév. : Êtres obtus; 5 mars : Avant-garde; 12 mars : Première vue; 19 mars : Nez à nez; 26 mars : les Deux Balzac; 2 avril : Démissionnez !; 9 avril : Quelqu'un; 16 avril : Mauvais service; 23 avril : Peintre de rêve; 1er mai : « Coupe sombre »; 8 mai : Michelet; 14 mai : Fin de vie; 21 mai : Comme sous Louis XIV; 28 mai : Bélisaire; 4 juin : Affiches et opinions; 11 juin : Rayons jaunes; 21 juin : Au souvenir de Daudet; 25 juin : Cinquantenaire d'Outre-Tombe; 2 juil. : Patrie d'espérance; 9 juil. : Pour un autre; 16 juil. : Muse et falaise; 23 juil. : Sans journaux; 30 juil. : Rien à faire; 6 août : Châtiment; 13 août : Rue de Mer; 20 août : Droits de l'homme; 27 août : Art et mystère; 3 sept. : Fables classiques; 10 sept. : Rien de vrai; 17 sept. : École du soir; 24 sept. : Bon syndicat; 1er oct. : la Tourmente; 8 oct. : Feuillets d'Histoire; 15 oct. : Porte basse; 22 oct. : Choses drôles; 29 oct. : Poètes locaux; 5 nov. : Messieurs Médée; 12 nov. : Vieux rapport; 19 nov. : Comme on oublie; 26 nov. : Homme neuf; 3 déc. : Au bord du passé; 10 déc. : Vases brisés; 17 déc. : Noble virement; 24 déc. : Mauvaises Étoiles; 31 déc. : Poupée, conte du Jour de l'An.

1899 :

7 janv. : la Patrie française; 16 janv. : Remparts de Concarneau; 20 janv. : François de Curel; 28 janv. : Point d'ironie; 4 fév. : Collaborateur; 12 avril : Arbres en l'air; 19 avril : Rue Alphonse-Daudet; 28 avril : Inquiétude; 3 mai : Épines et lauriers; 10 mai : Pêche à la ligne; 17 mai : Francisque Sarcey; 24 mai : Créancier royal; 31 mai : En vingt leçons; 5 juin : Dum dum; 10 juin : Médecin de Meudon; 24 juin : Au voleur !; 1er juil. : Poisson de Judas; 3 juil. : Dreyfus, débarquez; 8 juil. : Nouveau Christ; 15 juil. : Chant national; 22 juil. : Sur le sable; 29 juil. : Qu'il se déclare !; 26 août : le Dernier sauvage; 2 sept. : Histoire d'un fort; 9 sept. : Anniversaire historique; 16 sept. : Némésis; 23 sept. : Fils de néant; 7 oct. : Pour trois francs; 14 oct. : Psychologie de Meaux; 21 oct. : Robinsons; 28 oct. : Musée dramatique; 4 nov. : Mes fleurs; 11 nov. : Consultation morale; 19 nov. : Cœur de mer; 26 nov. : Déodat-veuillot; 2 déc. : Drapeau rouge; 10 déc. : Singularités; 16 déc. : Solution; 25 déc. : Le Noël de Judas.

1900 :

2 janv. : A propos des *Misérables*; 8 janv. : la Camelote; 13 janv. : Plaie d'argent; 20 janv. : Double danger; 27 janv. : Œdipe moderne; 4 fév. : la Clarté des lampes; 11 fév. : Une statue pour deux; 3 mars : Petit mari, petite femme; 19 mars : Mi-Carême en mer; 24 mars : Un document parisien; 31 mars : Exposition d'autrefois; 7 avril : Enfant prodige; 14 avril : Chronique du passé; 21 avril : Au pied d'une statue; 28 avril : Paris sur la Bièvre; 5 mai : Goutte d'idéal; 12 mai : Sur les murs; 26 mai : Rien de fait; 2 juin : Homme de gouvernement; 9 juin : Drapeau au vent; 16 juin : Bon malheur; 23 juin : Japon cuirassé; 30 juin : Chine littéraire; 7 juil. : Un méconnu; 15 juil. : Musique *in extremis*; 21 juil. : Roi et reine; 28 juil. : Propriété littéraire; 4 août : Daumier; 12 août : Leyques et Retif; 18 août : Mort et discipline; 25 août : Sur la côte; 1er sept. : Port-Hallan; 15 sept. : Notes de route; 22 sept. : Plein air; 29 sept. : Chasse à l'homme; 6 oct. : En avant, marche !; 13 oct. : Croix de Paris; 20 oct. : C.Q.F.D.; 27 oct. : le Bal de *l'Assommoir*; 3 oct. : Trois rues; 11 nov. : Nécromobiles; 17 nov. : Sur terre et sur mer; 23 nov. : Célibataires; 3 déc. : 55, Rue de Passy; 11 déc. : Croix d'Antoine; 15 déc. : Jury; 22 déc. : Côtes de France; 29 déc. : Fortifications.

1901 :

5 janv. : Pour l'alcool; 12 janv. : Toujours l'octroi ; 19 janv. : Héros intime; 26 janv. : Autre mort; 3 fév. : A Saint-Fargeau; 9 fév. : Pascal à la Chambre; 18 fév. : Cerveaux en l'air; 23 fév. : Rabelaisien; 2 mars : Vent qui passe; 9 mars : Héroïnes; 16 mars : le Moulin de Daudet; 23 mars : Iles et îlots; 30 mars : les Lendemains; 6 avril : Homme et statue; 13 avril : Poète et comédien; 20 avril : Beau résultat; 27 avril : Toujours du Poncif; 4 mai : Mauvais livre; 11 mai : Buste et berceau; 18 mai : Après la *Marseillaise*; 25 mai : Roses de Provins; 1er juin : Tape, mais paye; 8 juin : Mort inconnu; 15 juin : Histoire du théâtre; 22 juin : Hoche transposé; 29 juin : Concours général; 6 juil. : Propos sans espoir; 13 juil. : Brûlons nos lettres : 20 juil. : Croix d'acteurs; 27 juil. : Soir d'élections; 3 août : Paul Alexis; 10 août : Mon ami Guignol; 24 août : Grand électeur; 31 août : les Dessous d'une statue; 7 sept. : Pas en France; 14 sept. : Mauvais crime; 21 sept. : Échec aux sectaires; 28 sept. : Et la littérature; 5 oct. : Avis aux sculpteurs; 12 oct. : Agonie; 19 oct. : Simplicité; 26 oct. : Chez les notaires; 2 nov. : Romances;

9 nov. : Censure; 16 nov. : Bien joué, Marguerite; 23 nov. : De mieux en mieux; 30 nov. : Répertoire littéraire; 7 déc. : A tâtons; 14 déc. : Vérité et justice; 21 déc. : Testaments; 30 déc. : Surprises.

1902 :

5 janv. : Contes municipaux; 11 janv. : Hittorf et Belanger; 18 janv. : Livres défendus; 8 fév. : Trompettes d'alarme; 15 fév. : Après le sauvetage; 3 mars : Pendant la gloire; 8 mars : De quoi vivre; 17 mars : Contes municipaux : la pierre de Simon; 22 mars : Épitaphe; 29 mars : Oublié !; 6 avril : Beautés; 19 avril : Réunions publiques; 26 avril : En tournée; 3 mai : Suffrage universel; 10 mai : Chansonnier; 17 mai : Propos d'un électeur; 24 mai : l'Enseignement des catastrophes; 31 mai : Dans les bureaux; 7 juin : Pauvres critiques; 14 juin : En voyage; 23 juin : Le Ron Ron; 28 juin : Feuillets de route; 5 juil. : Feuillets de route; 12 juil. : Feuillets de route; 19 juil. : Fleur de suffrage; 26 juil. : Inauguration; 4 août : Feuillets de route; 9 août : Condamnés; 16 août : Deux îles; 25 août : Autour d'un mort; 30 août : Contes municipaux : collectionneur; 7 sept. : Un pendu; 13 sept. : Feuillets de route; 21 sept. : Feuillets de route; 28 sept. : les Erreurs du bronze; 2 oct. : Coup de foudre; 11 oct. : Naturalistes; 21 oct. : Zola et Balzac; 25 oct. : Défense de rire; 1er nov. : En avant la musique; 8 nov. : Cinq par jour; 15 nov. : Donnant, donnant; 22 nov. : Pile ou face; 29 nov. : Lettres d'un voyageur; 6 déc. : Amour et revolver; 13 déc. : Croix à vendre; 20 déc. : Théroigne; 27 déc. : Chapitre de *Gil Blas*.

1903 :

3 janv. : Lettre de bonne année; 10 janv. : Positivistes; 24 janv. : Chahut; 1er fév. : Enseignement superficiel; 7 fév. : Écoles électorales; 15 fév. : Pour les jurés; 22 fév. : Après la charité; 28 fév. : Fleur de pavé; 8 mars : Médaille de la guerre; 14 mars : Bréviaire de Moissac; 22 mars : Crime de la mer; 29 mars : les Deux Tiaires; 5 avril : Mécréants ;14 avril : Prodigieux; 20 avril : Discours officiels; 26 avril : Critique et musiciens; 2 mai : En Provence; 10 mai : Joie du néant; 16 mai : Poète à part; 24 mai : la Guerre des encres; 6 juin : Faux tableaux; 13 juin : Certificat d'ignorance; 20 juin : les Apachovitch; 27 juin : le Vrai Latude; 4 juil. : Toujours des légendes; 11 juil. : Bonaparte sauvé; 25 juil. : la Mort de l'orthographe; 15 août : Robert Macaire; 22 août : Hector Berlioz; 29 août : Brizeux; 5 sept. : Histoire de l'avenir; 12 sept. : Musiques militaires; 26 sept. : International; 3 oct. : Maisons de Zola; 11 oct. : Vivant et mort; 17 oct. : Vert, blanc et rouge; 8 nov. : les Lointains; 5 déc. : Monnaie de sauvages; 12 déc. : Ceci tua cela; 19 déc. : la Légende des légendes; 26 déc. : Deux Noëls.

1904 :

9 janv. : Lettre du public; 16 janv. : Projet de monument; 23 janv. : Rue de la Clef; 30 janv. : Métro; 7 fév. : Mauvaises mœurs; 13 fév. : Encore une statue; 21 fév. : Sur la côte bretonne; 29 fév. : Ignorance en mer; 6 mars : Marine électorale; 14 mars : Louis XVII; 27 mars : Jérusalem; 3 avril : Gaieté posthume; 9 avril : la Pastoure; 17 avril : Dignité nouvelle : 24 avril : Primitifs; 8 mai : Pauvres auteurs; 17 mai : les Deux Cassandre; 22 mai : Sachez vous taire; 30 mai : A quand l'échéance; 5 juin : Humbles débuts; 13 juin : Jeton de présence; 19 juin : Écrivains et paysagistes; 26 juin : Tranche de vie; 3 juil. : Monselet et son œuvre; 12 juil. : Autre éloge; 17 juil. :

Treize Juillet; 25 juil. : le Mystère de Quiberon; 1er août : le Huron; 7 août : Pèlerinage; 28 août : André Chénier, journaliste; 4 sept. : Mortelles inconséquences; 13 sept. : Maman, les p'tits bateaux; 19 sept. : Tréteaux de province; 25 sept. : Indifférence, indiscipline; 10 oct. : Statues à l'erreur; 16 oct. : le Livre d'amour; 23 oct. : Choses de la mer; 3 nov. : Bon docteur; 6 nov. : Orthographe; 20 nov. : Ici l'on danse; 27 nov. : Papa Gâteau; 4 déc. : Mise au point; 12 déc. : Dictionnaire parisien; 18 déc. : Question du Jour de l'An; 25 déc. : Autour de *Tristan*.

1905 :

8 janv. : De boutique en boutique; 19 fév. : Fiche de province; 26 fév. : Imprudent discours; 5 mars : Dernière fée; 19 mars : le Refrain d'alcool; 2 avril : Brave homme; 11 avril : Nord et Sud perdus; 16 avril : Avenue de l'Opéra; 26 avril : Histoire ou fantaisie; 30 avr. : Deux amis; 7 mai : Vieux théâtre; 14 mai : l'Art d'être gredin; 21 mai : l'École des épaves; 28 mai : Grands peupliers; 4 juin : Mauvais mots, mauvaises idées; 11 juin : Eaux de province.

91. *L'Express.* BN : Gd fol. Lc² 4022.

1881 :

19 janv. : Alphonse Daudet; 5 fév. : Alexandre Dumas fils; 11 fév. : Prosper Mérimée; 21 fév. : Bossuet naturaliste; 1er mars : Jean Richepin; 9 mars : Louis Bouilhet; 18 mars : Edmond de Goncourt; 28 mars : Auguste de Châtillon; 1er avril : Laïques et sœurs de charité; 9 avril : Gustave Flaubert; 15 avril : François Coppée; 29 avril : Édouard Pailleron; 5 mai : Émile de Girardin; 16 mai : l'Univers intra muros; 3 juin : Hélène Petit; 9 juin : Jules Vallès; 16 juin : Sully Prudhomme; 24 juin : Paul de Saint-Victor; 7 juil. : Théodore de Banville; 15 juil. : Vainqueurs de la Bastille; 21 juil. : Béranger; 29 juil. : 1830; 8 août : Arthur Schopenhauer; 15 août : Paul Scarron-Edgard Monteil; 26 août : Albert Glatigny; 23 sept. : Paul Verlaine; 1er oct. : Camille Lemonnier; 9 oct. : Déménagements; 15 oct. : Eugène Mouton; 26 oct. : Jules Viaux; 1er nov. : l'École de Médecine; 8 nov. : Gustave Flaubert, épileptique; 17 nov. : Hector Berlioz; 27 nov. : l'Abbé Galiani; 9 déc. : Ernest Renan; 14 déc. : Paul Arlène; 23 déc. : Edmond Duranty; 31 déc. : Lucas Le Moigne.

1882 :

5 janv. : Agrippa d'Aubigné; 16 janv. : le Comte Tolstoï; 23 janv. : Leconte de L'Isle [*sic*]; 30 janv. : les Anthoine; 6 et 7 fév. : *la Saint-Huberty* et *la Faustin* par E. de GONCOURT; 13 et 14 fév. : Alfred de Musset; 20 et 21 fév. : Auguste Barbier; 27 fév. : Joséphin Soulary; 7 mars : Ludovic Halévy; 14 mars : Théodore Barrière; 21 mars : Alphonse Daudet; 3 et 4 avril : André Chénier; 13 avril : A la foire au pain d'épices; 19 avril : Henry Murger; 25 avril : Fervacques; 3 et 4 mai : Godard d'Aucour; 20 mai : Revue littéraire; 24 mai : Réponse au *Réveil*; 27 mai : Revue littéraire; 3 juin : Revue littéraire; 11 juin : Revue littéraire; 19 juin : Revue littéraire; 22 juin : Balzac au pilon; 29 juin : Revue littéraire; 6 juil. : Revue littéraire; 14 juil. : Michelet et son œuvre; 30 juil. : Revue littéraire; 3 août : Émile Zola; 15 août : Notes et fantaisies; Paris-Picpus.

92. *Le Figaro.* BN : Gd fol. Lc¹³ 9.
3 mars 1922 : Une critique de Molière.

93. *Le Gaulois.* BN : Gd fol. Lc² 3139.

    25 fév. 1898 : Après le procès.

94. *Le Grand Journal.* BN : Gd fol. Lc² 3979.

1880 :

16 fév. : Monsieur Sardou; 23 fév. : Richard Wagner et les malentendus; 27 fév. : Une spectatrice d'Hernani; 6 mars : Une cantatrice au XVIIIᵉ siècle : Sophie Arnould; 16 mars : Albert Glatigny; 23 mars : A propos du livre de M. Paul Bert; 17 avril : le Conseil municipal et l'Université; 19 avril : Vie de Bohème; 10 mai : Gustave Flaubert; 13 mai : Obsèques de Gustave Flaubert; 18 mai : *le Candidat*; 25 mai : Vers de Maupassant; 1ᵉʳ juin : Théâtre de Daudet; 8 juin : Grand Prix de Paris.

95. *L'Information.* BN : Gd fol. Lc² 5880.

    22 juil. 1918 : Lettre à Maurice Verne.

96. *L'Intransigeant.* BN : Gd fol. Lc² 3980.

    21 juil. 1910 : Lettre d'appréciation.

97. *Le Journal.* BN : Gd fol. Lc² 4948.

    1ᵉʳ oct. 1892. Un oublié : Choderlos de Laclos; 17 oct. 1892 : Voleurs de pauvres; 30 oct. 1892 : la Revanche de Pipelet.

98. *Le Matin.* BN : Gd fol. Lc² 4105.

1894 :

31 mars : (non signé) : Georges Pouchet; 13 oct. : M. Zola à l'Opéra; 27 oct. : « Passe parole »; 10 nov. : Science et chimère; 24 nov. : l'Impasse; 8 déc. : A Pasdeloup; 22 déc. : J'ai vécu.

1895 :

5 janv. : Pas d'idéal; 19 janv. : le Pardon de Fanfan; 2 fév. : Vieux cœurs; 16 fév. : Edmond de Goncourt; 2 mars : Huysmans converti; 16 mars : Un revenant; 26 mars : le Sens de l'éphémère; 30 mars : la Revanche de Jane; 13 avril : Lettre ouverte; 27 avril : Rhétorique de grève; 4 mai : Tout arrive; 18 mai : Paravent japonais; 1ᵉʳ juin : Chez les sauvages; 15 juin : le Livre idéal; 29 juin : Double adultère; 13 juil. : Commandeur; 28 nov. : Alexandre Dumas.

99. *Le National.* BN : Gd fol. Lc² 3194.

1897 :

25 juin : Soir de bataille; 4 juil. : Chansons et bannières; 9 juil. : l'Immortel inutile; 16 juil. : Fête mobile; 24 juil. : Quiberon pendant le séjour des émigrés; 30 juil. : Prêtre d'argent; 6 août : Miracle !; 13 août : Bastille pour enfants; 20 août : Deux documents; 27 août : Acheteur du kilomètre; 3 sept. : Propos du soir; 16 sept. : Socialisme pittoresque; 24 sept. : Plus de Thermopyles; 3 oct. : la Fête de la volonté; 12 oct. : Un mauvais employé; 17 oct. : De la lumière; 23 oct. : Arbitre de stupidité; 28 oct. : Papier timbré; 4 nov. : Mise en scène; 11 nov. : Procès à réviser; 18 nov. : la Crise universitaire; 25 nov. : Affolement; 2 déc. : Air national : 9 déc. : Sous le boisseau; 16 déc. : Virtuosité littéraire; 23 déc. : Sourire de Voltaire; 30 déc. : Poète.

1898 :

6 janv. : Opéra-Comique; 13 janv. : Esprit scientifique; 20 janv. : Dans l'ombre; 27 janv. : Documents étrangers; 3 fév. : Tout s'arrange; 10 fév. : « A bas la France ! »; 17 fév. : Gaietés ; 24 fév. : Carnaval de Venise; 3 mars : Phrases

mortes; 10 mars : Ingénue; 17 mars : Sangrado moderne; 24 mars : Pain et salaire; 31 mars : Souscription nationale; 7 avril : Jugement dernier; 14 avril : On recommence; 21 avril : Maison à fuir; 28 avril : le Bloc; 5 mai : Deux légendes; 12 mai : les Chefs-d'œuvre inconnus; 19 mai : Jurés en marche; 26 mai : Un sage; 2 juin : Nouvel Œdipe; 9 juin : Pas latins; 16 juin : Scandale annuel; 23 juin : Discours et chansons; 30 juin : Théâtre d'arbitraire; 7 juil. : Affiches; 18 juil. : Mort et réclame; 21 juil. : Hyperboles; 28 juil. : Mascarade d'honneur; 4 août : Chasse pour tous; 11 août : Mauvais écrivain; 18 août : Des arbres S.V.P.; 25 août : Assoiffeurs publics; 1er sept. : Chemineux; 8 sept. : Mauvaises Géorgiques; 15 sept. : Goutte à boire; 24 sept. : Bon fonctionnaire; 1er oct. : Pièce à faire; 6 oct. : Ame d'artiste; 13 oct. : Prélèvement; 20 oct. : Quelques chiffres; 27 oct. : Vieux programme; 3 nov. : Fleurs de mer; 10 nov. : Préfets en marche; 17 nov. : Toison d'Or; 24 nov. : Monuments; 1er déc. : Sous la lampe; 8 déc. : Luther impérial; 17 déc. : Bonne loi; 24 déc. : Loi inhumaine; 30 déc. : Pièce d'Ibsen.

1899 :

5 janv. : Cervelle errante; 12 janv. : Faux suffrage; 20 janv. : Mot nouveau; 26 janv. : Décorations étrangères; 2 fév. : Souscription; 9 fév. : l'Égalité; 16 fév. : Confetti; 23 fév. : Obsèques; 3 mars : Président chez soi; 10 mars : Bal de Mazas; 16 mars : Excusez du peu; 23 mars : De quel droit; 6 avril : Alcool; 13 avril : Irresponsable; 20 avril : L'expiation; 27 avril : Graphologie; 4 mai : Pierre Dupont; 13 mai : Au Panthéon; 18 mai : Deux tombes; 25 mai : Buste suspect; 1er juin : Grand homme; 11 juin : Monsieur Pascal; 17 juin : Mise à prix; 23 juin : Croix de Genève; 6 juil. : Débarquement : Port-Haliquen en Quiberon; 13 juil. : Coups de fusil; 27 juil. : Croix de comédiens; 3 août : Pastorale automobile; 11 août : Incommodité; 18 août : L'univers chez soi; 8 sept. : le Moulin de Daudet.

100. *Paris.* BN : Gd fol. Lc² 4018.

1896 :

20 fév. : L'homme aux foies chauds; 27 fév. : Paysagistes de Paris; 5 mars : le Sang de Danton; 12 mars : le Soldat de Marathon; 19 mars : la Terreur des patriotes; 2 avril : Comédies de carême; 9 avril : Mademoiselle Tannhauser; 16 avril : la Grande blessée; 23 avril : la Divine tapisserie; 30 avril : Casque en tête; 7 mai : l'Éventail de « Nana »; 14 mai : « Trop de lyre »; 21 mai : « Harloup ! Vlaou ! »; 28 mai : Préfet posthume; 4 juin : Épizootie sentimentale; 11 juin : Ernesto Rossi; 18 juin : les « Variétés » en interdit; 25 juin : les Marches du temple; 2 juil. : l'Ile de guano; 9 juil. : les Constructeurs du passé; 16 juil. : la Révolte des planches; 23 juil. : l'Académie Goncourt; 30 juil. : Odéonville; 6 août : les Morts qu'on tue; 13 août : Autour de la Tour; 20 août : Pélagie; 27 août : l'Affaire de Quiberon; 3 sept. : le Menhir de Balzac; 10 sept. : les Deux îles; 17 sept. : Lustucru; 24 sept. : Du kilomètre S.V.P.; 1er oct. : Laissez dire Pécuchet; 9 oct. : l'Eau et le feu; 16 oct. : Maître de ballet; 22 oct. : Pour une cravate; 29 oct. : le Château de la misère; 6 nov. : l'Enfant de la défaite; 13 nov. : Compteurs de poils; 19 nov. : Comité de lecture; 26 nov. : Antoine et Pouvillon.

101. *Paris-Midi.* BN : Gd fol. Lc² 6395.

23 oct. 1916 : Lettre sur la mort de Théodore Hannon (dans « Nos Échos »).

102. *Le Petit Marseillais.* BN : Gd fol. Lc² 10 019.

1919 :

12 avril : Remparts de Paris; 21 avril : Musiques militaires; 18 mai :
Triomphe; 27 mai : Quelques textes; 7 juin : le Présent dans le passé;
23 juin : l'Ile Maurice, île française; 12 juil. : les Lendemains de la *Marseillaise*; 27 juil. : le Parrain de « Thermidore »; 17 août : Gaîtés d'Antan;
24 août : Manière de faire la guerre; 11 sept. : André Chénier, poète et
journaliste; 21 sept. : Mystérieuses sardines; 12 oct. : Mauvais écrivain;
26 oct. : Poète oublié; 19 nov. : Feuillets d'histoire; 11 déc. : Fin de légende;
23 déc. : Un Marseillais inconnu.

1920 :

11 janv. : Documents et réalités; 22 janv. : Un peu de musique; 15 fév. :
Médaille et médaillon; 4 mars : Eh bien, dansez maintenant; 21 mars :
Ferveur romantique; 13 avril : Trop de lyre; 25 avril : Variations sur les
pianos; 17 mai : le Triomphe de Daumier; 24 mai : la Petite Sœur de Jeanne
d'Arc; 20 juin : Prix Stendhal; 27 juin : Concours général; 11 juil. : Irré-
vérence littéraire; 19 juil. : Visite d'impératrice; 12 août : Zola, sous-préfet;
22 août : Dirigeables littéraires; 12 sept. : Victor Hugo et l'exil; 19 sept. :
l'Avocat des rats; 10 oct. : Mérimée, traducteur et archéologue; 24 oct. :
Musique de fêtes; 7 nov. : la Mort des tableaux; 21 nov. : Petits échos d'un
grand bruit; 12 déc. : Ricochets de l'histoire.

1921 :

1er janv. : Peint par lui-même; 9 janv. : Académicien d'Arles; 24 janv. :
Paradoxe historique; 10 fév. : Mardi-Gras en mer; 27 fév. : Loterie et jeux
d'État; 13 mars : Diplomate ingénu; 27 mars : Amis de Provence; 12 avril :
Faux bonhomme; 24 avril : Autour d'un centenaire; 12 mai : Vieux Napo-
léons; 29 mai : la Manie d'écrire; 12 juin : Sur une tombe; 26 juin : l'Envers
de la gloire; 10 juil. : Pour mieux lire La Fontaine; 24 juil. : Cas de conscience;
14 août : Fort à vendre; 28 août : Judas réhabilité; 11 sept. : Bataille de la
Marne; 25 sept. : la Fête des Époux; 9 oct. : le Premier avion; 23 oct. :
l'Autre d'Artagnan; 14 nov. : Faiseur d'almanachs; 27 nov. : Messieurs les
jurés; 11 déc. : Triomphe de la volonté; 22 déc. : Saint-Saëns écrivain.

1922 :

10 janv. : les Médecins de Molière; 29 janv. : le Galant ordonnateur;
13 fév. : Chefs de bureau : 26 fév. : Une critique de Molière; 12 mars :
Vie de Bohème; 26 mars : Daudet et la musique; 9 avril : Manifestations;
24 avril : Statue en retard; 13 mai : Fêtes de Jeanne d'Arc; 28 mai : Centenaire d'Edmond de Goncourt; 11 juin : En ce temps-là; 2 juil. : les Blés
du Roi; 16 juil. : Livres de l'Index; 30 juil. : Patriote irlandais; 13 août :
Ce d'Arvieux; 20 août : Madame Alphonse Daudet; 10 sept. : Roches
inconnues; 24 sept. : Vainqueurs de Valmy; 8 oct. : Zola et Cézanne;
22 oct. : le Mort qu'on tue; 5 nov. : Un voyant de l'avenir; 19 nov. : Poète et
paquebot; 3 déc. : Chaire Victor Hugo; 17 déc. : les Frontières de la vie;
31 déc. : l'Envers de Pascal.

1923 :

14 janv. : Gants gris perle; 28 janv. : les Embarras de la gloire; 11 fév. :
Autour d'une statue; 25 fév. : le Labyrinthe de Marivaux; 11 mars : Renan,
Cohelet et Banville; 25 mars : le Rôle impossible; 8 avril : Panthéon intime;
22 avril : Pages perdues; 6 mai : la Revanche de Musset; 21 mai : la Caisse

de Le Maître; 3 juin : Un passant de Marseille; 19 juin : Roman et vérité;
1er juil. : Fins de vies; 15 juil. : Galoubets et tambourins; 29 juil. : Statue
de Sardou; 12 août : Héros d'opéra; 26 août : Question d'histoire; 9 sept. :
Thèmes et variations; 23 sept. : Héros scandaleux; 7 oct. : Émile Zola et
la fatalité; 21 oct. : Plaque sur le mur; 4 nov. : Ronsard glorifié; 18 nov. :
la Légende de Reyer; 2 déc. : *Candide* et Voltaire; 17 déc. : A quoi servit
un fort; 30 déc. : Étoiles de Noël.

1924 :

13 janv. : Brin de laurier; 28 janv. : la Légende de l'araignée; 10 fév. :
Belles ruines; 24 fév. : Autour d'un procès; 9 mars : La gloire a son tour;
23 mars : Cœur de Misère; 6 avril : A propos de Byron; 20 avril : Sous le
vent et le flot; 4 mai : Mystères de jadis et de demain; 18 mai : Anthologie.

103. *Le Radical*. BN : Gd fol. Lc² 3849.

15 mars 1877 : la Grève de femmes.

104. *La Revanche*. BN : Gd fol. Lc² 4448.

1er nov. 1886 (signé « Denoisel ») : Vieilles Dames; 12 nov. 1886 :
Bon Exemple; 29 nov. 1886 : les Mémoires de Schaunard; 15 déc. 1886 :
Bergers espions.

105. *Le Réveil*. BN : Gd fol. Lc² 3871. (Les articles sont signés « Un Inconnu ».)

25 oct. 1881 : Nos contemporains. Francisque Sarcey; 3 nov. 1881 :
le Roman politique; 16 nov. 1881 : Paul Bert; 30 nov. 1881 : Victorien
Sardou; 25 déc. 1881 : Plans volés. [Ce dernier article pourrait n'être pas
de Céard, à en juger par une lettre à Zola, 20 déc. 1881, où il parle de quatre
articles seulement. Toutefois, on peut penser qu'il a été commandé au
dernier moment et écrit entre le 20 et le 25.]

106. *Le Siècle*. BN : Gd fol. Lc² 1418.

1888 :

11 août : Chanteurs errants; 22 août : Un souvenir, s'il vous plaît;
14 sept. : Villégiature *intra muros*; 21 sept. : Un architecte parisien; 28 sept. :
les Victimes de l'eau; 5 oct. : la Stratégie du hasard; 12 oct. : Jour de terme;
19 oct. : Clowns et philosophes; 26 oct. : Derrière les comptoirs; 9 nov. :
Curé laïque; 17 nov. : Un ami de la jeunesse; 24 nov. : la Légende de Berlioz;
1er déc. : A propos du Mercure galant; 8 déc. : le Vrai coupable; 15 déc. :
Edmond de Goncourt; 24 déc. : les Complices; 28 déc. : Conte de Jour de
l'An; la poupée qui souffre.

1889 :

4 janv. : François Coppée; 11 janv. : Les portiers à travers les siècles;
18 janv. : Un mort de Buzenval; 25 janv. : la Révolution ignorée; 1er fév. :
Toast aux novateurs; 8 fév. : Victorien Sardou; 15 fév. : Auguste de Châtillon;
22 fév. : la Statue forcée; 3 mars : Ernest Renan; 8 mars : Grandeur et
décadence du bœuf gras; 15 mars : Leconte de L'Isle [*sic*]; 22 mars : Les
Boussanel; 5 avril : M. Meilhac à l'Académie; 12 avril : Pierrots d'autrefois;
19 avril : Madame Alphonse Daudet; 26 avril : Barbey d'Aurevilly; 4 mai :
Gustave Flaubert; 11 mai : Les drapeaux de Paris; 19 mai : Paul Verlaine;
29 mai : Les salons depuis leur origine; 31 mai : Une nouvelle édition de
Regnard; 7 juin : le Théâtre annamite à l'Esplanade des Invalides; 14 juin :
les Tziganes en plein air; 21 juin : Musique barbare; 28 juin : Vitrine fermée;
5 juil. : Auguste Mermet; 12 juil. : Paris en Fête; 19 juil. : Une nouvelle

édition de *Jack*; 23 juil. : Le journal du Schah de Perse; 2 août : A la mer; 16 août : Vieilles chansons; 23 août : Erckmann-Chatrian; 30 août : Guignol; 6 sept. : Hydraulique littéraire; 14 sept. : Musique d'hier, musique d'aujourd'hui; 20 sept. : Une exposition au xviie siècle; 27 sept. : Rouget de L'Isle [*sic*], conspirateur; 4 oct. : Paris-Picpus; 15 oct. : Sapeck l'incomparable; 23 oct. : le Paysage et la réclame; 26 oct. : Émile Augier; 30 oct. : A quoi tient le succès ?; 6 nov. : Suicide de prêtre; 13 nov. : Rondalla sceptique; 20 nov. : la Question des autographes; 27 nov. : Les noms des personnages dans les romans; 4 déc. : Philosophie et poêles mobiles; 11 déc. : Influenza.

1890 :

7 janv. : Siècle d'assassins; 14 janv. : Impératrice bourgeoise; 21 janv. : Au bal de l'Opéra; 28 janv. : Difficulté du silence; 4 fév. : Vieux maris; 11 fév. : Au temps de Salammbô; 18 fév. : Amour d'enfants; 25 fév. : Goncourt et Zemganno; 4 mars : la Passion de Haraucourt; 11 mars : « Bon pour sacrifice »; 18 mars : la Mort de l'espérance; 27 mars : Endosmose artistique; 2 avril : Effets de printemps; 8 avril : le Besoin de littérature; 15 avril : la Fin de Balzac; 22 avril : la Lutte pour le soleil; 6 mai : les Orientales du Naturalisme; 13 mai : Histoire et facétie; 20 mai : l'Ami de la nature; 27 mai : la Conquête d'un pentamètre : à Monsieur Théodore de Banville, poète lyrique et rénovateur de la ballade; 4 juin : le Criminel qui n'a pas de chance; 10 juin : Tartarins champenois; 18 juin : Galons et fanfares; 24 juin : la Fronde du dessin; 1er juil. : Sorcellerie contemporaine; 8 juil. : les Lettres d'une ouvreuse; 25 juil. : Yeux fermés, main ouverte; 29 juil. : l'Impôt sur les célibataires; 6 août : les Enragés du piano; 12 août : la Candidature de l'épicier; 20 août : la Leçon des catastrophes; 12 oct. : la Mort d'un genre.

107. *El Sud América* (Buenos Aires). Biblioteca Nacional Argentina : 30.391.

1885 :

9-10 janv., 27-28 janv., 6 fév., 19-20 fév., 2-3-4 mars, 27-28-29 mars, 1er et 4 avril : Paris en América; 16-17-18 avril : Emilio Zola y Germinal; 7-8-9 mai, 19-20 mai, 2-3 juin, 20-22 juin, 3-4 juil., 1-2 août : Paris en América.

108. *Le Télégraphe*. BN : Gd fol. Lc² 3872. (Céard tint une chronique littéraire, mais comme sous la direction de Piégu les articles n'étaient jamais signés, nous nous bornons ici à proposer quelques titres d'articles comme étant vraisemblablement de sa main.)

1885 :

25 avril : l'Art et les mœurs; 2 mai : Paresse d'esprit; 8 mai : Outrage aux délicats; 10 mai : Démolitions; 14 mai : Darwinisme littéraire; 17 mai : Homme de lettres; 21 mai : Deuil littéraire; 26 mai : Nos cimetières; 29 mai : Hérédité; 12 juin : l'Invitation au voyage; 14 juin : Fausse science; 19 juin : les Forçats de la vie; 21 juin : Livres de demain; 27 juin : les Victimes de l'eau; 7 juil. : Paris en fête; 14 juil. : Gloire oubliée; 24 juil. : les Juifs errants de la Musique; 9 août : le Vieux.

109. *L'Union républicaine*. BN : Gd fol. Lc² 4023.

29 janv. 1882 : le Murgerisme; 3 fév. 1882 : Toast; 10 fév. 1882 : Paris-Picpus; 16 fév. 1882 : Dévouement professionnel; 24 fév. 1882 : Demoiselles de magasin (voir aussi : 12 nov. 1882 : Rouffionnes, *le Beaumarchais*. BN : fol. Z 111).

110. *Le Voltaire.* BN : Gd fol. Lc² 3915.

22 mai 1879 : Chronique; 15 juin 1879 : la Légende de Tragaldabas; 27 juil. 1879 : Un cas de pathologie littéraire.

IV. — MANUSCRITS A CONSULTER

111. Dossier Céard. Archives de la Seine.

V. — AUTRES OUVRAGES ET MANUSCRITS DE CÉARD
QU'ON NE TROUVE PAS DANS LES GRANDES BIBLIOTHÈQUES DE PARIS

112. *Idylles fausses* (roman).
113. *Morte-Saison*, roman de l'ouvrière parisienne.
114. *La Vie involontaire* ou *la Vie reflexe* (roman).
115. *Choderlos de Laclos et les Liaisons dangereuses* (étude historique et littéraire, d'après des correspondances et des documents inédits).
116. *L'Assemblée des femmes* (3 actes). (Voir 58(7) pour la première ébauche.)
117. *Bénédict Clangor* (1 acte).
118. *La Bonne Aventure* (1 acte).
119. *Le Braconnier* (3 actes).
120. *Célibataire.*
121. *Champ de foire* (3 actes).
122. *La Chanoinesse* (5 actes).
123. *La Circulaire* (1 acte).
124. *Cœur de rose* (1 acte).
125. *L'Héroïque Imposture* (1 acte).
126. *Héliogabale* (3 actes).
127. *Mémère.*
128. *Des Nuées* (3 actes).
129. *Renée Mauperin*, drame en trois actes tiré du roman des Goncourt. 1886. (Représenté pour la première fois à l'Odéon, le 18 novembre 1886. Selon Mme Fowler McCormick, fille de Mme James Brown Potter qui a acheté la pièce en 1886, le manuscrit est aujourd'hui disparu.)
130. *Sœur Claire* (3 actes).
131. *Le Trésor d'Arlatan* (3 actes). (Voir 52(1).)
132. ... (1 acte). (Titre illisible dans le manuscrit. Voir 58(5).)
133. (Avec Charles GRANDMOUGIN) *Pierrot spadassin*, 1877 (1 acte).
134. *Sonnets de Guerre*. Édition définitive avec une préface de Gustave GEFFROY. Amiens, E. Malfère, 1924.
135. Préface de *l'Apprentie* par Gustave GEFFROY (1924).

SOURCES SECONDAIRES

I. — OUVRAGES A CONSULTER

AJALBERT, Jean. *Les Mystères de l'Académie Goncourt.* Paris, Ferenczi, 1929. BN : 8⁰ Z 25 044.

ALEXIS, Paul. *Émile Zola, notes d'un ami.* Paris, Charpentier, 1882. BN : 8⁰ Ln²⁷ 33 210.

ANTOINE, André. « *Mes Souvenirs* » *sur le Théâtre-Libre.* Paris, Fayard, 1921. BN : 8⁰ Y¹ 2061.

AURIANT. *La Véritable Histoire de « Nana »*. Paris, Mercure de France, 1942. BN : 16º Z 117.

AVENEL, Henri. *Histoire de la presse française*. Paris, Flammarion, 1900. BN : 8º Lc¹ 69.

BAILLOT, A. *Influence de la philosophie de Schopenhauer en France, 1860-1900*. Paris, Vrin, 1927. BN : 4º R 3157.

BARBUSSE, Henri. *Zola*. Paris, Gallimard, 1932. BN : 8º Ln²⁷ 64 203.

BATILLIAT, Marcel. *Émile Zola*. Paris, Les Éditions Rieder, 1931. BN : 8º G 12 106(9).

BERNARD, Claude. *Introduction à l'étude de la médecine expérimentale*. Paris, Levé, 1900. BN : T²⁰ 62c.

BEUCHAT, Charles. *Histoire du naturalisme français*. Paris, Éditions Corrêa, 1949. BN : 16º Z 3296.

BILLY, André. *Les Frères Goncourt, la vie littéraire à Paris pendant la seconde moitié du XIX*e siècle. Paris, Flammarion, 1954. BN : 8º Ln²⁷ 85 600.

— *La Littérature française contemporaine*. Paris, Colin, 1937. BN : Salle ovale : XIV, 401(95).

BOIVIN, Émile. *Histoire du journalisme*. Paris, Presses Universitaires de France, 1949. BN : 8º Z 28 960(368).

BOYER, Amédée. *La Littérature et les arts contemporains*. Paris, Mericant, 1910. BN : 8º Z 18 049.

BRUN, Charles. *Le Roman social en France au XIX*e siècle. Paris, Giard & Brière, 1910. BN : 8º R 20 611(10).

BRUNEAU, Alfred. *A l'ombre d'un grand cœur*. Paris, Fasquelle, 1932. BN : 8º Ln²⁷ 64 179.

BRUNETIÈRE, Ferdinand. *Le Roman naturaliste*. Paris, Calmann-Lévy, 1883. BN : 8º Y² 14 556.

BURY, J. P. T. *France (1814-1940)*. London, Methuen, 1949. BN : 8º La³⁸ 124.

COGNY, Pierre. *Le Huysmans intime de Henry Céard et Jean de Caldain*. Paris, Nizet, 1957. BN : 16º Ln²⁷ 86 463.

— *Le Naturalisme*. Paris, Presses Universitaires de France, 1953. BN : 8º Z 28 960(604).

DAUDET, Alphonse. *Notes sur la vie*. Paris, Charpentier, 1899, p. 260. BN : 8º Z 15 000.

DAUDET, Léon. *Bréviaire du journalisme*. Paris, Gallimard, 1936. BN : 8º Lc² 150.

— *Écrivains et artistes*. Paris, Éditions du Capitole, 1928, pp. 119-140. BN : 8º Z 24 828(3).

DAVID-SAUVAGEOT, A. *Le Réalisme et le naturalisme dans la littérature et dans l'art*. Paris, C. Lévy, 1890. BN : 8º Z 12 734.

DEFFOUX, Léon. L'Académie Goncourt, *Vingt-cinq ans de littérature française*, t. II, p. 42. Paris, Librairie de France, 1920. BN : 4º Z 4194.

— *Chronique de l'Académie Goncourt*. Paris, Firmin-Didot, 1929. BN : 8º Z 25 009.

— *Du Testament à l'Académie Goncourt*. Paris, Société Anonyme d'Éditions et de Librairie, 1920. BN : 8º Z 20 755.

— Henry Céard ou la tristesse chez les écrivains naturalistes, *l'Ami du lettré pour 1925*. Paris, Crès, 1926. AR : Rj 2327.

— *J.-K. Huysmans sous divers aspects*. Paris, Crès, 1927. BN : 8º Ln²⁷ 62 349.

— *Le Naturalisme*. Paris, Les Œuvres Représentatives, 1929. BN : 8º Z 24 934.

— *Des origines de l'Académie Goncourt*. Paris, extrait du *Mercure de France*, 1921. BN : 8º Ln²⁷ 65 662.

177

— *La Publication de l'Assommoir*. Paris, Société française d'Éditions littéraires et techniques, 1931. BN : 8⁰ Z 24 390(II, 17).

— et ZAVIE, Émile. *Le Groupe de Médan*. Paris, Payot, 1920. BN : 8⁰ Z 21 251. Paris, Crès, s. d. Bibliothèque de la Ville de Paris : 946 383.

DESCHAMPS, Gaston. *La Vie et les livres*. Paris, Colin, 1894. I, 1-15. BN : 8⁰ Z 14 032.

DESPREZ, Louis. *L'Évolution naturaliste*. Paris, Tresse, 1884. BN : 8⁰ Z 2457.

DOUMIC, René. *De Scribe à Ibsen*. Paris, Perrin, 1913. Bibliothèque de la Ville de Paris : 8⁰-909 298.

DUMESNIL, René. *En marge de Flaubert*. Paris, Librairie de France, 1928. BN : 8⁰ Ln²⁷ 63 030.

— *L'Époque réaliste et naturaliste*. Paris, Tallandier, 1945. BN : 16⁰ Z 664 (1).

— *La Publication des Soirées de Médan*. Paris, Société Française d'Éditions Littéraires et Techniques, 1933. BN : 8⁰ Z 24 390 (III, 23).

— *Le Réalisme (1850-1890)*. Paris, Gigord, 1936. BN : 8⁰ Z 25 739 (9).

— *Le Rideau à l'italienne : souvenirs*. Paris, Mercure de France, 1959. BN : 16⁰ Ln²⁷ 86 963.

FAGUET, Émile. *Notes sur le théâtre contemporain*, t. II (1889). Paris, Lecène & Oudin, 1890. BN : 8⁰ Y² 411.

FOSCA, François. *Edmond et Jules de Goncourt*. Paris, Albin Michel, 1941. BN : 8⁰ Ln²⁷ 81 968.

GEFFROY, Gustave. *Notes d'un journaliste*. Paris, Charpentier, 1887, pp. 242-249. BN : 8⁰ Z 14 571.

GONCOURT, Edmond et Jules. *Journal, mémoires de la vie littéraire*. 22 vol. : 1851-1896. Monaco, Éditions de l'Imprimerie Nationale, 1956-1958. BN : 16⁰ Ln²⁷ 86 187 (1-22).

GRAAF, J. de. *Le Réveil littéraire en Hollande et le naturalisme français (1880-1900)*. Paris, Nizet & Bastard, 1938. BN : 4⁰ Z 3368.

GUICHES, Gustave. *Au Banquet de la vie*. Paris, Éditions Spes, 1925. BN : 8⁰ Ln²⁷ 61 540.

— *Le Banquet*. Paris, Éditions Spes, 1926. BN : 8⁰ Z 24 054.

HANOTAUX, Gabriel. *Histoire de la nation française : histoire militaire et navale*. Paris, Plon, 1927. BN : Casier N 429 (8).

HENNEQUIN, Émile. *La Critique scientifique*. Paris, Perrin, 1888. BN : 8⁰ R 8671.

— *Études de critique scientifique : quelques écrivains français*. Paris, Perrin, 1890. BN : 8⁰ Z 11 820.

HURET, Jules. *Enquête sur l'évolution littéraire*. Paris, Charpentier, 1891. BN : 8⁰ Z 13 181.

— *Tout yeux, tout oreilles*. Paris, Charpentier, 1901. BN : 8⁰ Z 15 562.

HUYSMANS, J.-K. *A rebours* (préface sur le naturalisme). Paris, Les Cent Bibliophiles, 1903. BN : Rés. m. Y² 64.

— *Lettres inédites à Edmond de Goncourt*, publiées et annotées par Pierre LAMBERT et présentées par Pierre COGNY. Paris, Nizet, 1956. BN : 16⁰ Ln²⁷ 86 002.

— *Lettres inédites à Émile Zola*, publiées et annotées par Pierre LAMBERT avec une introduction de Pierre COGNY. Genève, Droz; Lille, Giard, 1953. BN : 16⁰ Z 783 (52).

JOURDAIN, Francis. *Né en 76*, Paris, Pavillon, 1951. BN : 16⁰ Ln²⁷ 84 722 (1).

JOUVENAL, Bertrand de. *Vie de Zola*. Paris, Valois, 1931, pp. 160-163. BN : 8⁰ Ln²⁷ 63 839.

LACOMBE, Paul. *Jules Cousin, 1830-1899*. Paris, Leclerc, 1900. BN : 8⁰ Ln²⁷ 47 192.

LANOUX, Armand. *Bonjour, Monsieur Zola.* Paris, Amiot-Dumont, 1954. BN : 8º Ln²⁷ 85 524.

LE BLOND, Maurice. *Essai sur le naturalisme.* Paris, Mercure de France, 1896. BN : 8º Z 14 454.

— *La Publication de la Terre.* Paris, Malfère, 1937. BN : 8º Z 24 390 (III, 36).

LE BLOND-ZOLA, Denise. *Émile Zola raconté par sa fille.* Paris, Fasquelle, 1932. BN : 8º Ln²⁷ 63 735.

LEMAÎTRE, Jules. *Impressions de théâtre.* t. V, Paris, Lecène & Oudin, 1891. BN : 8º Y¹ 444.

LEMONNIER, Camille. *Une Vie d'écrivain.* Bruxelles, Labor, 1945. BN : 16º M. 394.

MARTINO, Pierre. *Le Naturalisme français, 1870-1895.* Paris, Colin, 1923. BN : 8º Z 26 585 (27).

— *Le Roman réaliste sous le Second Empire.* Paris, Hachette, 1913. BN : 8º Z 20 931.

MONTFORT, Eugène (directeur). *Les Marges ; cahier de printemps,* 1930 : *Le Naturalisme et les Soirées de Médan.* BN : 8º Z 17 255.

— (éditeur). *Vingt-cinq ans de littérature française.* 2 t. Paris, Librairie de France, 1923-1925. BN : 4º Z 4194.

NOËL, Édouard et STOULLIG, Edmond. *Les Annales du théâtre et de la musique.* Paris, Charpentier et Fasquelle, 1876-1896. BN : 8º Y¹ 71 (1-20).

PELLISSIER, Georges. *Essais de littérature contemporaine.* Paris, Lecène & Oudin, 1893. BN : 8º Z 13 325.

— *Études de littérature et de morale contemporaines.* Paris, Cornély, 1905. BN : 8º Z 16 702.

— *Le Mouvement littéraire au XIXᵉ siècle.* Paris, Hachette, 1889. BN : 8º Z 11 446.

— *Le Mouvement littéraire contemporain.* Paris, Hachette, 1901. BN : 8º Z 15 504.

RAVON, Georges. *L'Académie Goncourt en dix couverts.* Avignon, Aubanel, 1943. BN : 16º Z 227.

RENARD, Jules. *Journal.* Paris, Gallimard, 1935. BN : 16º Ln²⁷ 61 772 C.

ROBERT, Guy. *La Terre d'Émile Zola : étude historique et critique.* Paris, Société d'éditions les Belles Lettres, 1952. BN : 4º Y² 4271.

ROSNY, J.-H. (aîné). *Mémoires de la vie littéraire : l'Académie Goncourt.* Paris, Crès, 1927. BN : 8º Z 24 067.

— *Torches et lumignons.* Paris, Éditions « La Force française », 1921. Bibliothèque Royale de Belgique : III, 59 678 A.

SARCEY, Francisque. *Quarante Ans de théâtre.* Paris, Bibliothèque des Annales politiques et littéraires, 1902. BN : 8º Y¹ 1152 (8).

— *Le Siège de Paris.* Paris, Lachaud, 1871. BN : 8º Lh⁵ 476.

SHERARD, Robert H. *Émile Zola, a biographical and critical study.* London, Chatto & Windus, 1893. BN : 8º Ln²⁷ 42 782.

STOULLIG, Edmond. *Les Annales du théâtre et de la musique.* Paris, Offendorff, 1897-1916. BN : 8º Y¹ 71 (21-40).

SULLY, James. *Pessimism.* London, King, 1877. BN : 8º R 946. (Traduction : Paris, Baillère, 1882. BN : 8º R 4006.)

TALVART, Hector et PLACE, Joseph. *Bibliographie des auteurs modernes de la langue française,* 1801-1927. Paris, Éditions de la Chronique des lettres françaises. II (1930), 329-331.

THALASSO, Adolphe. *Le Théâtre-Libre,* Paris, Mercure de France, 1909. BN : 8º Y¹ 2229.

THIBAUDET, Albert. *Histoire de la littérature française de 1789 à nos jours.* Paris, Stock, Delamain et Boutelleau, 1936. BN : 8º Z 27 566.

TREICH, Léon. *Almanach des lettres françaises et étrangères.* Paris, Crès, avril-juin, 1924. BN : fol. Z 1171.

TRUDGIAN, Helen. *L'Évolution des idées esthétiques de J.-K. Huysmans.* Paris, Conard, 1934. BN : 4⁰ R 4852.

VALENTIN, Mme Nicolette Hennique-. *Mon père : Léon Hennique.* Paris, Éditions du Dauphin, 1959. BN : 16⁰ Ln²⁷ 86 917.

VANDEREM, Fernand, *Le Miroir des lettres,* 1ʳᵉ série. Paris, Flammarion, 1919, pp. 65-66. BN : 8⁰ Z 20 668.

VANWELKENHUYZEN, Gustave. *L'Influence du naturalisme français en Belgique de 1875 à 1900.* Liège, Vaillant-Carmanne, 1930. BN : 4⁰ Z 3854.

— *J.-K. Huysmans et la Belgique.* Paris, Mercure de France, 1935. BN : 8⁰ Ln²⁷ 80 617.

WAXMAN, Samuel M. *Antoine and the Théâtre-Libre.* Cambridge, Harvard University Press, 1926. BN : 8⁰ Yⁱ 2338.

ZÉVAÈS, Alexandre. *Histoire de la Troisième République (1870-1926).* Paris, Arguetil, 1926. BN : 8⁰ Lb⁵⁷ 18 443.

ZOLA, Émile. *Une Campagne, 1880-1881.* Paris, Charpentier, 1882. BN : 8⁰ Z 1957.

— *Correspondance, 1872-1902.* Paris, Bernouard, 1929. BN : 8⁰ Z 24 380 (41 *bis*).

— *Correspondance : les lettres et les arts.* Paris, Fasquelle, 1908. BN : 8⁰ Ln²⁷ 53 575.

— *Documents littéraires.* Paris, Charpentier, 1881. BN : 8⁰ Z 1811.

— *Lettres inédites à Henry Céard,* publiées et annotées par Albert J. Salvan. Providence, R.I., Brown University Press, 1959. BN : 8⁰ Z 27 696 (22).

— *Le Roman expérimental.* Paris, Bernouard, 1928. BN : 8⁰ Z 24 380 (1).

II. ARTICLES A CONSULTER

AJALBERT. Le Théâtre-Libre, *la Cravache parisienne,* 9 fév. 1889. USGdo : 7740 N-I-1 (5).

ALEXIS, Paul. Les Cinq, *Gil Blas,* 22 avril 1881. BN : Gd fol. Lc² 3986.

— La Demi-Douzaine, *les Cloches de Paris,* 4, 18, 25 juin et 2 juil. 1877. BN : fol. Z 90.

— L'Enfant du siècle, *le Réveil,* 14 mai 1882. BN : Gd fol. Lc² 3871.

ALLARD, Roger. Sonnets de guerre, *la Nouvelle Revue française,* 1ᵉʳ juil. 1920, pp. 117-119. BN : 8⁰ Z 17 955.

ANTOINE, André. La semaine théâtrale : Henry Céard, *l'Information,* 25 août 1924. BN : Gd fol. Lc² 5880.

APOLLINAIRE, Guillaume. Henry Céard, *Europe nouvelle,* 4 mai 1918, p. 816. BN : fol. Z 1169.

ARTOIS, Armand d'. Critique littéraire, *la Vie moderne,* 29 mai 1880, p. 349. BN : fol. Z 43.

AURIANT, A propos du 25ᵉ anniversaire de François Coppée..., *Mercure de France,* 1ᵉʳ juin 1933, p. 504. BN : 8⁰ Z 12 830.

— Autour du cinquantenaire de « La Terre », *Mercure de France,* 15 juin 1937, pp. 662-664.

— Les dessous de « Nana », *l'Esprit français,* nᵒˢ 72-73, 1932. BN : 8⁰ Z 25 826.

— Une étude d'Édouard Rod sur les « Soirées de Médan », *Mercure de France,* 15 mai 1930, p. 248.

— Harry Alis et ses correspondants, *l'Esprit français,* nᵒˢ 74-75, sept.-oct. 1932.

— Henry Céard et Choderlos de Laclos, *Mercure de France,* 1ᵉʳ mai 1933, p. 760.

— Henry Céard et Jean de Tinan, *Mercure de France,* 15 juin 1936 p. 667.

— Les inédits d'Henry Céard, *Mercure de France*, 15 sept. 1924, pp. 850-852.

— Introduction de « Fragments » de Henry Céard, *Visages du monde*, n° 17, 1934. BN : 4° Z 3707.

— Introduction d'un article d'Henry Céard, *l'Esprit français*, 10 juil. 1933.

— Tourguenieff éreinté par Boborykine, *Mercure de France*, 1er sept. 1932, p. 508.

AUSTRUY, Henri. Laurent, *la Nouvelle Revue*, 1er fév. 1909. p. 428. BN : 8° Z 1287.

BANVILLE, Théodore de. Revue dramatique et littéraire, *le National*, 3 mai 1880. BN : Gd fol. Lc² 3194.

BESSON, Louis. Critique dramatique : « Les Résignés », *l'Événement*, 2 fév. 1889. BN : Gd fol. Lc² 3544.

BILLY, André. Henry Céard, *Vient de paraître*, oct. 1924, p. 492. BN : 4° Q 1746.

BROUSSON, Jean-Jacques. Les Livres : Sonnets de guerre, 1914-1918, *Excelsior*, 23 fév. 1920. BN : Gd fol. Lc² 6391.

BURNS, C.-A. A Disciple of Gustave Flaubert : some unpublished letters of Henry Céard, *Modern Language Review*, apr. 1955, pp. 142-146.

— L'Abbé Faujas, une adaptation dramatique de « La Conquête de Plassans », *les Cahiers naturalistes*, 1957, VIII-IX, 378-381. BN : 8° Z 33 200.

— Edmond de Goncourt et Henry Céard, *Revue d'histoire littéraire de la France*, juil.-sept. 1954, pp. 357-370.

— Émile Zola et Henry Céard, *Les Cahiers naturalistes*, 1955, II, 81-87.

— Henry Céard and his relations with Flaubert and Zola, *French Studies*, oct. 1952, pp. 308-324. BN : 8° Z 30 616.

— « Le Vin en bouteilles » de Gabriel Thyébaut, *les Cahiers naturalistes*, 1956, IV, 165-168.

CABANÈS, Dr Augustin. La carrière médicale d'Henry Céard, *l'Éclair*, 29 août 1924. BN : Gd fol. Lc² 4583. (Le même article : Un injuste oubli à réparer : Henri Céard, *Chronique Médicale*, 1er mars 1928, pp. 76-77.) BN : 8° T³² 31.

CHAMPSAUR, Félicien. Les Disciples de M. Zola, *le Figaro*, 20 oct. 1879. BN : Gd fol. Lc¹³ 9.

CHASSÉ, Charles. Georges Pouchet, *la Grande Revue*, déc. 1924, pp. 295-330. BN : 8° Z 15 129.

CLAUDIE. Lettre d'une provinciale à une parisienne, *Gil Blas*, 6 mai 1880. BN : Gd fol. Lc² 3986.

COGNY, Pierre. La banalité quotidienne chez J.-K. Huysmans et chez Henry Céard, *Bulletin de la Société J.-K.-Huysmans*, n° 27, 1956. BN : 8° Z 25 085.

— Compte rendu de : C. A. Burns, « Henry Céard (1851-1924) », thèse dactylographiée, *les Cahiers naturalistes*, 1955, II, 93-94. BN : 8° Z 33 200.

DAUDET, Julia (Mme Alphonse). Souvenirs autour d'un groupe littéraire, *Revue bleue*, 21 nov. 1908, pp. 649-653. BN : 4° R 16.

DAUDET, Léon. Un grand lettré : Henry Céard, *l'Action française*, 27 août 1921. BN : Gd fol. Lc² 6354.

— Henry Céard et quelques autres, *l'Action française*, 21 août 1924.

— Un Poète érudit : Henry Céard et ses « Poèmes de Guerre », *l'Action française*, 7 mars 1920.

— Zola et Céard, *l'Action française*, 9 avril 1940.

DEFFOUX, Léon. Le cinquantenaire des « Soirées de Médan », *Mercure de France*, 15 mai 1930, p. 246. BN : 8° Z 12 830.

— Le dixième anniversaire d'Henry Céard, *les Nouvelles littéraires*, 7 juil. 1934. BN : fol. Z 133.

— Les inédits d'Henry Céard, *Mercure de France*, 1er oct. 1924, p. 279.

— M. Henry Céard et le Naturalisme en 1885, *Carnet-Critique*, 15 juin-15 juil. 1918. BN : 8º Z 7148.

— Mort d'Henry Céard, *Mercure de France*, 1er sept. 1924, pp. 563-565.

— Une page inédite d'Henry Céard sur « Les Sœurs Vatard », *Bulletin de la Société J.-K. Huysmans*, sept. 1939, pp. 155-158. BN : 8º Z 25 085.

— Une pièce oubliée d'Henry Céard : « Pierrot Spadassin », *Mercure de France*, 15 avril 1926, pp. 506-508.

— Un quatrième acte de « la Princesse de Bagdad », *Mercure de France*, 15 août 1924, p. 283.

— La tristesse chez les écrivains naturalistes : Henry Céard, *Pan*, mars-avril 1912, pp. 204-209. Bibliothèque de l'Institut Catholique : 9817.

— Sur le manifeste des Cinq, *le Journal littéraire*, 21 juin 1924. BN : Jo 61 131.

— Sur Léon Hennique, *Mercure de France*, 1er fév. 1936, pp. 489-504.

— Sur un vieux programme : Henry Céard pianiste, *Mercure de France*, 15 sept. 1924, pp. 852-853.

— et ZAVIE Émile. L'Auteur du « Vin en bouteilles », M. Gabriel Thyébaut, *les Marges*, nº 70, 15 fév. 1920, pp. 83-93. USGdo : 8310 J-IX-1.

— Henry Céard, *Paris-Midi*, 3 juin 1918. BN : Gd fol. Lc² 6395.

— Le Nouvel Élu du Grenier : Henry Céard, *Mercure de France*, 16 mai 1918, pp. 265-278.

DESCAMPS. Une Première à Levallois, *Gazette de Neuilly*, 1er juil. 1877. BN : Jo 2381.

DORIS, André. Un Poète, *la Démocratie nouvelle*, 20 juin 1920. BN : Gd fol. Lc² 6459.

DRUILHET, Georges. Henry Céard, poète, *le Figaro*, 23 août 1924. BN : Gd fol. Lc¹³ 9.

DUMESNIL, René. Flaubert et Céard, *le Monde*, 12 mars 1952. BN : Gd fol. Lc² 6725.

— Henry Céard, *les Nouvelles littéraires*, 28 oct. 1933. BN : Gd fol. Z 133.

— Un Méconnu, *le Gaulois*, 18 août 1924. BN : Gd fol. Lc² 3139.

ESPARBÈS, Asté d'. L'Incident du Journal des Goncourt, *Comoedia*, 26, 28 et 31 août 1921, 10, 11 et 13 août 1922. BN : Gd fol. Yf 81.

FABRE, F. E. Le centenaire d'Henry Céard, *Bulletin de la Société J.-K. Huysmans*, nº 24, 1952. BN : 8º Z 25 085.

— L'Hôtel de Ville et la littérature. Henry Céard (1851-1924), *Seine et Paris*, nº 11, juil. 1959. BN : 4º Jo 13 475.

FONTAINAS, André. Sonnets de Guerre, *Mercure de France*, 1er mai 1920, p. 748. BN : 8º Z 12 830.

FOUQUIER, Marcel. « Les Résignés », *la Nouvelle Revue*, 15 fév. 1889, pp. 901-905. BN : 8º Z 1287.

FRIMOUSSE. La soirée parisienne : au Théâtre-Libre, *le Gaulois*, 1er fév. 1889. BN : Gd fol. Lc² 3139.

FUSTER, Charles. Le Roman naturaliste, *Revue littéraire et artistique*, avril 1886. BN : 8º Z 10 369. AR : 8º Jo 20 700.

GANDERAX, Louis. « Renée Mauperin » à l'Odéon, *Revue des deux mondes*, 15 déc. 1886, pp. 933-937. BN : Casier M. 274.

GAUCHER, M. « Les Soirées de Médan », *Revue bleue*, 24 avril 1880, p. 1023. BN : 4º R 16.

— Causerie littéraire : « Une Belle journée », *Revue bleue*, 7 mai 1881, p. 604.

GAUTHIER, Édouard. Les Querelles littéraires, *l'Écho d'Alger*, 2 mars et 6 avril 1928. BN : Jo 92 220.

GEFFROY, Gustave. Ceux de Médan : Henry Céard, *le Figaro littéraire*, 5 mai 1888. BN : Gd fol. Lc¹³ 9.

— Un poète de guerre : Henry Céard, *la France libre*, 23 fév. 1920. BN : Gd fol. Lc² 6450.

— Revue littéraire : Henry Céard, « Une belle journée », *la Justice*, 25 janv. 1886. BN : Gd fol. Lc² 3978.

GROUSSAC, François-Paul. Annonce d'une prochaine collaboration de Céard; appréciation de son talent. *El Sud América*, 5 nov. 1884 et 15 avril 1885. Biblioteca Nacional Argentina : 30.391.

GSELL, Paul. « Laurent », *la Revue*, 1ᵉʳ fév. 1909, pp. 402-403. BN : 4⁰ Z 600.

HEMMINGS, F. W. J. Lettre d'Henry Céard, *l'Actualité de l'histoire*, avril-juin 1959.

HENRIOT, Émile. En relisant « les Soirées de Médan », *le Temps*, 30 janv. 1934. BN : Gd fol. Lc² 2994.

HIRSCH, Charles-Henry. M. Henry Céard sur J.-K. Huysmans, *Mercure de France*, 1ᵉʳ juil. 1907, pp. 155-156. BN : 8⁰ Z 12 830.

HUYSMANS, J.-K. Guy de Maupassant, *Revue encyclopédique*, pp. 753-754. BN : fol. Z 497.

JOUVIN, Henry. La Collaboration de Huysmans à « la Cravache »..., etc., *Bulletin de la Société J.-K. Huysmans*, sept.-oct. 1938, pp. 123-128, 197-206; mars 1942, pp. 265-283. BN : 8⁰ Z 25 085.

KERST, Léon. « Renée Mauperin », *le Petit Journal*, 20 nov. 1886.

LACOUR, Léopold. « Tout pour l'honneur », *la Nouvelle Revue*, 15 janv. 1888, p. 401. BN : 8⁰ Z 1287.

LE BLOND, Maurice. Le Manifeste des Cinq et « La Terre », *les Marges*, 15 sept. 1921. BN : 8⁰ Z 17 255.

LEPELLETIER, E. Le Naturalisme en littérature, *la Vie littéraire*, 27 déc. 1877. BN : Gd fol. Z 3.

LE PLANTON. Lettre de Henry Céard sur Théodore Hannon. *Paris-Midi*, 23 oct. 1916. BN : Gd fol. Lc² 6395.

LE ROUX, Hugues. « Renée Mauperin », *Revue bleue*, 27 nov. 1886, p. 699. BN : 4⁰ R 16.

LE SENNE, Camille . « Les Résignés », *le Télégraphe*, 2 fév. 1889. BN : Gd fol. Lc² 3872.

LEVALLOIS, Jules. « Les Soirées de Médan », *le Télégraphe*, 26 avril 1880.

LIGIER, Hermann. « Pierrot spadassin », *la Vie littéraire*, 12 juil. 1877. BN : fol. Z 3.

MALLARMÉ, Stéphane. Notes sur le théâtre, *Revue indépendante*, janv. 1887, p. 55. BN : 8⁰ Z 10 787 (1).

MASSON, Georges-Armand. Sonnets de guerre, *Carnet-Critique*, août 1920, pp. 34-37. BN : 8⁰ Z 7148.

— « Terrains à vendre au bord de la mer », *Carnet-Critique*, janv. 1919.

MAUPASSANT, Guy de. « Les Soirées de Médan », comment ce livre a été fait, *le Gaulois*, 17 avril 1880. BN : Gd fol. Lc² 3139.

MAURICE, René. Les Écrivains naturalistes et la Bretagne, *Nouvelle Revue de Bretagne*, mars-avril 1950, pp. 81-89. BN : 8⁰ Z 30 078.

MIGUET, Charles. Une lettre d'Henry Céard à J.-K. Huysmans, *Bulletin de la Société J.-K. Huysmans*, déc. 1935, pp. 191-193. BN : 8⁰ Z 25 085.

MITTERAND, Henri. Un projet inédit d'Émile Zola en 1884-85 : Le roman des villes d'eaux (Notes sur le Mont-Dore); En appendice : Extraits de lettres inédites de Henry Céard à Émile Zola, sur le Mont-Dore, *les Cahiers naturalistes*, 1958, X, 401-423. BN : 8⁰ Z 33 200.

MONTAUDRAN. « Terrains à vendre au bord de la mer », *la Nouvelle Revue*, 1er janv. 1907. pp. 143-144. BN : 8º Z 1287.

MONTFORT, Eugène. Bilan du Naturalisme, *Visages du monde*, nº 17, 1934. BN : 4º Z 3707.

MONTJOYEUX. Messieurs Zola, *le Gaulois*, 27 déc. 1878. BN : Gd fol. Lc² 3139.

MORNAUD, Henri. « Une belle journée », *Revue littéraire et artistique*, 1er mai 1881, p. 212, BN : 4º Z 209.

MUHLFELD, Lucien. Henry Céard, *les Hommes d'aujourd'hui*, 8e vol. nº 382. BN : 4º Lc²⁷ 231.

PELLERIN, H. Revue littéraire : « Les Soirées de Médan », *le Pays*, 7 mai 1880. BN : Gd fol. Lc² 1992.

PERIER, Gustave. M. Zola et ses disciples, *le Parti national*, 22 août 1887. BN : Gd fol. Lc² 6196.

PESSARD, Hector. Les premières : « Les Résignés », *le Gaulois*, 1er fév. 1889. BN : Gd fol. Lc² 3139.

PHILIDOR. La soirée parisienne : « Renée Mauperin », *Gil Blas*, 20 nov. 1886. BN : Gd fol. Lc² 3986.

PLESSIS, Frédéric. Causerie littéraire, *la Presse*, 6 sept. 1880. BN : Gd fol. Lc² 1416.

PRADELLE, J. Revue littéraire : « Les Soirées de Médan », *Sémaphore de Marseille*, 9-10 mai 1880. BN : Gd fol. Lc² 10 025.

RACHILDE, « Terrains à vendre au bord de la mer », *Mercure de France*, 15 nov. 1906, pp. 274-275. BN : 8º Z 12 830.

RANDAL, Georges. Lettre inédite de Céard à Alphonse Daudet, *Quo Vadis*, oct.-déc. 1952, p. 37. BN : 8º Z 31 771.

— Pour mieux connaître M. de Goncourt, *Quo Vadis*, janv.-mars 1952.

REBOUX, Paul. « Terrains à vendre au bord de la mer », *les Lettres*, 15 nov. 1906. p. 686. BN : 4º Z 1741.

RENARD, Georges. Le Naturalisme contemporain, *la Nouvelle Revue*, mai-juin 1884, pp. 41-85. BN : 8º Z 1287 (28).

REVON, Maxime. Henry Céard, *l'Opinion*, 29 août 1924, p. 11. BN : fol. Lc² 6370.

— Mots sur Henry Céard et Edmond de Goncourt, *l'Intransigeant*, 21 août 1924. BN : Gd fol. Lc² 3980.

RICHEPIN, Jean. Les Six Naturalistes, *Gil Blas*, 21 avril 1880. BN : Gd fol Lc² 3986.

ROD, Édouard. « Les Soirées de Médan », *le Voltaire*, 20 avril 1880. BN : Gd fol. Lc² 3915.

ROUX, Maurice de. La Vie littéraire, *Revue critique des idées et des livres*, 10 avril 1920. BN : 8º Z 17 924.

SCHOLL, Aurélien. Chouya et Boulou, *l'Événement*, 17 avril 1881. BN : Gd fol. Lc² 3544.

SOUDAY, Paul. Notes sur Henry Céard, *le Temps*, 18 août 1924. BN : Gd fol. Lc² 2994.

TAUTAIN, Gustave-Louis. L'Immortalité littéraire selon M. de Goncourt, *Carnet-Critique*, 15 juin-15 juil. 1918, pp. 16-18. BN : 8º Z 7148.

TERSANE, Gabriel et Jacques. Portraits d'écrivains : Henry Céard, *Revue bleue*, 21 août 1926, pp. 499-502. BN : 4º R 16.

THALASSO, Adolphe. Le Théâtre-Libre, avant-propos, *Revue théâtrale*, mai 1906. Bibliothèque du Régisseur : sur demande.

TREICH, Léon. Ceux qui s'en vont : Henry Céard, *l'Éclair*, 17 août 1924. BN : Gd fol. Lc² 4583.

— Henry Céard, *les Nouvelles littéraires*, 23 août 1924. BN : Gd fol. Z 133.

Vanwelkenhuyzen, Gustave. J.-K. Huysmans et Camille Lemonnier, *Mercure de France*, 15 janv. 1935, pp. 242-261. BN : 8º Z 12 830.

— J.-K. Huysmans et Camille Lemonnier, *Bulletin de l'Académie royale de langue et de littérature françaises*, nº 3, 1957.

— J.-K. Huysmans et Georges Eekhoud, *Bulletin de la Société J.-K. Huysmans*, oct. 1932, p. 237. BN : 8º Z 25 085.

— J.-K. Huysmans et le journal bruxellois « l'Actualité », *Mercure de France*, 1er avril 1933, p. 205. *Bulletin de la Société J.-K. Huysmans*, mai 1933, p. 6.

— J.-K. Huysmans et Théodore Hannon, *Revue franco-belge*, déc. 1934, pp. 565-584. BN : 8º Z 21 922 (14).

Verne, Maurice. L'un des derniers médaniens : Henry Céard chez les Goncourt, *l'Information*, 13 mai 1918. BN : Gd fol. Lc² 5880.

— Une lettre de M. Henry Céard : Zola et le prêt du livre de Claude Bernard, Pourquoi Henry Céard avait incité Zola à lire Claude Bernard, *l'Information*, 22 juil. 1918.

Weindel, Henri de. La crise théâtrale, notre enquête : M. Henry Céard, *Paris*, 19 nov. 1892. BN : Gd fol. Lc² 4018.

— Henry Céard, *la Vie populaire*, 2 juil. 1891, p. 6, BN : fol. Z 48.

— « Les Résignés », *l'Événement*, 17 janv. 1894. BN : Gd fol. Lc² 3544.

Wolff, Albert. Courrier de Paris, *le Figaro*, 19 avril 1880. BN : Gd fol. Lc¹⁸ 9.

Zévaès, Alexandre. Le Cinquantenaire des « Soirées de Médan », *le Courrier littéraire*, avril, mai, juin, 1930, pp. 38-55. USG : AE 4º sup 1157.

Zola, Émile. Céard et Huysmans, *le Figaro*, 11 avril 1881.

— Vingt messages inédits de Zola à Céard, publiés par Albert J. Salvan, *les Cahiers naturalistes*, nº 19, 1961, pp. 123-135. BN : 8º Z 33 200.

Almanach des lettres françaises et étrangères, 12 mai 1924, p. 171; article : Les mots d'Henry Becque. 14 juin 1924, p. 303; article : Le Manifeste des Cinq contre « La Terre ». BN : fol. Z 1171.

Bulletin de la Société J.-K. Huysmans, nº 13, déc. 1935; Lettre d'Henry Céard à J.-K. Huysmans. BN : 8º Z 25 085.

Bulletin de la Société littéraire des Amis d'Émile Zola, nº 5, 1924 : Une lettre inédite d'Émile Zola à Henry Céard sur « Germinal ». BN : 8º Z 21 711.

Le Censeur, 8 juin 1907; Huysmans raconté par Henry Céard, pp. 185-187. BN : 8º Lc² 6255.

Courrier de l'Eure, 18 juin 1880; Bibliographie : « Soirées de Médan ». BN : Jo 464.

Le Cri de Paris, 2 déc. 1900; Exil sur la mer. BN : 4º Lc² 5677.

Chronique des Lettres françaises, 1927, p. 86; H. Céard. BN : 8º Z 21 965.

L'Écho français (Mexique), 21 mars 1920; Terrains vendus au milieu de la mer. AR : MANUS 13 431 (9).

L'Événement, 10 juil. 1893; Les obsèques de Guy de Maupassant. BN : Gd fol. Lc² 3544.

L'Express, 2 juin 1881; Bibliographie : « Une belle journée », par Henry Céard; M. Zola et « l'Express ». BN : Gd fol. Lc² 4022.

Le Globe, 30 avr. 1880; « Les Soirées de Médan ». BN : Gd fol. Lc² 3526.

L'Illustration, 23 août 1924; La Mort d'Henry Céard. BN : fol. Lc² 1549.

Le Journal, 23 sept. 1924; A travers les lettres. BN : Gd fol. Lc² 4948.

Journal amusant, 27 nov. 1886; Images comiques : « Renée Mauperin ». BN : fol. Lc² 1681.

Le Journal littéraire, 23 août 1924; La dignité d'Henry Céard; Le causeur et l'érudit; La belle journée. BN : Jo 61 131.

La Justice, 5 mars 1895; Au banquet Goncourt, le toast d'Henry Céard. BN : Gd fol. Lc² 3978.

Le Manuscrit autographe, n⁰ 38, avril, mai, juin 1932; Manuscrit adressé à Zola pour « Nana ». BN : Fac-sim. 8⁰ 225.

Le Matin, 29 août 1921; Le « Journal » des Goncourt. BN : Gd fol. Lc² 4105.

Mercure de France, du 1ᵉʳ sept. au 15 oct. 1921; Éphémérides de l'affaire du « Journal » des Goncourt. BN : 8⁰ Z 12 830.

L'Opinion, 4 mai 1918, p. 314; Ce qu'on dit : Chez Goncourt. 20 juil. 1923; Une Société Huysmans. BN : fol. Lc² 6370.

Quo Vadis, juil.-sept. 1952, p. 107; Lettre inédite à Ernest Lajeunesse à propos de son roman « le Boulevard »; oct.-déc. 1952, p. 37; Lettre inédite à Alphonse Daudet à propos de « Sapho »; pp. 117-118; Lettres de Huysmans et Hennique à Céard. BN : 8⁰ Z 31 771.

III. — Manuscrits a consulter

BRAND, Robert Franklin. Henry Céard. L'Université Cornell, thèse de Ph. D., inédite. 1932.

BURNS, Colin A. Henry Céard (1851-1924) : a biographical and literary study. L'Université de Londres; thèse de Ph. D., inédite. 1951.

IV. — Croquis et photographies de Céard

AJALBERT, Jean. *Les Mystères de l'Académie Goncourt*. Paris, Ferenczi, 1929, p. 118. BN : 8⁰ Z 25 044.

Comoedia, 30 août 1921. BN : Gd fol. Yᵗ 81.

DAUDET, Léon. *Écrivains et artistes*. Paris, Éditions du Capitole, 1928. BN : 8⁰ Z 24 128 (3).

Excelsior, 23 fév. 1920. BN : Gd fol. Lc² 6391.

Les Hommes d'aujourd'hui. 8ᵉ vol., n⁰ 382, 1891. BN : 4⁰ Ln² 231.

Le Matin, 29 août 1921. BN : Gd fol. Lc² 4105.

Les Nouvelles littéraires, 28 oct. 1932 et 7 juil. 1934. BN : fol. Z 133.

Le Petit Marseillais, 21 août 1924. BN : Gd fol. Lc² 10 019.

Les Soirées de Médan. Paris, Fasquelle, 1930. BN : 8⁰ Y² 75 782.

La Vie populaire, 2 juil. 1891. BN : fol. Z 48.

Vient de paraître, n⁰ 35, oct. 1924. BN : 4⁰ Q 1746.

INDEX

TABLE DES MATIÈRES

1963. — Imprimerie des Presses Universitaires de France. — Vendôme (France)

1963. — Imprimerie des Presses Universitaires de France. — Vendôme (France)
ÉDIT. N° 26 901   IMPRIMÉ EN FRANCE   IMP. N° 17 901

Lightning Source UK Ltd.
Milton Keynes UK
UKHW010001210722
406167UK00001B/230